本著作为陕西省教育厅 2016 年度专项科研项目（编号：16JK1814）
咸阳师范学院"青年骨干教师"人才项目（编号：XSYGG201704）并
并获得咸阳师范学院学术著作出版基金资助

地域文化特色中

新农村生态旅游设计的保护与开发

陈　蕊 著

辽宁大学出版社
Liaoning University Press

图书在版编目（CIP）数据

地域文化特色中新农村生态旅游设计的保护与开发/
陈蕊著. —沈阳：辽宁大学出版社，2018.11
ISBN 978-7-5610-9188-3

Ⅰ.①地… Ⅱ.①陈… Ⅲ.①农村－生态旅游－旅游
资源开发－研究－中国 Ⅳ.①F592.3

中国版本图书馆 CIP 数据核字（2018）第 090477 号

地域文化特色中新农村生态旅游设计的保护与开发
DIYU WENHUA TESEZHONG XINNONGCUN SHENGTAI LÜYOU SHEJI DE BAOHU YU KAIFA

出 版 者：辽宁大学出版社有限责任公司
　　　　　（地址：沈阳市皇姑区崇山中路 66 号　　邮政编码：110036）
印 刷 者：沈阳海世达印务有限公司
发 行 者：辽宁大学出版社有限责任公司
幅面尺寸：185mm×260mm
印　　张：16
字　　数：360 千字
出版时间：2019 年 3 月第 1 版
印刷时间：2019 年 3 月第 1 次印刷
责任编辑：李姝梦
封面设计：优盛文化
责任校对：齐　悦

书　　号：ISBN 978-7-5610-9188-3
定　　价：57.00 元

联系电话：024-86864613
邮购热线：024-86830665
网　　址：http://press.lnu.edu.cn
电子邮件：lnupress@vip.163.com

前　言

　　建设社会主义新农村，总的要求是"生产发展、生活宽裕、乡风文明、村容整洁、管理民主"。这20字方针内涵十分丰富，既要求发展农村生产力，又要求调整完善农村精神文明、政治文明与和谐社会建设。由此，本书从建设"美丽乡村"，以实际行动落实"大力推进生态文明建设"战略部署的具体体现入手，分析新农村生态旅游事业发展的具体方式与方法。传统民俗文化村落一般都依山傍水，其传统文化、建筑艺术和空间布局非常完美，蕴含着丰富的哲学内涵，村落空间布局与周边的山水河沟等自然要素的巧妙构思，既有利于农业生产生活，又寄托着以人为本、天人合一、耕读传家等美好愿景，经过代代传承，现在仍是人类理想的聚居地。因此，保护传统村落，从某种意义上讲，比单一保护有形的物质文化遗产和非物质文化遗产，社会文化效用更丰富更有价值。如今，民俗文化旅游在很多地区搞得热火朝天，民俗旅游是一种高层次的文化旅游，它满足了游客"求新、求异、求知"的心理需求，已经成为旅游行为和旅游开发的重要内容之一。但随着民俗旅游的蓬勃发展，一些不当的做法使民俗文化村落受到了冲击，甚至消亡，因此保护民俗文化村落就受到了广泛的关注，也成为现今广大研究学者共同关心的问题。国内建筑领域关于这方面的研究也很丰富，研究涉及地区广泛分布于全国各地，具有明显的地域性。研究内容的广度和深度不断增加，研究思路逐步拓宽，学术观点新颖深刻。然而，由于最早对民俗文化村落更新问题的研究是作为传统村落保护的一部分出现的，专项研究较晚，因此也会有一些不足之处，一是以往研究针对的地区多集中在南方经济较发达地区的传统集镇和乡村，涉及我国普遍存在且农村问题突出的地区研究还相对较少。二是研究很少从需求关系的角度分析村落的更新发展变化。但随着工业化、城镇化的快速推进，传统民俗村落正日益向现代村落变迁，逐渐走向衰落和消失。本地农村旅游形式的过度开发和缺乏科学指导，导致了全国各个地区许多优秀的农村本土民间文化艺术正在逐渐流失消亡。因此，本书紧紧围绕城乡一体化建设这一目标，从各地区新农村民俗文化村生态旅游实际情况出发，以保护为开发前提，从特色化设计入手，对现有的新农村生态旅游进行调研，重点分析目前已建好的民俗文化村、农家乐地区所存在的生态破坏及本土化特色流失问题，力求找出原因，设计规划出最适合的、最能体现本地区农村文化风貌的绿色旅游方案，为将来的新农村民俗文化村旅游建设提供专业、合理的指导意见和建议。

目　录

第一章　地域文化概述和理论研究 / 001

　　第一节　地域文化概述 / 001

　　第二节　地域文化理论研究 / 004

第二章　生态旅游概述和理论研究 / 007

　　第一节　生态旅游的概述及特征 / 007

　　第二节　旅游资源开发与保护的理论和方法 / 014

　　第三节　生态旅游的发展模式和发展条件 / 020

　　第四节　新农村生态旅游规划原理和开发的生态环境影响 / 024

第三章　地域文化的表达研究 / 051

　　第一节　地域文化的产生要素 / 051

　　第二节　地域文化表达遵循的原则 / 053

　　第三节　地域文化的表达载体 / 054

　　第四节　地域文化表达手法的运用 / 056

第四章　民俗文化与旅游开发的关系 / 064

　　第一节　相关概念 / 065

　　第二节　民俗文化旅游的类型、特征和构成 / 070

　　第三节　我国民俗文化旅游开发现状 / 076

　　第四节　民俗文化旅游资源的开发利用 / 078

第五章　新农村生态建设与环境保护 / 083

　　第一节　新农村生态建设与环境保护理念 / 083

　　第二节　新农村物质文化遗产的保护和利用 / 105

　　第三节　新农村非物质文化遗产的保护和传承 / 125

　　第四节　以旅游业发展为核心的新农村文化建设 / 145

第六章 三秦文化——马嵬驿民俗文化村旅游开发规划 / 151

    第一节 马嵬驿民俗文化村区域位置、交通及自然气候条件 / 151

    第二节 马嵬驿民俗文化村景观资源发掘、特色及分类 / 153

    第三节 马嵬驿乡村景观总体规划 / 172

第七章 生土文化——窑洞文化与生态旅游开发、保护 / 179

    第一节 黄土高原传统窑居聚落概述 / 179

    第二节 黄土高原生态窑居度假村概述 / 191

    第三节 黄土高原生态窑居度假村设计中的开发与保护 / 194

    第四节 黄土高原生态窑居度假村对传统窑居聚落的影响 / 196

第八章 少数民族文化——藏族、傈僳族民俗生态旅游设计 / 203

    第一节 平武白马藏寨乡村生态旅游规划——以亚者造祖村为例 / 203

    第二节 整体发展环境的 SWOT 分析 / 210

    第三节 总体布局与功能分区 / 212

    第四节 傈僳族民俗文化中的旅游开发与保护

        ——以丽江黎明村为例 / 218

    第五节 黎明傈僳族民俗文化旅游的开发现状 / 226

    第六节 旅游开发对黎明村傈僳族民俗文化的影响 / 229

第九章 特色民族文化——湘西民俗文化开发与保护 / 234

    第一节 湘西民俗旅游资源的现状 / 234

    第二节 湘西民俗文化旅游的特色 / 237

    第三节 发展湘西民俗文化旅游的开发与对策 / 238

参考文献 / 246

结　语 / 248

后　记 / 249

第一章　地域文化概述和理论研究

地域是人们对时间、空间，人类活动因素，自然条件和人文条件的综合性认识，所以它所表达的特点也比较明显。人类界定一个地方的主要依据就是它的区域性，在一个具体的空间和时间范围内，发生的每一件地理事件，每一个地理事物，都同时见证于具体的人群。因此，地域特征的标志性特点就是它的区域性。它在一定的地域范围内与环境相融合，因而打上了地域的烙印，具有独特性。

第一节　地域文化概述

一、地　域

地域，一般来说是指一定的地域空间，也叫区域，是自然要素和人文因素共同作用所形成的综合体。地域具有一定的界限和特色。地域之中有明显的空间连续性和相似性的同时，也具有差异性的特点将其与其他地域区分开来。地域之间是相互联系的，也就是说，如果一个地域发生变化，那么周边地区也会受到影响。总体而言，地域是反映时空特点、经济社会文化特征的一个概念。它是经济地理学和文化地理学中经常用到的核心概念。因为一个有意义的地域概念，必须是自然要素与人文要素的有机融合。因此，从这个意义上来考察，人们心中的地域概念实质应该是一种功能性的界定。基于这种认为，通常人们所说的人文性，主要表现在基于自然条件的基础上，深刻地把握人文要素的突出内涵。而且，人们在研究某一个区域空间时往往用综合的眼光来分析，全面科学地把握它的各种要素。例如，我国的安塞腰鼓、长阳巴山舞等就具有很强的区域性特征（图 1-1、1-2）。

图 1-1　安塞腰鼓

图 1-2　长阳巴山舞

二、地域文化

　　文化是随人类活动而产生的一种历史活动，是一个具有一定动态性的系统。它与一定的空间和时间相对应的历史时段和人群存在着一定的差异，总的来说是时代性和地域性，它可以继承和发展历史，在一定的时间内和外界保持着联系。

　　地域文化是指在一定的地域环境中，人们通过体力劳动和脑力劳动创造出来的与自然生态和谐相处、经过长期历史发展形成的一种独特文化。它受到地域和已经具有的人文精神的直接限制，而这些文化状况是通过不同的形式表现出来的，并且不断地积累、发展和升华，同时涉及有关这个区域社会、生活的各个层面，生产生活、乡村景观、民俗手工艺等。在一定的历史条件和地理环境下形成的地域文化具有一定的稳定性，地域文化随着历史和地理环境的改变产生改变。各个时期和自然环境状态形成了丰富多元的地域文化，它们相互影响呈现出丰富多彩的文化空间，各具特色。例如，中国的南船北马、南拳北腿；瑞士的滑雪；日本的防震建筑等（图 1-3、图 1-4）。

图 1-3　瑞士的滑雪

图 1-4　南船北马

三、地域特色

地域特色是指地域内长期形成的区别于其他地域的最独特、最本质的表现形式。它是一定区域内的自然资源、历史文化、风俗习惯等的综合，包括地域内的季风气候、地形地貌、人文、动植物资源和历史文化、宗教、人类的活动等。地域文化创造地域特色，地域特色也由当地的生活、历史、文化、民主形式、地域、特定的时间、特定的地点的典型事物所映射出来。对景观而言，不同地域的地形、地貌、气候、文化等诸多差异，形成多样的景观，如新疆的胡杨林沙漠景观（图1-5）、南海沙滩椰林景观（图1-6）等。在观光农业生态园规划中，充分发掘地域文化，寻找地域特色融入园区。在此基础上，设计出具有以场地文化为特色的园区，让当地人有一种归属感；同时给游客带来一种了解当地文化、感受当地风情、了解当地特色的全新感受。

图 1-5　胡杨林沙漠景观

图 1-6　南海沙滩椰林景观

第二节　地域文化理论研究

一方水土孕育一方文化，一方文化影响一方经济、造就一方社会。在中华大地上，不同社会结构和发展水平的地域自然地理环境、资源风水、民俗风情习惯、政治经济情况孕育了不同特质、各具特色的地域文化，如中原文化、三秦文化、齐鲁文化、湖湘文化、巴蜀文化……而"地域文化"作为一个科学概念，至今学术理论界仍然众说纷纭，莫衷一是。因此，欲研究"地域文化"，首先必须对其进行科学界定，并对涉及的不同理论研究进行梳理。

一、景观生态学理论

景观生态学最早是由德国植物学家特罗尔提出来的，是地理学和生态学相互交叉的学科。研究一定区域内景观空间结构和形态特征发生改变，对人和生物活动的影响的学科。景观生态学应用范围广泛，包含传统生态学、植物学、地理学、统计学、计算机学等众多学科。其发展受到了广泛的关注，逐渐成为当代热门研究领域，研究的内容主要集中在生态系统和生态过程的较大空间和时间尺度上。景观生态学概念的提出，对其形成、发展、分类和格局等方面的基础性研究，对把握在时间和空间尺度上对人的活动和空间营造具有很大的理论实践意义。同时，我们要抓住景观的概念，其与生态共同构成了景观功能和景观价值。通过自然景观视觉的营造，为人们提供一个游憩、休闲、观赏的多功能景观空间，营造一个优美而且具有特色的自然环境。在观光农业生态园的规划设计中，就是利用景观生态学有关的内容，打造地域特色明显，自然环境优美的生态园区。在建设改造过程中，对自然环境影响减弱到最小，保持生态园区的可持续循环发展，以此为依据对园区的整体风格、规划分区、植物搭配等做出规划指导，为园区的整体发展提供方向。

二、可持续发展理论

1987 年《我们共同的未来》报告中，为了解决环境危机、资源危机和发展危机等问题，提出一种旨在强调满足当代人发展的基础上，为下代人谋求利益的发展模式。随着发展中问题的暴露以及认识的加深，可持续发展理论逐渐被运用到各个研究领域。从农业生态系统的角度来看，农村的合理规划要建立在对农村生态环境和周边环境的合理可持续的开发、利用和改善中。

可持续发展理论的提出，为发展观光农业生态园提供了重要指导思想。人们舍弃了以往通过破坏环境资源来获取暂时经济利益的模式，选择营造一个考虑长远的、有机农业生态模式。观光农业生态园是在新时期可持续发展理念下提出的新型农业形式，具体表现在对农业资源的合理开发和利用，以及对自然环境的保护、利用和维护上面。观光农业生态园是建立在农业生态基础之上，由不同生态环境背景，造就的不同的农业景观、农业文化、农业历史。从可持续发展长远角度考虑，就需要对自然景观环境、农耕环境、聚落景观环境等进行维护和保护。把旅游业和农业有效结合，为游客提供一个古香古色的休闲度假胜地，保证农村特色原真性不流失的同时，提高农村的经济收入、改善和保护乡村环境，让农村得到可持续的良性发展。

三、风景园林规划设计理论

观光农业生态园的规划设计不同于一般公园、风景区的规划，需要通过风景园林规划的理念和手法，将农业资源、农事活动、地域文化融入观光旅游之中；在生态学理论和可持续发展理论指导下，对园区进行合理的开发利用，达到生态、农业生产和文化传承的多重收益。遵循以人为本、因地制宜、可持续发展相结合的原则，通过合理的景观规划，对植物、建筑、铺装、小品、水体等造景元素进行合理的组织安排，创造出特色明显、功能完善的生态园区，提高园区知名度，增加园区收入，协调人与园区之间的关系。

（一）景观规划理论

景观规划理论就是在保证人、动物和植物等自然资源和谐相处的同时，合理地使用和管理土地资源，协调人与自然的关系。在观光农业生态园的规划设计中，对园区选址、地形地貌、交通流线、功能分区等各个规划环节进行合理的安排，注重其使用功能和相关理论的结合。

（二）园林美学理论

观光农业生态园的规划设计要在园林美学的基础上建设开发。人们都向往美，所以在进行园区的规划设计时，对园林美学原则在农业园区中的运用，能够将园区的自然、生态优势充分表达，建立极具美的特点的园区。

四、旅游心理学理论

旅游心理学是心理学的分支，随着旅游业的发展而逐渐形成，是为研究人在旅游活动中的行为而开展的学科。对游客心理的准确把握能够让设计师对园区的规划更加人性化。观光农业生态园规划设计的目的是为了吸引游客来园区参与体验、购买手工艺和文化产品，以此来带动农业园区的运营发展。把握游客心理，满足游客需求，才能受到游客的青睐。如果忽略了游客心理，盲目地进行设计，会造成园区建设的浪费和游客的流失，减少园区的收益，对园区可持续发展带来不利影响。

观光农业生态园的建设，要充分建立在"以人为本"的原则之上，全面协调园区的各方利益，而对旅游心理学的有效利用可以让园区的发展更长远、更持久。所以，在园区的建设和管理中，如何利用旅游心理学来解决多数人的心理诉求，具有重要的理论意义。

第二章 生态旅游概述和理论研究

　　生态旅游的发展既离不开实践活动的探索，也离不开理论研究的深化，在整个世界范围内，生态旅游从无到有，从弱到强，从窄到宽，目前已经成为重要的旅游方式。虽然初始阶段生态旅游的实践早于、多于理论，但随着生态旅游的发展成熟，生态旅游的理论研究逐渐成为实践的重要指导。现在，全球旅游业正在逐渐摆脱传统、单一的观光旅游产品模式，而向着多样化、自由化、交融化合一的多元旅游产品模式转变，而且更向着实现人自身全面发展的方向推进。生态旅游不仅成为旅游产品的重要类型和旅游活动的重点内容，也已经成为现代旅游者提高生命质量、实现自我发展的有效途径。

　　在全球生态旅游发展的大环境里，国外的生态旅游兴起要早于国内，所以理论研究也相对丰富，这在很高程度上要归功于国外经济方式、时代发展的快速转变。随着国际上工业生产向科技产业的过渡，制造经济向体验经济的转变以及信息渠道、沟通方式的多元化，旅游产业发展过程中对人与自然、人与社会的和谐更为关注，同时也促成了生态旅游的理论研究和学科进展。同样，在世界生态旅游实践和理论的带动下，我国的生态旅游也得到了大规模发展，关于生态旅游的研究内容和层次也逐渐丰富和深化。

第一节　生态旅游的概述及特征

一、生态旅游的概述

　　"生态旅游"是旅游学范畴里的一个概念，国内外对于生态旅游的理解多种多样，因此关于生态旅游的概念大概有几百种之多。从生态旅游的行为、本质、目的、活动内容等各方面都有对生态旅游进行的定义。目前，关于生态旅游的概念还没有达成一致，尚在探讨之中。

（一）国际上对生态旅游的概念界定

　　国际上对于生态旅游的概念理解主要包含如下几种："生态旅游"一词最早可以追溯到 1965 年美国学者 Hetzer 倡导的生态性旅游。直至 20 世纪 80 年代中期，英语语言中还未出现"生态旅游"一词。然而，在 21 世纪开始的时候，生态旅游这种休闲活动已作为全球旅游业的一个重要组成部分出现了，并成为旅游学术研究的焦点。生态旅游的概念是由国际自然保护联盟（IUCN）特别顾问、墨西哥生态学家谢贝洛斯·拉斯喀瑞在 20世纪 80 年代初首次提出的。1992 年，美国生态旅游学会将生态旅游限定为："为了了解当地环境的文化与自然历史知识，有目的地到自然区域所进行的旅游，这种旅游活动的开展在尽量不改变生态系统完整的同时，创造经济发展社会，让自然资源的保护在财政上使当地居民受益。"虽然加拿大森林管理处早在 1973 年就沿着横贯加拿大的高速公路推广"生态旅行"这一具有教育意义的概念，而且墨西哥生态学家谢贝洛斯·拉斯喀瑞在 20 世纪 80 年代初期就使用了西班牙词汇"excursim"一词，但是"生态旅游"一词首次出现则是在罗玛丽的一篇英文学术著作的文章中。在该文中，生态旅游一词是以连字符连接的形式出现的。有趣的是，罗玛丽在使用生态旅游这个词的时候参考了巴道斯金较为早期的一篇文章。巴道斯金作为最早涉及生态旅游概念的学者而经常被人们提及。在巴道斯金的文章中，他认识到了旅游与自然环境的关系会产生冲突，但是同时也存在一种基于共生的关系。他随后描述了这种共生型的旅游形式将如何作用，除了名字之外，巴道斯金所描述的这一旅游形式几乎完全类似于同一时期的生态旅游形式。

事实上，在国际上，生态旅游这一术语及概念的广泛传播在很大程度上应归功于伊丽莎白·布，她的《生态旅游：潜力与陷阱》（Elizabeth Boo，1990）是一本重要的，并得以广泛传播的著作，该书包含了由谢贝洛斯·拉斯喀瑞于 20 世纪 80 年代末期提出的生态旅游的定义，根据这一定义，生态旅游是："……到相对未被侵扰或破坏的自然区域旅行的一种旅游方式。该旅游方式具有特定的目标，如学习、赞美自然、欣赏自然景色及野生动植物，同时也欣赏在这一区域所发现的任何存在的文化现象（包括过去的与现在的）。"

在亚洲国家日本，对于生态旅游的定义是：生态旅游是旅游业的一种形式，它意味着游客不再破坏自己所观光地区的生态系统和文化，而是去理解并且欣赏该地区的环境。为了使他们从自己的经历中获得乐趣，要对他们进行环境教育，还要组建与环境有关的机构。最终目的是使游客全力保护地区的文化、自然以及经济状况（日本自然保护协会，1994）。具体见表 2-1。

表2-1　国际上几种具有典型代表性的生态旅游定义

资料来源	定　义
瓦伦丁	具有生态可持续性的自然旅游方式，它以相对未被侵扰的自然区域为基础，其活动不破坏环境，不会导致自然环境退化，并直接促进保护区的持续保护与管理，而且遵循适当的与合理的管理方式。
斯凯思、格力冯与阿舍	一种具有教育意义的自然旅游体验，它将促进生态系统的保护，同时要尊重东道主社区的完整性。
生态旅游协会	生态旅游是对自然区域负责任的旅行，它将保护环境并提高当地社区居民的福利。

续　表

资料来源	定　义
J. 巴特勒	它必须与有益于环境的道德相一致，培养更有益于环境的行为； 它不能导致环境资源的退化，不侵蚀资源的完整性； 它关注内在的价值而不是外部的价值； 在意识形态上，它是生物中心论而不是同心论，在生态旅游中，生态旅游者应主要按自然环境本身的状况去接受它，而不是为了个人的舒适要对自然环境进行明显的改造； 生态旅游必须有利于环境。自然环境必须从生态旅游活动中获得净收益，尽管这些收益往往是社会、经济、政治或科学收益的派生产品； 它是对自然环境的第一手体验； 在生态旅游活动中，旅游者获得满足程度的期望值是以欣赏和教育来衡量的，而不是以追求刺激和锻炼身体的成就来衡量的； 在生态旅游的体验中有很高程度的认知(有教育价值的)和情感(使人感动的)体验，要求无论领队者还是参与者都要有高水平的准备工作。
沃考克及其他人等	包含了自然环境教育和解释的自然旅游，对它的管理具备生态可持续性特点。这一定义认识到"自然环境"之中包含了文化因素，同时"生态可持续性"包含拨专款返回当地社区及对资源进行长期的保护。
古德温	生态旅游是一种低影响的自然旅游，它会促进对物种及动物栖息地的维护，其方式有直接促进保护，或通过向当地社区居民提供足够的收益来促进间接的保护，因为收益会使社区居民将他们的野生动植物遗产当作收益的来源而加以保护。
范内尔	生态旅游是一种可持续形式的，并以自然资源为基础的旅游方式。它的中心主要是体验及了解自然，生态旅游应该进行合乎生态伦理道德的管理，以促进其低影响、非消耗性的特点。而且，它要定位于社区（控制、利益与规模）。它主要发生在自然区域，并将促进这类地区的保护与保存。
澳大利亚生态旅游协会	具备生态可持续性的旅游方式，它主要关注对自然区域的体验，并培养对自然环境和文化的理解、欣赏与保护。

　　可见，国际上对于生态旅游的概念界定抓住了对自然和文化环境的保护、经济发展与生态环境保护的目的性关系、对旅游环境的较高要求以及环境意识、环境教育等内容，主张和倡导的是一种以促进环境以及整个生态系统可持续发展为最终目的的、负责任的旅游形式。

（二）我国对生态旅游概念的理解

　　王家骏在对国内外 44 个生态旅游定义的关键词聚类分析的基础上，构建了生态旅游的概念模型，并提出了生态旅游的定义，即生态旅游是一种非大众化的特殊旅游，通常发生在生态系统保持相对完好的自然地区及与之相伴的文化遗产地和传统社区。生态旅游者选择环境可接受性强的活动，使用资源消耗性低的设施，在欣赏、享受、学习、探究自然与文化生态的同时，承担环境保护责任，直接或间接地维护社区利益。生态旅游开发者和管理者密切联系社区居民，将自然生态和社会文化生态的保护放在首位，小规模、低密度、分散开发生态旅游资源，实施控制性管理，加强环境监测与评估。在确保生态旅游者获得非凡体验的同时，使环境变化维持在可接受的范围内，使社区经济、社会可持续发展。杨絮飞等认为，最完整意义的生态旅游应将生态旅游三个层面同时包括在内，即作为旅游发展模式的生态旅游居于主导地位，其实施主体是政府，并涉及当地居民、企业及其他行为主体；作为旅游产品的生态旅游居于核心地位，其实施主体是旅游业（旅游企业）；作为旅游消费方式或行为方式的生态旅游居于基础地位，是生态旅游的实际内容，其实施主体是旅游者。这事实上从旅游发展模式、旅游产品、旅游消费方式三个层面进行了生态旅游概念的界定。

钭晓东认为，生态旅游的核心内涵应包括：（1）生态旅游的基本对象是相对未受干扰的自然区域（包括文化遗产）；（2）生态旅游的全过程应始终以保护为既定前提；（3）应满足旅游者享受自然的精神需求，发挥环境教育功能；（4）生态旅游应对当地经济和社会环境有所改善，促进当地经济的持续发展。他认为生态旅游的概念应从其内涵着手进行界定。

杨永德等认为，生态旅游是一种在生态学和可持续发展理论指导下，以自然区域或某些特定的文化区域为对象，以享受大自然和了解、研究自然景观、野生生物及相关文化特征为旅游目的，以不改变生态系统的有效循环及保护自然和人文生态资源与环境为宗旨，并使当地居民和旅游企业在经济上受益为基本原则的特殊形式的旅游行为，包括经历的质量、资源的质量、生活的质量三重含义。

陈世清认为，生态旅游是一种以可持续发展原则为指导，通过对原生的或人与自然和谐共生的生态系统的体验，促进对环境和文化的理解、欣赏和保育的旅游活动。其包含四层含义：生态旅游本质是一种旅游活动，生态旅游对象具有特殊性，生态旅游动机具有高尚性，生态旅游是以可持续发展原则为指导的旅游。

付启敏等认为，生态旅游是在以自然资源为基础和特点的自然旅游的基础上发展而来的，它以大自然为资源基础，利用自然资源来吸引旅游者，强调在享受资源的同时对自然资源保护做出贡献。这一概念界定强调了对自然资源、自然环境的保护，但忽视了生态旅游中对文化生态的关注。

程占红等认为，生态旅游的科学含义应为：生态旅游是以大自然为基础，以生态学思想为指导，在保持基本的生态过程和社区整体完整性及其稳步发展的前提下，通过生态工程的实施和环境教育，最终实现人地和谐美的一种旅游活动。

吕逸新等认为，生态旅游是一种以自然生态景观和人文生态景观为对象，以生态保护、环境教育和持续发展意识为前提，以生态系统良性运行，经济、社会、文化和环境高度协调为目的，以追求生态意趣、生态体验和亲和大自然为审美需求的一种旅游形式。

王丽萍等指出，生态旅游是一项特殊的自然旅游形式，旨在强调保护自然环境和当地的文化资源，游客可从中学到有关自然环境和文化知识。生态旅游是有目的地了解自然区的自然和文化，注意不破坏生态系统的和谐，同时为自然资源的保护和当地居民的福利创造经济条件。生态旅游强调的是生态系统的保护和使当地居民得到福利，旅游者必须是生态旅游者。

　　吴楚材等认为，生态旅游是城市和集中居民区的居民为了解除城市恶劣环境的困扰，为了健康长寿，追求人类理想的生存环境，在郊外良好的生态环境中保健疗养、度假休憩、娱乐，达到认识自然、了解自然、享受自然、保护自然的目的。因此，他们在对生态旅游的概念进行归纳的时候提出了以下几种说法：一是保护中心说，认为"生态旅游＝观光旅游＋保护"，其核心内容是强调对旅游资源的保护；二是居民利益中心说，认为"生态旅游＝观光旅游＋保护＋居民收益"，其核心内容是增加当地居民收入；三是回归自然说，认为"生态旅游＝大自然旅游"，其核心内容是回归大自然；四是负责任说，认为"生态旅游＝负责任旅游"，其核心内容是旅游者应对环境承担维护责任；五是原始荒野说，认为"生态旅游＝原始荒野旅游"，核心内容是生态旅游开展的区域是在人迹罕至的原始荒野区域。在我国2007年颁布的《国家生态旅游示范区管理暂行办法》中，将生态旅游定义为："以吸收自然和文化知识为取向，尽量减少对生态环境的不利影响，确保旅游资源的可持续利用，将生态环境保护与公众教育同促进地方经济社会发展有机结合的旅游活动。"刘敦荣认为，生态旅游的科学概念是指在所有旅游形态中，旅游供给方和旅游需求方共同为关爱地球，为保护自然生态环境的可持续发展，所确立的保护自然生态环境的理念、职责和行为规范的绿色旅游方式。

　　杨欣等认为，"生态旅游"这一概念不仅被用来表征所有的观光自然景物的旅游，而且强调被观光对象不应受到损害，是在持续管理的思想指导下开展的旅游活动。随着政府《全国生态保护"十一五"规划》的发布，关于生态旅游的目标已得到了人们的普遍认同：生态旅游应该保护自然资源和生物的多样性、维持资源利用的可持续性，实现旅游业的可持续发展。

　　生态旅游是一种旅游方式，它培养旅游者学习、体验及欣赏自然环境，或是在与自然环境相联系的文化背景中欣赏其中的一些元素。它具有明显的环境和社会——文化可持续性（与标准化操作相一致），它选择能够促进旅游目的地自然和文化资源基础发展的道路，并提高生态旅游经营机构的生存能力。

　　同时，王金伟等在对国内外近250个生态旅游的定义进行分析的基础上，指出生态旅游概念的几种观点：一是环境保护与责任说；二是回归体验说；三是客体原生态说；四是居民利益中心说。与此类似，彭晓娇认为，生态旅游的概念内涵应该至少包含：以自然为基础、对保护的贡献、当地社区受益、环境教育、道德规范与责任、可持续性、旅游享受体验和文化这几方面。

　　以上这些对生态旅游的概念界定几乎全部肯定了生态旅游的可持续性，即以实现旅游环境和旅游产业的可持续性发展为指导、前提和目标，在关注环境保护、人性回归和社区利益的基础上，强调了人地和谐的责任意识，这也是生态旅游概念界定的基础元素。同时，随着生态旅游的深入发展，生态旅游的概念和内涵也日益丰富，生态旅游已经不单纯是一种产品，而已经上升到了一种理念高度。

　　生态旅游不能仅作为一种旅游产品，更应该是一种旅游理念，这种生态旅游理念包括旅游开发理念、旅游经营理念和旅游消费理念。与此相同的理解还包括：生态旅游是一种旅游形式，或是旅游业发展原则，还是更为进步的旅游理念，是未来具有基础原则性的旅游认知和标准，将指引旅游业各个方面的运作与发展。

（三）生态旅游概念的国内外比较

卢小丽等在对中外 40 个生态旅游概念进行定量分析的基础上，进行了国内外生态旅游概念的比较，他们认为，第一，国外的生态旅游概念更注重对旅游者的教育和文化熏陶，而国内的生态旅游概念更强调旅游者的旅游享受和冒险体验；第二，与国外的生态旅游概念相比，国内的生态旅游概念更强调生态旅游发展对保护区的依赖和当地社区受益；第三，同国外的生态旅游概念相比，国内生态旅游概念中强调的生态旅游以自然为基础的活动远远低于国外。

二、生态旅游的特征

不像生态旅游概念的界定那么困难，基于对生态旅游内涵的理解，生态旅游的特征除了多少的差异之外，基本都包含了保护、责任、和谐和可持续发展等几方面的内容，如以下几种观点：

陈传康认为，生态旅游具有四个方面的特征：保护资源，特别是保护生物多样性，维持资源的可持续利用；促进地方经济发展，经济发展后才能真正重视保护自然；对游客进行生态保护教育和宣传，经营和管理者更应自我重视生态保护；制订不破坏自然的规划。

杨桂华等指出，生态旅游的特点包括：普及性、保护性、多样性、专业性和精品性。张圣认为，生态旅游的特点有：旅游活动是按照环境要求与规律进行安排的，随意性小，实现旅游方式的生态化；生态旅游的发展立足于满足人类生态的需要，具有强大的生命力，将领导旅游发展的新潮流，从而实现生态旅游良好的经济效益；生态旅游的发展形成了一个"保护—利用—保护"的良性循环体系，符合"自然—经济—社会"大系统可持续发展的要求，从而实现旅游资源的永续利用。

付启敏认为，生态旅游的特征包含：注重自然资源的生态保护和文化资源的保护；合理划分旅游功能区；注意培养游客和当地居民的环保意识；确定合理的环境容量；注重生态效益；促进旅游业可持续发展。其发展特点表现在四个方面：一是生态旅游资源不仅是指自然生态旅游资源，还包括人文生态旅游资源，即人文景观。二是生态旅游的理论基础是可持续发展理论。三是生态旅游的临界容量取决于旅游资源和生态环境的承载力。四是生态旅游除了是一种为旅游者提供良好的旅游体验的环境之外，还应努力考虑为当地社区谋利益，同时尊重和维护当地传统文化的完整性。

还有学者指出，生态旅游既是一种新的旅游方式，也是一种先进的旅游开发和管理思想，具有如下特征：旅游资源的综合性、活动方式的质朴性、旅游管理的生态化、旅游内涵的科学性、旅游过程的高度参与性以及资源利用的可持续性。

另外，李伟认为，生态旅游的特点重点包括旅游资源的原始性和旅游环境的保护性。而王帅等认为，生态旅游的特点主要有：地域上的自然性、资源上的脆弱性、过程中的保护性和层次上的高雅性。钭晓东也指出，生态旅游具有自然载体性、形态多样性、高品位性和可持续利用性等特性。吕逸新等则认为，生态旅游的特点倾向于生态性、责任性、和谐性。张兵等指出，判断生态旅游的标准即生态旅游是一种旅游方式；其吸引物主要是自然资源，但也包括与之相联系的文化资源与文化影响；生态旅游培养教育性及学习性成果；无论从生物中心论角度（生态可持续性）还是从人类中心论角度（社会——文化可持续性）来看，生态旅游应该是可持续性发展的，并以标准化操作为基础；要求实行持续增长，但这一点并不是必需的标准；同时认识到了经营者经济可持续性的重要性。张兵等从生态旅游判断的标准出发，着重强调了其学习性和可持续性。另外，我们通过生态旅游与乡村旅游、自然旅游的比较也可以看出生态旅游的显著特性。见表 2-2、表 2-3。

表2-2　生态旅游与乡村旅游的区别

要　素	生态旅游	乡村旅游
客　源	有冒险和探索精神，对大自然的奥秘充满好奇，喜欢亲近大自然的人	城镇居民
规　模	非大众旅游	大众旅游
出游目的	未经或很少经人类触动的大自然，具有生态系统的完整性、自然环境的原始性、人文景观的古朴性	经过显著人工改造的乡村自然与人文风光
出游距离	各种交通工具与步行结合，通常出游距离较远，具有地域的边远性、较差的可进入性等特点	以汽车运输为主，通常出游距离较近
旅游时间	较长，几天至几十天	较短，1 ~ 2天
活动内容	探险考察、休闲赏景	乡村自然风光游、农庄游、农场游、民俗游和民族风情游
组织方式	兴趣团体	家庭、朋友等结伴而行
吸引物	未知世界、神秘自然	田园风光、乡风民俗、物产饮食
作　用	保护生态环境，提高人们认识自然、保护自然的意识与能力	提高乡村社区居民的收入，促进乡村产业升级

表2-3　生态旅游与自然旅游的比较

	生态旅游	自然旅游
吸引力及吸引对象	吸引力较弱，景色以自然景物，如茂密的森林、野生动植物资源和特殊或明显已退化的生态系统为主	吸引力强，途径简单，景色以海滩、水、山、有珍奇动物出现的开放式景点为主
经营管理机构及经济效益	由非政府组织和合作发展组织管理，营业额和利润较低	由国内或国际旅游公司经营控制，营业额和利润高
规划情况	有较完善的规划	没有或仅有不完善的规划
对社会文化和环保的影响	对环境、当地社会和文化的影响是很小且可接受的，对环境保护和福利贡献较大	对环境和当地社会、文化的影响可能很大，但对环境保护和福利的贡献却较小
环保意识	环境保护意识较强	环境保护意识弱

综上所述，可持续性是生态旅游最显著的特性，其次包含人对自然的责任性、人与自然的和谐性以及生态旅游过程的保护性和品位性。生态旅游与可持续发展有着极为密切的关系。可持续发展是生态旅游的终极目标，生态旅游则是可持续发展实现的途径。生态旅游中注重可持续发展即是在发展旅游事业的过程中，以生态保护，生态平衡为切入点，实现经济、生态等多重效益的最大化。

第二节　旅游资源开发与保护的理论和方法

一、旅游资源开发与保护的理论

环境问题是一个由多种因素交织而成的，具有复杂而又复合的结构问题，它涉及生态学、生物学、气象学、物理学、化学等自然科学和经济学、管理学、政治学、伦理学等社会科学领域。生态环境保护与旅游资源开发的理论体系，既包含了生态环境保护的理论，也包括了旅游资源开发的理论，两者不是简单的相加，而是融会贯通在旅游开发的每一个环节。因为，旅游开发是一个涉及众多生态环境要素和社会经济要素的综合性开发活动，追求自然、经济、社会与环境的协调与可持续发展是人类的理想，旅游区的开发既有外部的社会与环境问题，也有内部的管理问题，因此自然科学与社会科学相结合是旅游资源开发的基本指导思想。当前，发展低碳经济与保护生态环境已成为全球共识，旅游业也不能将发展过程中所产生的生态环境成本转嫁到社会，必须从地区与全球的角度审视旅游开发活动，在"拯救地球，保护环境"这个全人类共同的理念下，探索环境友好与可持续发展之路，在旅游项目的开发过程中做到低碳、无污染、无破坏，在旅游活动中做到绿色、生态、环保，在旅游管理中做到科学、规范与创新。

旅游资源组成的复杂性及其综合性的特点决定了其开发利用与保护所依据的经济学、管理学、社会学、组织行为学、生态学、人类学等理论，而可持续发展理论和生态系统理论理应成为旅游资源开发与保护最基本的理论。遵循自然、社会经济发展规律，坚持因地制宜、统筹兼顾、综合开发利用等原则，构成了旅游资源开发利用的基本原则，在此基础上，根据旅游资源开发利用中存在的问题与今后改造利用的方向，确定开发利用与保护的措施与方案，实现旅游资源的可持续利用并获得最佳的综合效益。

1. 系统科学理论是旅游资源开发与生态环境保护研究的基本理论之一。根据系统论、信息论、控制论以及耗散结构理论、协同学理论、突变理论的观点，旅游系统是一个与生态环境相互关联、相互作用、相互交错的复合开放系统。旅游系统占据着一定的生态位，存在着不稳定的边界，并在与环境的相互作用过程中表现出一定的行为和功能。旅游系统内部旅游资源、旅游产业部门以及相关的行业和管理机构之间存在着作用与反作用、控制与被控制、信息流与熵流的网络结构关系，系统内外部相互作用超出一定的阈值，在内外环境因子的共同作用下系统的生态位会发生变化。因此，认识和掌握旅游系统与生态环境之间物质、能量、信息、空间与时间上的相互关系，才能更好地处理和解决旅游资源开发与生态环境保护之间存在的问题，协调自然、经济与社会各方面的利益，实现经济、社会与环境的可持续发展。

2. 生态学和景观生态学理论是旅游资源开发与环境保护的重要基础理论之一。在解决世界各种环境问题的诸多学科中，"生态学被广泛看作是一门极有希望去解决各种环境问题的学科，一个宝贵的分析武器和一种新的哲学概念或世界观"。根据美国生态环境学家哈定和小米勒提出的生态学三定律，学者傅蓉认为可以得出三个基本结论：(1) 旅游地生态系统中的所有事物（包括旅游资源及其各个构成因子）是相互联系和相互影响的，旅游活动对旅游资源与环境的影响也不是孤立的；(2) 旅游活动不能对旅游地生态环境中的生物化学循环有任何干扰；(3) 旅游活动影响旅游资源与环境后会产生无数效应，其中许多效应是不可逆的。这三个基本结论，提出了旅游资源开发的基本原则和基本要求。根据景观生态学的理论，不同类型的旅游景观单元的性质与空间格局会随着生态过程的作用而不断改变，环境破坏会降低生物多样性进而影响旅游景观的观赏价值。旅游景观中的斑块、廊道、基质与生态网络是旅游资源的重要组成部分，规划布局能显著增强旅游资源环境系统适应干扰和变化的能力，对发挥旅游资源的潜力有重要作用。

3. 生态旅游资源分类系统

目前，我国学术界对生态旅游资源的分类研究主要是从旅游地理学、环境学和生态学三个学科角度出发的。

（1）以旅游地理学为学科依据的分类

① 生态旅游资源本体属性的两分、三分法

杨福泉将生态旅游资源划分为自然生态和人文环境。

程道品将生态旅游资源分为 3 级，第 1 级分为 2 个生态景观系，即陆地生态旅游资源景观系和水域生态旅游资源景观系；第 2 级分为 9 个生态景观区；第 3 级分为 39 个生态景观型。

赛江涛、张宝军将生态旅游资源分为自然生态旅游资源和生态文化旅游资源两大类，其中自然生态旅游资源包含 4 个亚类，生态文化旅游资源包含 3 个亚类。

② 生态旅游资源成因分类

郭来喜按生成机理将生态旅游资源分成内生型（或原生型）和外生型两大类。

③ 生态旅游资源主体功能差异分类

分保健型、狩猎型、民俗型等几类。

袁书琪从旅游产品开发角度将生态旅游资源分为生态观光旅游资源、生态运动旅游资源、生态休闲旅游资源、生态度假旅游资源、生态科考旅游资源、生态文化旅游资源、生态探险旅游资源等 7 大类。

④ 生态旅游活动性质分类

袁书琪从空间分布角度将生态旅游资源分为山岳生态旅游资源、海滨生态旅游资源、河湖生态旅游资源、湿地生态旅游资源、草原生态旅游资源、荒漠中绿洲生态旅游资源、冰雪生态旅游资源。

⑤ 生态旅游资源地域分布及其环境特点结合归类

王良健将资源空间分布与地域气候特征相结合，将我国划分为四大基本生态旅游区：东部名山、江河湖泊、田园风光生态旅游区；西北草原、沙漠戈壁、雪山绿洲生态旅游区；青藏高原高寒景观、江河源头、高原湖泊生态旅游区；西南高山峡谷、岩溶风光、天然动植物园生态旅游区。

（2）以环境学、生态学、旅游地理学相结合为学科依据的分类

陈凤翔、何平等从生态旅游作用于旅游者的表现形式将生态旅游资源分为可视生态旅游资源和可感觉生态旅游资源。

卢云亭、王建军按照性质与功能、价值因素，认为生态旅游资源包括生物物种多样性资源、生物物种美学资源、生物物种分泌性资源和生态环境资源。

王建军、李朝阳、田明中运用景观—环境属性分类方法，将生态旅游资源分为 2 个大类：生态旅游景观资源和生态旅游环境资源；在两个大类下又按照生态旅游资源的自然或人文属性分为 4 个主类，主类下又分 16 个亚类和 115 个基本类型。

王力峰、王志文、张翠娟将景观生态学理论运用到生态旅游资源分类体系中，将生态旅游资源分为 3 个层次，第 1 层次分为两个生态景观系：水域生态旅游资源景观类和陆地生态旅游资源景观类；第 2 层次分为 9 个生态景观区；第 3 层次分为 40 个生态景观型。

（3）基于上述 5 种分类依据自上而下、差异分类法

杨桂华、钟林生、明庆忠按照上述 5 个生态旅游资源分类依据，采用自上而下、根据差异逐渐分类的方法，具体采用三级划分，第一级分为 3 个大类，第二级分为 8 类，第三级分为 26 个小类（见表 2-4）。

表2-4 生态旅游资源分类

第一级（大类）	第二级（类）	第三级（小类）
自然生态旅游资源	陆地生态旅游资源	森林生态旅游资源
		草原生态旅游资源
		荒漠生态旅游资源
	水体生态旅游资源	海滨生态旅游资源
		湖泊生态旅游资源
		温泉生态旅游资源
		河流生态旅游资源
人文（人与自然共同营造）生态旅游资源	农业生态旅游资源	田园风光生态旅游资源
		牧场生态旅游资源
		渔区生态旅游资源
		农家生态旅游资源
	园林生态旅游资源	中国园林
		西方园林
	科普生态旅游资源	植物园
		天然野生动物园
		自然博物馆
		世界园艺博览园
保护生态旅游资源	自然保护生态旅游资源	北极生态旅游资源
		南极生态旅游资源
		山岳冰川生态旅游资源
	文化保护生态旅游资源	宗教名山生态旅游资源
		水源林生态旅游资源
	法律保护生态旅游资源	世界遗产
		自然保护区（国家公园）
		森林公园
		风景名胜区

4.地理学的理论与方法在旅游资源开发与生态环境保护中也具有重要影响。地理学

特别是旅游地理学侧重旅游资源的空间分布、变化及其对旅游者的影响研究，探讨旅游地理环境的演化过程，揭示与评估旅游生态环境的影响；此外，在生态环境承载力研究、旅游者行为理论以及生态环境的经济价值估算、区域旅游一体化、旅游产业集群、遥感、地理信息系统等技术在旅游资源调查中的应用、旅游开发模式创新研究等方面，旅游地理学也发挥了重要的作用。

采用地理信息系统（GIS）技术，通过对旅游环境影响进行实时长期监控，管理者可以获得旅游环境与旅游者活动的时空数据及其相关要素信息，使得旅游环境管理更加科学。

环境哲学及其核心价值理念——环境伦理观和可持续发展观作为旅游资源开发与保护的理论基础同样是必不可少的。当今世界很多旅游环境问题已不单是旅游开发所造成的，还涉及经济、社会、未来发展、效益、公平等多方面因素。环境哲学是通过反思人与自然的关系，以全新的眼光来解释世界，把世界、人和社会所构成的整个世界视为一个辩证发展的整体。

二、旅游资源开发与保护的方法

旅游资源，是指自然界和人类社会凡能对旅游者产生吸引力，可以为旅游业开发利用，并可产生经济效益、社会效益和环境效益的各种事物和因素。虽然在新资源观的指导下，旅游资源不再是旅游产业发展的唯一决定因素，但受到传统旅游产业发展模式的影响，旅游资源的知名度、品位度、垄断度和丰富程度等在很高程度上仍旧影响着旅游产品的类型和开发方向。由于生态旅游更加注重资源的保护和可持续发展，更注重生态旅游整体环境的塑造，所以生态旅游资源在生态旅游发展中仍然占有主导地位，对生态旅游资源概念的认识也有助于实现生态旅游产品的适度开发，把握生态旅游发展的趋势，同时有助于更好地处理人和资源、人和环境之间的关系，实现真正的生态文明，从而最终达到生态旅游发展经济效益、社会效益和环境效益的和谐统一。

国内学者对生态旅游资源保护的方法观点主要集中在以下几个方面：

第一，生态旅游资源就是指以生态美（包括自然生态和人文生态）吸引旅游者前来进行生态旅游活动，并为旅游业所利用，在保护的前提下，能够实现环境的优化组合、物质能量的良性循环、经济和社会协调发展，能够产生可持续的生态旅游综合效益，具有较高观光、欣赏价值和生态旅游活动对象。实现环境的优化组合、物质能量的良性循环以及经济和社会的协调发展。

第二，注意适当兼顾生态旅游资源与传统大众旅游资源的融合，具体见表2-5。

表2-5　生态旅游资源与传统大众旅游资源的比较

内容　类型		生态旅游资源	传统大众旅游资源
要点数量		4个	3个
要点内容		①吸引功能；②效益功能；③客体属性；④保护需要	①吸引功能；②效益功能；③客体属性
吸引功能	吸引动力	生态美（人与自然关系上的真、善、美）	美、奇、特
	满足旅游者旅游需要	回归大自然	身心疲劳的恢复
效益功能	效益内涵	经济、社会、生态	经济、社会、生态
	效益关系	三大效益横向上的协调发展与三大效益时间纵向上的可持续发展同时考虑	三大效益横向上的协调发展
客体属性	性质	一切具有生态美，又能经开发利用产生效益的自然生态系统及天人合一的人文生态系统	一切对旅游者有吸引力，又能开发利用产生效益的客体
	范畴举例	自然保护区、森林公园、风景名胜、动植物园、田园风光、古朴民族风情等	历史文化名城、历史遗迹、城市风光、自然保护区、森林公园、风景名胜区、动植物园、田园风光、民族风情等
保护需要	保护目的	旅游业可持续发展	不提或提得少
	保护对象	生态旅游资源、生态旅游环境、旅游目的地社区利益	
	保护措施	贯穿于规划、开发、利用、管理各个方面	

　　生态旅游资源除具有一般旅游资源的多样性、变化性、文化性等特征之外，还具有自己独特的特性。通过生态旅游资源与传统大众旅游资源的比较同时也可以看出，生态旅游资源还具有如下特征：生态方面的原生性与和谐性、脆弱性和保护性；自然方面的广泛性与地域性、季节性和时代性；社会方面的精神价值的无限性、特异的民族性以及经济方面的不可移植性与可更新性、市场需求的多样性和旅游经营的垄断性。因此，要在保护的前提下适当地加入传统旅游"猎""奇""新"的趣味性元素。

　　第三，加强地方政府与高校的合作意识。强化服务意识，发挥政府主导作用，努力推动产学研合作。让地方院校校本土艺术设计研究人员与生态旅游专家学者共同参与到生态旅游传承保护中去。开展师生毕业创作主题进乡村活动，以毕业设计展的形式为生态聚居村落，非物质文化遗产村落进行全方位的保护设计，打造品牌效益。推动当地经济发展，保护历史文化，传承深挖人文精髓。形成政府牵头、学院专家把关、专业设计人员设计规划、当地政府支持的良性循环。

第四，由于旅游是人类直接或间接作用于自然的一种活动形式，其价值理念是尊重自然，敬畏生命，而这种生命是人与自然共有的属性。忽视了环境的存在价值，作为自然整体中的一部分的人的价值就受到了威胁，而人的生存价值又是人类任何实践活动和社会发展的终极价值。可持续旅游是旅游发展唯一可供选择的正确途径，可持续旅游是依托多种旅游活动形式，对各国和各地区可持续发展做出贡献的旅游活动。

坚持可持续原则是旅游可持续发展的基本保证，这十项基本原则是：①坚持资源利用的可持续性；②减少过度的消费与浪费；③保持发展的多样性；④将旅游纳入地区发展的规划中；⑤促进地方经济的发展；⑥提高地方社区参与旅游发展的积极性；⑦重视旅游相关利益者及大众的利益；⑧加强员工培训；⑨提高旅游市场环境营销的责任意识；⑩加强旅游研究、数据分析与监控，有利于目的地可持续旅游的发展。

第三节　生态旅游的发展模式和发展条件

随着全球范围内环境危机的加剧，人类的生存环境也逐渐恶化，土地沙漠化、水土流失、物种灭绝、环境污染等问题摆在了人类的面前。于是，在各个领域、各个产业都掀起了一场生态环境的保卫战。在旅游产业领域，最突出的表现是旅游者旅游活动中对生态问题的关注，对旅游环境的可持续发展的关注。同时，在生态旅游纵深发展的过程中，环境保护意识、生态文明理念、可持续发展追求等逐渐占据了生态旅游发展的关键地位，旅游消费趋势逐渐朝向有利于生态平衡的理性方向发展，逐渐转向生态旅游的深层次探索。也正因为如此，生态旅游的产品类型日渐丰富，并随着理念、信息、科技等的变化而动态发展着。

一、生态旅游发展模式

生态旅游环境既是旅游环境的一部分，同时又与旅游环境有所区别，其发展模式内涵包括以下几个方面：

1. 生态旅游环境是在符合生态学和环境学基本原理、方法和手段下运行的旅游环境，以建立和维护良好的景观生态、旅游生态。

2. 生态旅游环境是以系统良性运行为目的而进行统筹规划和运行，使旅游环境与旅游发展相适应、相协调，使自然资源和自然环境能继续繁衍生息，使人文环境能延续和得到保护，创造一种文明的、对后代负责的旅游环境。

3. 生态旅游环境是以某一旅游地域的旅游容量为限度而建立的旅游环境。在该旅游容量的阈值范围内，就可使生态旅游不破坏当地的生态系统，从而使旅游地域的生态系统在被开发利用的同时得到休养生息，进而达到旅游发展、经济发展、资源保护利用、环境改良协调发展的目的。

4.生态旅游环境不仅包括自然生态旅游环境和人文生态旅游环境，而且还特别重视"天人合一"的旅游环境。既注重于生态环境本身，又注重于一些环境要素和环境所包含的生态文化。

5.生态旅游环境还是运用生态美学原理与方法建立起来的旅游环境。旅游是集自然生态学、人文生态学为一体的综合性审美活动，生态旅游更是人类追求美的精神文化活动。生态旅游环境就是培育生态美的场所，也是人们欣赏、享受生态美的场所。

6.生态旅游环境还是一种考虑旅游者心理感知的旅游环境。生态旅游者的旅游动机主要是以大自然为舞台，尤其是去那些野生的、受人类干扰较小的原生自然区域参与体验，兼有学习、研究自然、文化的动机。因而，生态旅游环境的建立要考虑到以生态旅游者回归大自然、享受大自然、了解大自然的旅游动机，着重建设起能让旅游者感知自然的旅游环境。

二、生态旅游的产品类型

生态旅游资源的丰富性决定了生态旅游产品类型的多样性，而生态旅游的动态发展性决定了生态旅游产品是不断丰富和变化的。随着新的生态旅游资源的出现和旧的生态旅游资源的消失、灭绝，目前生态旅游产品的类型从广义和狭义的角度主要有以下几种分法。

有学者认为我国生态旅游的类型主要包括两种：自然生态旅游和文化生态旅游。自然生态旅游是以自然生态系统为依托，以自然生态旅游资源为基础，满足生态旅游五大基本要求的旅游系统。而文化生态旅游是指由于人类活动、并作用于自然界而形成的人地关系地域系统，它既包括有形的实体要素，如农舍、村镇、城市、农田、道路、厂房等，也包括无形的抽象要素，如语言、宗教、习俗和价值观念等。

许福才等将我国生态旅游类型归结为以下几种，见表2-6。

表2-6 我国生态旅游类型

生态旅游类型	代表性景点
山岳生态景区	五岳、佛教名山等
湖泊生态景区	长白山天池、肇庆星湖等
森林生态景区	吉林长白山、湖北神农架、云南西双版纳热带雨林等
草原生态景区	内蒙古呼伦贝尔草原
海洋生态景区	广西北海、海南文昌的红树林海岸
观鸟生态景区	江西鄱阳湖越冬候鸟自然保护区、青海湖鸟岛
冰雪生态旅游区	云南丽江玉龙雪山、吉林延边长白山

续　表

生态旅游类型	代表性景点
漂流生态景区	湖北神农架
徒步探险生态景区	西藏珠穆朗玛峰等、雅鲁藏布江大峡谷

宋东宁指出，目前，我国开放的生态旅游区主要有森林公园、风景名胜区、自然保护区等；生态旅游产品的类型主要包括观鸟、野生动物旅游、自行车旅游、漂流旅游、沙漠探险、保护环境、自然生态考察、滑雪旅游、登山探险、香格里拉探秘游、海洋之旅等。

森林旅游是生态旅游的主要组成部分和首要形式，森林的诸多保健功能使其对游客有巨大的吸引力，也为大力开展生态旅游创造了无比优越的条件。到 1997 年，我国已批准建立森林公园 900 多处，初步形成了山岳森林型、海滨森林型、沙漠森林型、冰川森林型、溶洞森林型、火山遗迹森林型、森林草原型、热带雨林型等风格各异、特色鲜明的森林公园体系。

文祖湘等在论述台湾生态旅游发展过程中特别指出了休闲农渔与民宿已成为台湾生态旅游发展的重要特色，地方政府多将休憩观光和休闲农渔列为地方发展的主要策略，同时指出"名过其实"的观光行程常会忽略环境规划和配套措施，休闲农渔与民宿应扮演绿色生活的实践与推动者，发展休闲农渔与民宿必须重视休憩冲击和环境管理，负责任的生态旅游要倾听环境的声音。这是针对生态旅游资源的地域差异性而进行生态旅游产品分类的典型，在我国很多地区，这种产品分类方法往往又和资源的功能性特征相结合。

另外，生态旅游的深化发展还会加速很多产业链上的相关产品的出现和多样，如生态旅馆和生态旅游服务联合体。生态旅馆是住宿设施的一种发展趋势，而生态旅馆服务网是生态旅馆产业内部的发展趋势，这一趋势与旅游系统内不断增加的合作化与一体化有关。而生态旅游服务联合体是在一个单独的景点内，有时是在企业自己拥有的私人保护区内提供的综合的、一揽子的旅游体验、便利设施和服务。这类大规模的便利设施不只依靠生态旅游业务，根据柯兰湾度假胜地（位于澳大利亚南斯垂德布瑞克岛的黄金海岸）的经验，它靠多种经营来维持生存。柯兰湾度假区最初是作为一个专业化的生态旅游设施来发展的，但是，1997 年经过管理层决定后进行了多种变化，管理者认为生态旅游对于支撑一个拥有 300 间客房的旅游设施来讲业务范围过于狭窄了，并且管理层暗示这种乡村风格并不能反映度假区产品的多样性特色。柯兰湾现在是作为一个全方位、对环境友好的度假区来进行营销的，它将生态旅游纳入活动范畴，同时还包括了体育与健身活动、商业会议与大型会议以及各种海滩活动。

三、生态旅游的开发条件

杨桂华等结合生态旅游产生的背景，对生态旅游的开发条件进行了总结。

从世界各地开展生态旅游的实际情况来看，生态旅游的开发条件有主动式和被动式两种。主动式是发达国家常见的模式，这些国家因市场需求促使生态旅游主动产生，典型代表是美国。美国从 1872 年建立世界上第一个国家公园——黄石公园起，就开始了以游览国家公园为主体的自然旅游，每年有成千上万的"自然旅游者"到国家公园游览。继美国之后，其他欧美国家及日本、澳大利亚、新西兰等国家也开展了生态旅游，并取得了较好的效果。被动式是在欠发达国家常见的模式，这些国家拥有开展生态旅游的丰富而独特的资源，发展生态旅游主要是由于经济的压力，多是迫不得已。典型代表是非洲的肯尼亚。自 20 世纪初，殖民主义者发起野蛮的大型狩猎活动给肯尼亚的野生动物带来了灾难。1978 年，因政府宣布禁猎和交易非法而失业的人被迫走上了开辟旅游市场的道路，以其丰富的自然资源招揽旅游者，生态旅游由此而生。同样情况的还有因发展农业而砍伐森林导致水土流失和土壤贫瘠，不得不进行资源保护而发展生态旅游的拉丁美洲国家哥斯达黎加，有 36% 的旅游者是因为生态旅游而到哥斯达黎加的（图 2-1）。

图 2-1 肯尼亚生态旅游

另外，王金伟等根据生态旅游的发展过程分析，将生态旅游开发条件模式总结为：功能分区模式、社区参与模式和环境教育模式。这三种模式各有侧重，功能分区模式尤其适用于自然保护区的生态旅游开发，通过功能分区对游客进行有效分流，并对旅游资源进行可持续开发；社区参与模式有利于生态旅游发扬优势、克服劣势、抓住机遇、迎接挑战；而生态旅游环境教育模式将旅游与环境科普结合，旅游规划以生态旅游地环境保护为导向，设计各种旅游项目，使当地居民具有"保护"意识并参与生态旅游开发，使旅游者以对自然负责的态度进行旅游活动，防止可能导致环境破坏等问题的出现。

生态旅游资源作为一种重要的旅游吸引物，能够为旅游者带来超值的旅游享受，其吸引力价值主要表现在以下几个方面：一是一定地域、一定地理范围滋生的生态旅游资源具有明显的独特性和差异性，旅游者在进行生态旅游活动的过程中，不仅可以使身心完全放松，还可以从中得到自我价值的实现；二是不仅可以满足旅游者猎奇、丰富阅历等旅游需求，而且还可以增长知识、体悟文化。目前，生态旅游已经成为旅游者和旅游生态环境之间关系最为密切的一种旅游方式。因此，要真正实现人和自然界的和谐发展，在生态旅游开发中必须遵循一定的原则。

李伟认为，生态旅游开发的一般原则有：可持续发展原则，保护优先原则，综合考虑、统一规划原则，经济效益、社会效益和环境效益"三效"统一原则。

杨开忠等从旅游活动的主客体以及它们之间的内在连接出发，将生态旅游的基本原则确定如下：旅游者行为约束原则、旅游地生态保护原则、旅游业经济发展原则。

文祖湘提出，可持续生态旅游发展的主要原则与策略包含：合理利用当地环境特性、品质、文化、植物和野生动物，提供旅游者追寻生态旅游体验；对地方历史古迹与荒废地复原的新价值观与利用方式；以强调地方特色来进行生态旅游发展的规划设计；与地方社区结合，尽量以地方之手推动生态旅游事业的发展；生态旅游投资必须支援地方经济的发展，以增加当地居民的收入为考量，避免造成与地方就业发展冲突对立；生态旅游发展团体应广泛搜集当地资料，提供旅游者环境解说与教育服务，并协助推广观光休憩活动。

第四节　新农村生态旅游规划原理和开发的生态环境影响

一、新农村生态旅游规划概念界定

一般而言，概念是人们对事物本质的认识。作为一种思维形式，它反映客观事物的一般的、本质的特征。所谓新农村生态旅游规划就是把乡村规划、生态规划、旅游规划三部分有机结合起来，通过一系列抽象思维完成对这三个概念的辨析。

（一）乡村规划

乡村规划的界定对规范农村土地开发利用、提高乡村环境建设质量以及统筹城乡协调发展等都具有重要意义，一般是指针对乡村建设在用地布局、建设要求等诸多方面进行部署与安排。学术界普遍认为，乡村规划的内容包含范围较为广泛多样，大体上可以从具体研究对象上进行如下划分：（1）乡村自然和人文资源（要素及条件）的综合分析评价；（2）乡村社会经济文化的总体发展方向、战略目标设定及其分区布局；（3）乡村内部微观经济体系各部门的投入产出，即投资规模、发展水平、增长速度与实际效益；（4）乡村规划实施的行动计划，即具体的措施与步骤。普遍地，在制订乡村规划时，要基于乡村的资源要素条件、现有农作物及生产基础、国家和所在区域经济发展的方针与政策等进行系统性思考，以经济建设为中心，以提高社会、经济、生态三大综合效益为前提，实行长远结合、留有余地、反复平衡、综合比选、择优施行的战略，以获取最佳产出。

从国外来看，乡村规划是伴随着19世纪末城市规划的起源而逐渐产生、发展起来的。具体而言，由于人口激增及贫困而出现的各类复杂社会现象，当时最发达的资本主义国家英国为解决快速城市化所带来的城市贫困、交通拥挤等"城市病"问题做出了大量努力和尝试，包括自 19 世纪起就开展的公共卫生改良运动等。在这个过程中，英国社会活动家霍华德提出了一种"城市—乡村"完美结合的区域发展形式，即到今天仍有巨大影响的"田园城市"规划思想，也出现了一些以空间规划为主的社会改革方案，虽然起初的城市改良运动还停留在学者及民间组织主张和呼吁的层面，但无论如何城市与乡村在规划过程中一直紧密关联、相辅相成。例如，1932 年英国《住房与城市规划诸法》修改为《城乡规划法》，把乡村土地纳入了规划范围，1947 年修改的《城乡规划法》又将城乡用地作为整体，对城乡土地进行统一规划，从而乡村规划作为一项制度正式纳入了法律的调整范围。基于城市与乡村在空间用地布局方面的协调性和不可分割性，各国规划法一般是在不断发展与完善城市规划的基础上，将乡村规划纳入调整范围，形成覆盖城乡的规划法典，以统筹城乡发展，更好地发挥规划的作用，其中包括德国的《建设法典》、新加坡的《规划法令》、韩国的《国土建设综合规划法》以及马来西亚的《城乡规划法》等，为统合城市土地与乡村土地确立了不同层级的规划，形成统一的城乡规划体系。我国乡村规划方面相关工作的正式起步则出现在改革开放之后，根据政务安排，原城乡建设环境保护部在 1982 年下设了乡村建设管理局，以负责指导并协调全国的农房建设工作，相应地省级建设行政主管部门也成立了乡村建设处，但是这些机构主要执行的是上行下效的政策性的行政管理任务，还谈不上对乡村进行法律规范意义上的规划管理；1993 年，国务院《村庄和集镇规划建设管理条例》的发布才正式以行政法规的形式规范了乡村的规划与建设诸问题，从而使得我国的乡村规划具备了法律依据，并逐渐走向制度化、规范化的道路。

（二）旅游规划

旅游规划是旅游业实现健康、快速、可持续发展的前提，是对不同尺度上的地域经济综合体内旅游系统发展目标和实现方式的整体部署过程。当前，旅游规划经相关政府部门审批后，是该区各类部门进行旅游开发、建设、管理的重要法律依据。因此，旅游规划要求从系统发展全局和稳健运行出发，着眼于旅游规划对象的综合整体优化，正确处理旅游系统内外部的复杂结构，从发展和立体的视角来考虑和处理问题。

旅游规划的起源严格意义上无法考证，有人认为"古代达官显贵围绕巡游目的而展开的安排是'旅游规划'的原始雏形"，但真正科学意义上的旅游规划工作则是近现代才开始出现的事情。20 世纪 30 年代的美国学者从土地利用角度切入旅游规划的早期工作，是规范的旅游规划研究的起始标志。而现有具备完整旅游规划形态的 1959 年夏威夷规划可以被看作是现代旅游规划的先驱，该旅游规划第一次成为区域规划的一个重要组成部分。1963 年，联合国国际旅游大会强调了旅游规划的重大意义，20 世纪 60 年代的英国、法国等欧洲国家开始出现正式的旅游规划概念。随后，从 20 世纪 60 年代中期到 70 年代初，旅游规划在相对发达的欧洲和美洲诸国得到了迅猛发展，并渐次延伸到亚洲和非洲国家。1977 年，世界旅游组织首次对各国的旅游开发规划进行了调查，结果表明该组织 43 个成员国中有 37 个国家有了国家层面的旅游发展总体规划。随即，世界旅游组织出版了两个旅游开发文件即《综合规划》和《旅游开发规划明细录》，成为具有行业规范属性的国际性标准文件。而理论研究专著性质的成果出现在 1979 年，美国著名学者 Gunn 出版了一部比较系统的著作《旅游规划》。因此，可以说 20 世纪 70 年代是旅游规划开始进入较为正式的研究阶段，由此出发旅游规划逐渐成为区域旅游发展的重要依托。

中国第一家旅行社是在陈光甫先生的倡导和直接领导下建立的，由于旅游活动较大规模地展开，对于旅游地的开发提出了较高的具体要求，该社开始对旅游地的发展进行初步规划，这在中国旅游规划历史上具有一定的发轫意义。但真正区域管理意义上的旅游规划还是从改革开放以后，基本上起步于 20 世纪 80 年代，最初的关注点主要是洋为中用，也就是借鉴国外成熟先进的研究理论，再结合各地区实际情况，以描述性的语言为主进行规划设计，但理论深度不高。20 世纪末，经过一段时间的沉淀，旅游规划理念开始逐渐精炼，形成科学化、体系化、标准化的体例模式。其间标志性的事件就是 1997年由国家旅游局编辑出版的《旅游规划工作纲要》和《旅游业可持续发展——地方旅游规划指南》两部专著。进入 21 世纪初，中国旅游规划开始走上了比较成熟的发展阶段，主要表现为各级各类政府及其旅游行政管理部门开始重视旅游规划的作用，并对业界进行了规范管理。

我国乡村生态旅游规划的发展表现在以下几个方面：

1. 理论建树

乡村生态旅游的研究在我国发展极为迅速，其研究方向细致多样，为乡村生态旅游的发展提供了强大支持。乡村旅游规划与设计的研究方向是：借鉴区域旅游规划的一般流程，选择一定的研究区域，进行案例研究。在基本方法和发展方向等领域的研究有：王云才采用定性与定量相结合以及景观科学理论等研究方法，全面系统地研究了乡村旅游设计研究的背景、意义、现状及发展趋势，乡村景观评价与乡村旅游规划设计的技术，乡村景观意象与景观旅游规划设计以及乡村可持续发展等问题，杨旭提出了发展乡村旅游的选址标准，包括比较优越的地理位置、优美的自然生态环境、农业生物优势或独特地方文化、典型的"生态、立体"农业等；匡林认为全国乡村旅游开发应该按照"小项目、多功能、广收益"的特点，布点成网，形成两个市场、两套产品。另外，基于地方案例的研究更加丰富：何景明以西部地区发展乡村旅游的典型——成都为例，提出乡村旅游开发应注重规划、加强科技含量、进行产品差异化设计和整合营销、推进软硬环境建设等对策和建议；胡巍详细分析了乡村旅游开发中的旅游资源评价各个环节及其对乡村旅游规划的重要意义；章锦河和凌善金等分析了安徽黟县宏村古村落的地理文脉、村落特征、聚集景观、市场感应等，提出了宏村古村落旅游形象定位理念，并就主题口号、视觉形象、行为形象进行了方案设计；何晓芳结合安吉县禹山坞村生态旅游规划实践，探讨了乡村生态旅游规划的原则、方法、程序和乡村旅游规划的基本内容。王仰麟和祁黄雄等借鉴区域旅游规划的一般流程，结合密云县农业开发实践，对区域观光农业规划过程和方法进行了探讨。

综上所述，乡村生态旅游研究发展较为迅速，研究深刻全面，有大量成果问世，但是研究中也存在弊端。李加林等认为，国内对乡村旅游规划与设计的研究主要是借鉴区域旅游规划的一般流程，选择一定的研究区域，进行案例研究，住较多地停留在定性分析和一般归纳总结水平上，缺乏高质量的理论抽象，今后应该加强多学科研究方法的综合，提高研究成果解决实际问题的能力，并逐渐使研究走向定量化。

2. 政策发展机遇

乡村旅游市场的壮大首先得到了国家层面的政策支持。国家旅游局提出 2006 年全国旅游宣传主题为"2006 中国乡村游"，宣传口号为"新农村、新旅游、新体验、新风尚"；同时，2006 年初，中央"一号文件"《中共中央国务院关于推进社会主义新农村建设的若干意见》出台，提出了生产发展、生活宽裕、乡风文明、村容整洁、管理民主五个方面的主要要求。为了深入地贯彻落实党中央、国务院精神，更好地发挥旅游在建设社会主义新农村中的优势和作用，借助"旅游产业促进社会主义新农村建设"成为各地区旅游业发展的重要目标之一。乡村旅游在促进农业产业结构调整、增加农民收入、充分利用农村剩余劳动力、维护农村社会经济可持续发展等众多方面具有重要意义。国家旅游局和农业部共同推进了乡村旅游"百千万工程"，即"十一五"期间建成具有乡村旅游示范意义的 100 个县、1 000 个乡镇和 10 000 个村，使已有的乡村旅游项目得到明显提升和完善，基本形成种类丰富、档次适中的乡村旅游产品体系和特色突出、发展规范的乡村旅游格局，满足人民生活水平提高对旅游消费的需求。总的来看，在国家宏观发展战略的支撑下，我国乡村旅游的市场空间和需求潜力较大，发展前景良好。

同时，生态旅游发展也面临利好的政策机遇——《全国生态旅游发展纲要》出台。2008 年 10 月，国家旅游局和环境保护部共同召开了全国生态旅游发展工作会议，会议印发了两部门联合编制完成的《全国生态旅游发展纲要（2008—2015）》。纲要提出，要充分认识发展生态旅游对于促进生态文明建设、促进社会主义新农村建设的重要意义，积极围绕促进生态文明建设和环境友好型社会建设，研究部署和推进各地下一步生态旅游发展工作，共同推进旅游产业大省建设，促进生态旅游业又好又快发展。2009 年被确定为"中国生态旅游年"，主题口号为"走进绿色旅游、感受生态文明"。各地都在抢抓机遇，按照《纲要》要求，全面推进生态旅游工作，在积极编制生态旅游发展规划，做好环境评价工作的同时，立足实际认真做好生态旅游示范推广，提高生态旅游科技水平，推进生态旅游精品建设，加强生态旅游宣传教育，增强生态旅游公共服务，不断推进生态旅游发展迈上新台阶。

旅游规划的发展，是随着产业发展而逐渐深化的典型模式，其持续发展的最基本的客观基础之一就是社会旅游休闲消费需求的永续存在且持续增长。随着旅游市场的逐步发展成熟和旅游规划的积极作用显现，旅游规划仍将成为旅游学研究的重点，呈现出多学科融合、多元化发展，相应地规范完善性、科学合理性、实践指导性也将进一步增强，并借助调查研究多样方法的引入使得规划成果更加符合当地实际。旅游规划理论研究和实践应用还会进一步和旅游发展趋势深度结合，低碳旅游、生态旅游、高科技旅游、替代性旅游等重要创新观念都将在旅游规划中得到体现。

（三）生态规划

"生态规划"已经成为现在社会科学研究中最经常提到的词汇之一，它是指运用生态学原理，综合地、长远地评价、规划和协调人与自然资源开发、利用和转化的关系，提高生态经济效益，促进社会经济可持续发展的一种区域发展规划方法。一般是指以生态学原理和城乡规划原理为指导，应用系统科学、环境科学等多学科的手段辨别、模拟和设计人工复合生态系统内的各种生态关系、确定资源开发利用与保护的生态适宜度，探讨改善系统结构与功能的生态建设对策，促进人与环境关系持续协调发展的一种规划。我们可以把生态规划看作在人类生产、非生产活动和自然生态之间进行平衡的综合性计划。

生态规划的内容丰富多样，根据不同的研究角度各有侧重。按照有关机构审定，生态规划一般包含五个方面：（1）保证可再生资源不断恢复、稳定增长、提高质量和永续利用的计划和措施；（2）保护自然系统生物完整性的计划和措施，如严禁滥捕野生动物，合理采集野生植物，建立自然保护区，保护稀有野生生物和拯救濒临灭绝的物种等；（3）合理有效地利用土地、矿产、能源和水等不可再生资源的计划和措施，以增加自然系统的经济价值；（4）治理污染和防止污染的计划和措施；（5）改善人类环境质量的计划和措施，以增进人类身心健康，保护人类居住环境的美学价值。

新农村生态旅游概念的兴起在很高程度上促进了旅游业对于生态规划概念的研究和应用。前任世界旅游组织秘书长弗朗加利在世界生态旅游峰会的致辞中指出，"生态旅游及其可持续发展肩负着三个方面的迫在眉睫的使命：经济方面要刺激经济活力、减少贫困；社会方面要为最弱势人群创造就业岗位；环境方面要为保护自然和文化资源提供必要的财力。生态旅游的所有参与者都必须为这三个重要的目标齐心协力的工作"。生态旅游概念一经提出之后，如何借助生态规划的概念和方法在旅游规划中进行应用，在国内外引起了广泛的重视，生态型旅游规划也成为旅游规划理论以及实践创新研究的重要方向。

二、新农村开发的生态环境影响

旅游的环境影响可分为对植物、动物、水质量、空气质量、噪声、海岸线和废弃物等七个方面的影响。旅游环境破坏与影响既有游客随意践踏、破坏自然或文化景观，丢弃垃圾或干扰野生生物环境等因素，也有旅游资源开发者与管理者利用与保护不当，在自然景区内开山筑路、建造楼房等人工建筑，造成环境污染以及土地退化等因素。

传统的观念认为，旅游资源是能够诱发旅游动机和实施旅游行为的诸多因素的总和。实际上，能够与旅游活动发生一定联系的所有事物均可认为是旅游资源。保护了旅游资源在一定程度上就是保护自然生态环境与人类社会文化；反之亦然。

（一）新农村开发与生态环境的关系

可以概括为五种类型：一是旅游资源开发不产生生态环境问题，这是最好的结果。比如，国外所倡导的深生态旅游，由于旅游者充满着对大自然的敬畏与珍爱之心，带走垃圾等一切旅行遗留物，故基本不产生生态环境影响或破坏。二是生态环境质量和状态影响旅游资源开发。生态环境遭到破坏，如地震、泥石流、森林火灾和病虫害、水土流失、风化剥蚀、环境污染等生态环境的破坏和退化，必然影响到相关旅游资源开发和利用；相反，生态环境质量和状态的改善与提高会促进旅游资源的开发与利用。三是开发与保护存在矛盾但并未恶化，由于旅游资源开发的理念不正确或采用的经济、技术手段不合理产生了环境问题，但并未导致生态系统结构与稳定性的破坏。由于不同生态环境系统对外力影响的抵抗力、自恢复力和自发展能力不同，局部的稳定性与全域的稳定性不同，短期的稳定性和长期的稳定性不同，故旅游资源开发利用对环境的影响需要具体问题具体分析。土地资源开发有生态适宜性分析，但旅游资源开发很少有生态适宜性分析，实际上不同类型或同一类型的旅游资源存在着不同的生态位和生态适宜性，只有符合条件的旅游活动和旅游者才可以开展相应的旅游活动，只有开展生态适宜性分析才能确保旅游生态环境的安全。四是不利于旅游资源与生态环境保护的开发与利用，如旅游资源开发所产生的各种生态环境破坏与污染。五是开发与保护遵循着可持续利用的原则，在保护中开发。这是一种科学的旅游发展观，强调旅游资源的开发利用与保护并举，相辅相成。

　　旅游环境是一个复合环境系统。旅游环境存在的主要问题有：内源性破坏，即旅游活动本身带来的破坏，主要有旅游景区的建设性破坏和生活垃圾对旅游环境的污染。外源性破坏，即周边区域经济活动带来的破坏，主要有三废对旅游环境的污染和城市基础设施不合理布局破坏旅游环境。旅游开发存在的问题还包括：旅游开发利用的深度不够，没有充分发掘地方旅游文化内涵、开发的旅游资源类型少、开发宣传力度不够等。当然旅游开发的影响还包括改善旅游客源结构、提升地方知名度与品牌形象、吸引投资、提高社区利益相关者的收益等正面效应。

　　旅游资源开发的生态环境影响还与人们对旅游资源的价值认知有关。人类对旅游资源价值的认知是建立在对自然资源与社会文化等价值认知基础之上的，伴随着人类科学理性的发展而趋向成熟。随着人类社会物质、精神文化生活水平的提高，科学技术的日新月异，旅游资源开发的理念与技术方法将更加科学完善，旅游开发更加注重环境保护效益的长效性、可确定性，旅游政策的制定既考虑到宏观的区域发展要求又具有鲜明的地方特色，旅游开发与保护的观念从表层向更深层次发展。

　　旅游对自然环境的影响显然不同于旅游的社会、政治、经济与文化影响，旅游对自然资源与环境的影响更多地表现为长期的、间接的而非直接的影响。例如，自然风景区内的人工建筑虽然没有直接影响风景区内的自然生态环境，但产生的视觉效果却间接地导致了风景区景观价值的降低；而对于各种户外运动类型的旅游活动，自然环境的破坏也会大大阻碍该类旅游项目的开展。因此，在旅游资源开发与保护中，首先必须统一思想认识，明确开发方针政策，只有坚持系统科学的开发才能合理地保护旅游资源与环境。

（二）新农村旅游资源开发的生态环境负面影响

　　旅游开发的环境影响在不同地区是有区别的，而且区别是多方面的。除直接影响外，还可能产生间接的影响，如旅游交通工具、基础设施所产生的大气、水体与固体废弃物的污染可使珍贵的历史文物遭到破坏。旅游开发也可能产生短期或长期的影响，如旅游者在密林中的喧哗声等噪音对鸟类的暂时影响，而对植被的破坏或发生火灾就可能对旅游区造成长期的影响。旅游发展与生态环境保护一直是一个矛盾，旅游业可以为保护区带来财富与就业，但由于缺少经费、过度拥挤与过载以及所产生的土地退化，均是旅游业的发展与保护不相协调的缘故。

生态旅游可能会带来的几种环境问题，如生态旅游环境破坏、生态旅游环境退化以及生态环境不协调等，见表2-7。

表2-7　生态旅游可能带来的环境问题

生态旅游环境破坏	生态旅游环境退化	生态环境不协调
破坏动植物种群结构	动植物生长环境恶化	建筑设施与生态旅游不协调
破坏地表	人类生活环境质量下降	"三废"与生态旅游环境不协调
破坏自然资源	旅游气氛环境恶化	旅游地域城市化、商业化与生态旅游环境不协调
破坏社会经济环境		旅游者行为与生态旅游环境不协调，人造景观与生态不协调，旅游灯光等配置与生态旅游环境不协调。

可见，高质量的生态旅游环境是生态旅游发展的追求和目标，有利于旅游目的地自然、社会和文化的可持续发展；同时生态旅游环境事实上是一个复杂的综合系统，既包括生态旅游部门，又包括生态旅游者和当地社区对环境的营造。

生态旅游资源是生态旅游发展的基础，是生态旅游活动的重要载体，和其他旅游产品类型不同，生态旅游的发展在很高程度上要依赖于生态旅游资源的品级和丰度等，一个生态旅游目的地生态旅游资源开发和利用的成功与否既关系着该地生态资源的保护和持续，也关系着当地生态旅游业发展的方向和前途。生态旅游资源通过发挥其独特性、垄断性等对旅游者产生吸引力，成为生态旅游开发的对象和生态旅游产品的来源，并实现经济效益、社会效益和环境效益的统一，从而为生态旅游资源的保护提供良性循环的多元支撑。并在这个过程中，建立了良好、优美、和谐的生态旅游环境，为生态旅游资源的保护和利用提供了空间基础。

（三）新农村生态环境保护的原则与措施

根据生态罗盘的概念，可以认为任何旅游资源开发的环境影响均应以最佳的环境背景值为基准，以确定影响的大小。同时，还应对旅游产品可利用的持久性、循环利用性、经济性、资源能耗的节约性以及对人类或生态系统健康的影响程度进行综合分析评估。

旅游资源开发利用与环境保护必须遵循四条基本原则：一是适宜性原则。旅游资源开发与生态环境相适宜，是指开发的结果能够为旅游者提供赏心悦目的可持续发展环境，并能满足旅游者的旅游目的与要求。二是多样性原则。旅游资源开发应全方位、多角度地深入探索自然与人文环境中具有旅游价值的事物，丰富旅游资源的内容与形式；在自然环境中应以生态系统的多样性和健康发展为前提，生态系统的多样性不仅有利于增加系统的稳定性，也有利于旅游系统整体功能的发挥。多样性与个性并不矛盾，两者相辅相成会给旅游者带来变化与快乐的感受。三是系统性原则。即生态环境与旅游资源是一个有机联系的整体，将旅游资源与其存在的环境相分离必然导致旅游资源价值的丧失。正如将出土的文物放在博物馆中展示，就其个体而言本身已不能构成旅游资源，只是普通的文物展示。一些地方为了保护古民居建筑，将各地零星分布的古建筑集中起来展示，由于没有人居住其中，吸引力大打折扣。生态环境与旅游资源在一个特定的区域环境中存在着千丝万缕的联系，因此需要用系统的思想与方法开发旅游资源。四是衡量标准原则。判断旅游资源开发成功与失败，不能仅凭主观认识，还需要有一系列衡量标准与规范要求。由于不同时期、不同的社会发展历程，人们认识上的局限性，判断事物的标准也存在着差异。

　　人类与生态环境的关系既有和谐的一面，也有冲突的一面；人类的旅游开发活动既有影响范围上的广度，又有影响程度上的深度；旅游环境影响的原因既有内在因素也有外部因素，既有经济基础方面的因素，如过分强调旅游产业的发展而忽视了环境保护，也有上层建筑领域的因素，如政治制度、管理方式以及社会经济与文化环境对旅游资源开发与环境保护的影响。解决旅游环境问题依赖诸多旅游利益相关者对环境问题的重视与认识态度，旅游者需要自觉承担相应的生态环境保护责任与义务；管理者需要将可持续发展的理念落实到具体的法律、法规制度建设和管理的方式方法中；旅游企业不仅需要做好宣传教育，提升自身绿色经营的品牌形象，还要尽可能植根于当地的文化，充分利用当地自然、经济、社会、文化与人力资源，调动一切可以调动的因素，促进旅游业与地区其他各项事业的协调发展；旅游地社区在发展生产和分享更多旅游收益的基础上，应积极参与旅游景区的生态环境保护，在环境保护中发挥更大作用。

　　旅游资源的开发还涉及规划、政策、观念、资金、宣传、合作、资源整合、环境保护、人才培养、项目配套、基础产业配置、市场营销、消费者行为研究等诸多环节，在其中有些环节或因素仅发挥着次要作用，而有些因素具有加速与激励作用。例如，自然生态环境的改变、人为规划与管理的失误都可能损毁旅游资源的价值；而环境政策的改变，旅游景区经营权与所有权分离，国家地方政府或企业的大投入，又可能使旅游景区焕发新的活力。国家和地方应该出台扶持政策来刺激旅游产业环保措施的发展，促进清洁能源技术、环境保护技术、地理信息系统技术、生态系统恢复与重建技术在旅游区的运用与发展；加强旅游区生态保护和防治环境污染的立法工作，建立水、土、气、动植物等各类资源环境保护法规体系。旅游资源合理开发利用与保护，这是树立全球环境意识与旅游经济可持续长远发展的要求。

三、新农村开发的乡村生态旅游规划

（一）整体概述

1. 三重维度的整合

新农村生态旅游规划的概念包含着乡村规划、旅游规划、生态规划等三个维度，从乡村建设、旅游发展和生态保护的角度对乡村的开发以及管理的战略与行动进行全面的探讨。目前，还没有统一的乡村生态旅游规划的概念，学者们大多从不同的角度来诠释其相关概念。例如，刘黎明（2001）认为，乡村景观生态规划是合理解决并安排乡村土地及土地上的物质和空间，为人们创建高效、安全、健康、舒适、优美的环境，核心是土地利用规划和生态环境设计，目的是为社会创造一个可持续发展的乡村整体生态系统。王仰麟和韩荡（2000）从景观生态学的基本理论出发，探讨农业景观的生态规划与设计原理及方法，认为因涉及问题的宏观空间性、关联性及综合性等特点，使农业景观的生态规划与设计成为景观生态学的重要应用领域。综上所述，乡村生态旅游规划是综合生态旅游和乡村发展两个维度的综合性旅游开发理念。通过学者们从各自角度出发的阐述，使得该领域体现出多元视角的研究协同和理论深化，对乡村实践指导的能力也日渐加强，并对如何开发和管理乡村生态旅游给出更为具体和可行的方案。

2. 概念界定

基于之上的分析，我们在这里也尝试提出新农村生态旅游规划的概念：新农村生态旅游开发是指在生态理念指导下，对乡村旅游资源进行配置调整和对旅游空间进行功能定位的全过程，而对其进行战略与行动的整合设计手段就是规划。与一般的旅游规划相同，新农村生态旅游规划也有层次的划分；但与一般的旅游形式不同，新农村生态旅游属于消费比率较高、市场准入门槛低、产品之间替代性较强、不同类型产品的消费感受差异小的旅游类型。因此，一方面是较低的产品准入门槛，另一方面是巨大的市场需求，就形成了我国当前围绕着客源地城市区域进行密布的新农村生态旅游目的地的局面。继而，新农村生态旅游规划就要在既定客源市场和产品市场状况的前提下，来分析架构乡村生态旅游产品的景观节点，并组织开发各具特色的乡村生态旅游产品的活动项目，引导和满足消费者回归自然、亲近生活的原生态游憩需求。

新农村生态旅游规划可以说属于专项规划的范畴。结合目前国内的一些乡村生态旅游规划的理论思考和实践经验，其研究范围可以分为新农村生态旅游区整体规划和新农村生态旅游园区的景观规划：新农村生态旅游区的整体规划一般是以市、县、乡、村的行政界限作为空间界定进行类型划分，特殊情况下可以是几个行政单位的联合开发，所谓整体规划就是要在一个规划区内完整地对其农林牧渔业的产业结构、种养分布、土地利用等状况进行宏观调控，设计、配置、组合旅游产品的规划和布局，科学安排不同时期的建设与管理；新农村生态旅游园区规划则是指以现存的果园、园圃、花园、鱼塘、牧场等地界边境为规划范围，尽量按照以唯一的经营管理的主体为依托来负责乡村生态旅游开发和管理。

经过改革开放 30 多年的飞速发展，我国已步入工业化阶段，城市化和城镇化进程全面加快。但由于城市开发所带来的环境污染、交通拥挤、高楼林立、工作繁忙、生活紧张等现象压迫得城市居民几乎喘不过气来。为放松压抑的神经，城市居民需要定期使自己从紧张的都市生活中解脱出来、得到放松，实现"偷得浮生半日闲"。因此，他们非常向往重返没有城市压力和工业污染的大自然，追求能使人愉悦身心、恢复体力的悠闲环境。他们渴望清新的空气、乡土的气息、民俗的风情、田园的风光、悠闲的节奏，这就构成了城市居民进行乡村旅游的主要动机。蓬勃发展的城市经济使得城市居民的收入增加，支付能力得以提高，这对乡村旅游的发展和普及无疑起到了极其重要的促进作用。而国家实施的"双休日""黄金周""小长假"等多种假日制度更为乡村旅游提供了充足的闲暇时间，尤其是"小长假"使得大量城市居民涌入环城郊野游憩带。乡村旅游已经形成了以国内旅游者为主、海外游客为辅，以短线旅游者为主、长线旅游者为辅，以事业有成、梦回孩时的中年人和对农村充满好奇心和神秘感的青少年为主、老年人市场为辅，以散客为主、组团旅游者为辅的目标市场格局。

在我国这样广阔的市场机遇下，新农村生态旅游得到了蓬勃的发展，而且在旅游发展的过程中乡村旅游规划也逐渐摒弃了竭泽而渔的短视行为，更加注重生态、经济、社会效益三者相结合，实现新农村旅游可持续发展。在这里我们以山东省为例，山东历史悠久，农业发达，乡村民俗丰富，城市化进程较快，发展乡村旅游优势明显。根据山东省旅游局官方网站数据，截至 2008 年底，全省共建成全国旅游强县 1 个（烟台市长岛县）、全国农业旅游示范点 80 个，数量居全国前列；培育省级农业旅游示范点 58 个；2008 年，全省有 13 个县、37 个乡镇、55 个村开展了旅游强县、旅游强乡镇和旅游特色村创建工作，38 家单位申报山东省农业旅游示范点。在乡村旅游发展的大潮中，乡村生态旅游已经成为重要的旅游开发模式，打造出不胜枚举的热点旅游景区。山东省的乡村生态旅游主要是以独特的乡村生态景观、多样的乡村风俗和传统的农耕劳作方式为主要吸引物，塑造出各具特色的乡村生态旅游区。其中，以自然生态资源为主的旅游区有：日照举办的"2009 日照采摘节"、聊城推出的游东昌湖水域旅游项目，吸引了众多游客；潍坊第七届中国花卉博览会青州展区继续开放，东营举办的天鹅湖魔术文化旅游节、黄河口大闸蟹美食节等活动延长了游客旅游时间，增加了旅游消费收入。以农耕劳作方式为主要特色的有：烟台、威海渔家乐持续升温，亲近自然的农家乐、渔家乐、海岛游等活动深受游客欢迎；济宁举办的以"赏田园风光、品民俗风味、吃乡村土菜、住农家小院"为主题的乡村游活动、泰安举办的金秋采摘活动、临沂举办的"生态蒙阴，和谐家园"摄影展、土特产品展销等活动丰富多彩，滨州冬枣采摘成为旅游亮点，阳信鸭梨、邹平柿子、无棣金丝小枣和冬枣等采摘活动也进一步联动形成卖点。以风俗文化为主要资源的有：莱芜民俗文化节上，本地民间艺人现场制作的精美泥塑、面塑、盐雕、布贴画和草编等手工艺品，令人爱不释手，也有现场烤制的莱芜煎饼、烙饼等地方特色小吃以及园区出产的绿色蔬菜，让游客大饱口福。

　　3. 存在的问题

　　目前，虽然我国新农村生态旅游的发展势头强劲，呈现出星火燎原的态势，但是在开发经营的具体环节和过程中，也出现了很多欠缺与问题，形成了新农村生态旅游进一步发展的瓶颈，需要引起业界的关注。

　　第一，缺乏科学规划指导下的盲目建设。

　　部分地区对新农村旅游规划的重要性的认识不够，仅将扩大市区周边"农家乐"的规模、增加其数量等同于发展乡村旅游，不注重提升旅游产品质量。而且旅游产品结构大同小异，缺乏地方特色，难以满足游客深层次的旅游需求，客源市场稳定性差，影响经济效益的提高。制订新农村旅游的合理规划是发展好乡村旅游的基本条件。然而有许多的乡村在发展旅游的时候缺乏科学规划指导，严重地破坏了自己独具特色的旅游资源，并且不顾客观实际和旅游市场规律，盲目跟风、各自为政、重复建设、低价竞争。有的旅游开发者甚至根本没有考虑原生态旅游资源所具有的价值，如恬静乡间小路、夕阳西下的田园风光、波光粼粼的水塘等；上述资源就是需要我们旅游开发的东西，要通过创意设计做到人无我有、人有我优、人优我新，但遗憾的是许多乡村就缺乏这样的观念，反而倾向于东施效颦，单纯去效仿其他乡村旅游开发较好的村落。没有清醒地认识到乡村旅游规划重要的是不仅要保护自身的资源，更要挖掘好自身的优势。

　　第二，产权模糊导致旅游规划的持续性差。

　　按照产权经济学的解释，产权包括行为团体或个人对资源的所有权、使用权、转让权以及收入的享用权。但乡村生态旅游资源又是一种具有公共属性的旅游产品，其主要的旅游吸引物表现为乡村的美景以及乡村的生活劳作习惯等，这些资源都具有公共资源的特征，没有办法确定其归属。因此，在产品发展过程中极有可能造成资源的过度使用以及对环境的破坏。而且，没有相关的产权归属就造成某些公共资源提供者不能保证相关的利益分配，如乡村的居民形成的特色生活模式、劳作模式称为人文生态旅游资源，但是在利益分配中往往会弱化当地居民的作用，甚至使用租赁的形式采用外籍人员代替"永久居民"，在利益分配中只分给居民一次性的、少量的利益。因此，生态旅游资源产权归属不明确是影响乡村旅游可持续发展的基础性问题。利益是否能够在产权的基础上公平分配，直接关系到利益主体之间的协调，而作为各个利益主体中处于弱势地位的村民的权利的保障就成为公平分配的关键。再者当地居民参与乡村生态旅游规划也是保证乡村旅游文化特色的基础，所以村民们是否能够参与利益分配的协商，参与规划决策就成为当地乡村旅游保持对市场吸引力的核心问题。

　　第三，新农村生态旅游规划中环境教育不足。

　　新农村旅游具有特殊的生态属性。乡村旅游者是想通过乡村旅游了解乡村，从而达到保护乡村生态环境的目的。乡村旅游的环境教育功能是游客和目的地居民互动的结果，乡村旅游活动的开展要使旅游者和当地居民都认识到生态环保的重要性。世界旅游组织1985 年 9 月在索菲亚发布的《旅游权利法案和旅游者法规》要求，旅游者"不要强调与当地居民在经济、社会和文化上的差异"，而接待地居民则"有权自由使用他们自己的旅游资源，通过他们的方式和行动增强对自然资源和文化环境的尊重"。对旅游者以及当地居民的旅游意识的培养应该看作是保持乡村生态旅游可持续发展的一种基础性的手段。从旅游者角度出发，要使旅游者认识到乡村旅游资源的可贵性，进行乡村生态旅游应该学会欣赏这些资源，不能怀着一种优越感来歧视当地生活方式和习俗，并且能够主动地帮助当地保持这种资源的可持续性。

例如，在我国现在开发的很多"采摘节"性质的乡村生态旅游形式中，往往以很低的价格来吸引旅游者，而采摘的果实以很低的价格加在门票中或者以一定的数量限制进行赠送，所以在果园中我们可以看到到处是游客丢弃的水果。由此可以看出，在现在国内的乡村旅游市场中旅游者对于乡村旅游的认识很不成熟，大多甚至停留在对于农产品物质的追求，这就违背了乡村生态旅游的实质。所以，对旅游者应当进行相应的引导培训，提高他们对于乡村生态旅游的认识是十分必要的。从旅游社区角度出发，也要对当地居民进行生态旅游意识的培养，使村民认识到自己的资源的可贵性以及保持可持续发展的重要性。对于生态旅游资源所在地的居民来说，他们往往会忽视司空见惯的旅游吸引物，尤其是在生活水平相对落后的农村，人们会更加急于改变自己的生活方式以及生活观念，去追求"城里人的生活"，由此我们可以看到农村的生态旅游资源的脆弱性。要想保持可持续发展就必须加强当地居民对资源的重视程度，使得当地居民认识到经济利益只是阶段性的利益形式，不能拿本地区的珍贵的生活传统和生活方式去换取一时的经济效益，同时引导他们去自发地保护乡村特色，维持本地乡村旅游发展的可持续性。

（二）新农村生态旅游规划理论支撑原则与基本要求

1. 相关理论及其指导原则

（1）系统生态理论——综合协调原则

系统生态学以生态关系为主要研究对象，将所有具有生态学结构和功能的组织单元称为"生态元"，将能为目标系统储存提供或运输物质、能量、信息，并与目标系统生存发展演替密切相关的系统称为"生态库"。生态系统是一个开放的系统，其范围往往很难确定，应用生态库的概念，将研究对象简化为主体生态系统及其与各种生态库的关系，可大大简化生态系统的复杂性。生态库是主体生态系统存在的基础，并为其提供多种服务，人们称之为生态服务功能。

以系统生态理论为指导，新农村生态旅游规划要遵循综合协调原则。这就要求整合乡村聚居环境自然生态、农业与工业生产和建筑生活三大系统，而协调各系统之间的关系也就成为景观规划和设计研究乡村生态环境的重要任务。新农村生态规划的目标体现了要从自然和社会两方面去创造一种充分融入和自然于一体、天人合一、情景交融的人类活动的最优环境，以便诱发人的创造精神和生产力，提供较高的物质与文化生活水平，创造一个舒适优美、卫生、便利的聚居环境，从而维持景观生态平衡和人们生理及精神上的健康，确保生活和生产的方便。因此，新农村生态旅游规划应与乡村景观规划和设计相互融合，以实现乡村生态旅游和乡村的可持续发展。

（2）可持续发展理论——可持续发展原则

可持续发展与环境问题是未来乡村旅游发展的核心，而可持续发展的本质就是本地化，即开发的目的主要是满足本地社区发展的需要，建设本地产品供应链，鼓励地方工艺品生产，保证收益最大限度地保留在本地，确保开发力度在环境与社会的承载力之内。随着国内乡村旅游的发展，可持续发展的问题越来越突出，对于这方面的研究也是日渐深入，主要注重于可利用的技术手段以及地区性的实证研究。

优美的乡村环境一直是最具有吸引力的旅游资源，但是随着乡村旅游开发，旅游设施的规模日渐扩大，对于环境的影响日渐严重。现实中的问题主要有以下三个方面：第一，很多地方旅游管理部门和经营企业的观念比较落后，认识不到对旅游资源进行保护的重要性，在仅重视经济效益的影响下对资源过度利用；第二，乡村社区当地村民不具备先进的生态文明意识和环境保护意识，缺乏对生态旅游资源保护的主动行为，而且由于现代耕作技术的替代作用，一些传统的、古老的农具、农事活动已成为凤毛麟角；第三，旅游者缺乏环境教育所导致的不负责任行为使得旅游非生态化。总体上，乡村旅游目前在中国基本属于大众旅游，由于旅游者素质参差不齐，大多数人生态环保意识欠缺或淡薄，今后必须建立可持续发展的理念。

（3）产业融合理论——农业横向联合原则

产业融合是伴随着信息技术与互联网技术的变革与扩散而产生的，并已成为新经济时代的一个重要的主题。产业融合是指两种产业（或多个产业）合成一体，逐步成为新的产业。产业融合不是几个产业简单的相加，而是通过相互作用，融为一体，显出新的产业属性。因此，所谓的新产业和旧产业既有不可割裂的一面，又有不可等同的一面，产业融合正是使传统产业同发展高新技术产业相结合的有效途径。

旅游产业作为开放的产业系统，在产业自组织演化进程和外部力量的影响与干预下，其产业边界在原本不太清晰的基础上，呈现出更加动态的变化特征。所以，旅游产业融合是开放的旅游产业系统本身动态演进的必然结果，并不受原有产业边界模糊性的影响。促使旅游产业发生融合变化的内在动力在于旅游产业系统的强关联性以及追求效益最大化的冲动性，其外在驱动力则由市场需求的推力、竞争合作的压力、技术创新的拉力和规制放松的助力构成。在乡村生态旅游规划中要看到产业融合的必要性，充分贯彻农业横向联合原则，把农业、手工业、制造业和旅游业充分联合起来，创造出新的产业融合的方式，充分发挥旅游业的带动效应，使乡村生态旅游能真正地服务当地产业，造福当地人民。

（4）利益相关者理论——效益均衡原则

利益相关者理论研究的是组织和企业经营管理者为综合平衡各个利益相关者的利益要求而进行的管理活动。与传统的股东至上主义相比较，该理论认为任何一个公司的发展都离不开各利益相关者的投入或参与，企业追求的是利益相关者的整体利益，而不仅是某些主体的局部利益。这些利益相关者包括企业的股东、债权人、雇员、消费者、供应商等交易伙伴，也包括政府部门、本地居民、本地社区、媒体、环保主义等的压力集团，甚至包括自然环境、人类后代等受到企业经营活动直接或间接影响的客体。因此，利益相关者理论就要遵循效益均衡原则。

利益相关者理论在旅游规划与目的地的管理中的应用，强调权利和义务的均等以及"公众参与"程度的加强。在乡村生态旅游中，相关者的利益是指企业、政府、村民、旅游者以及后代人的利益。效益均衡就是要在利益相关者中均衡其投资与收益以及调整优化收益在相关者间的分配，其核心就是重视村民对旅游业发展的长期的、隐形的投资，重视村民在规划和管理中的地位实现，加强其在收入分配中的权利。

2. 乡村生态旅游开发的核心特质

（1）经济外部性

经济外部性，也可以称为"经济活动外部性"，是一个经济学的重要概念，指在社会经济活动中，一个经济主体（国家、企业或个人）的行为直接影响到另一个相应的经济主体，却没有给予相应支付或得到相应补偿，就出现了外部性。经济外部性亦称"外部成本""外部效应"或"溢出效应"。与传统的乡村经济不同，乡村生态旅游开发更倾向于经济主体的市场化行为，获得更多的外部效益。同时，乡村生态旅游规划也加强了乡村经济的关联度，以巨大的投资乘数效应拉动当地服务业、交通运输业等产业的发展。这些都导致科学合理的乡村生态旅游开发所带来的收益将远大于开发主体的直接收益。

（2）景观异质性

景观异质性研究已经成为当代生态学，尤其是景观生态学中的一个重要研究课题。有学者认为景观异质性包括三种类型：空间异质性、时间异质性和功能异质性。乡村生态旅游规划就是要充分体现乡村旅游资源的三种异质性，加强其旅游吸引力。乡村生态景观异质性，一方面，体现在乡村生态旅游开发的资源基础是乡村景观和乡村生活方式，这与其他类型的景观景点有很大不同；另一方面，不同地方的乡村生态旅游开发应该基于当地的特色，体现出不同的特性。近年来，乡村旅游中古镇特色旅游逐渐兴起。例如，乌镇是江南四大名镇之一，是个具有六千余年悠久历史的古镇，是典型的江南水乡古镇，素有"鱼米之乡，丝绸之府"之称。一条河流贯穿全镇，它以水为街，以岸为市，两岸房屋建筑全面向河水，形成了水乡迷人的风光。水中不时有乌篷船咿呀往返，岸边店铺林立，叫卖声不绝于耳。乌镇是中国江南的封面，传承千年的历史文化。淳朴秀美的水乡风景、风味独特的美食佳肴、缤纷多彩的民俗节日、深厚的人文积淀和亘古不变的生活方式使乌镇成为东方古老文明的活化石。智慧的传承伴随脉脉书香，在这儿展现出一幅迷人的历史画卷。

（3）实践检验性

旅游规划要从实践中来，回实践中去。尤其新农村生态旅游规划只有把乡村特色景观资源和当地民风民俗加以整合，才能提炼出有生命力的乡村旅游产品，这就对新农村旅游开发的实践性要求更高。油菜花旅游成为春季旅游的热点，充分带动了地方经济发展，提高了人民生活水平。例如，婺源江岭的油菜花最多，3月份是赏花的最佳时节。当地政府鼓励农民种植油菜花，既可发展旅游产业，又增加了人们的农业收入（油菜籽可以榨油，这种油的卖价很高），因此人们种油菜花的积极性很高。婺源的油菜花旅游正是乡村生态旅游规划因地制宜，充分发挥旅游拉动效应的实战典范（图2-2）。

图2-2 婺源油菜花

（4）系统协同性

新农村旅游规划不仅要整合乡村各种特色资源，协调人与自然的关系，还要协调村民、开发商、当地政府之间的关系。这就要求乡村旅游规划要重视系统协同性。例如，西班牙发展乡村旅游有着良好的自然条件，其乡村旅游起步早，发展日渐成熟。在乡村旅游开发管理中，西班牙采用政府、企业、居民联合规划以及管理，并采用行业协会的模式来协调多方利益。西班牙乡村旅游协会是民间的联合体，它和政府有着良好的合作关系，在推进西班牙乡村旅游发展中起着非常重要的作用。它把很多业主自发地联合在一起，西班牙经营乡村旅游的业主60%以上都加入了这个协会。该协会有一个内容非常丰富的网站，网站上有各个会员单位的介绍，游客可以直接在网站上进行预订。协会还把各个会员单位组织起来，通过预订中心、报纸广告和互联网等手段进行统一的营销推广。为保证乡村旅游的质量，协会还自行规定了一些标准，要求会员单位执行。

3. 新农村旅游生态规划的基本要求

（1）强化历史文脉的传承

新农村规划建设是统筹城乡经济社会发展的组成部分，所以其规划也应该因地制宜，结合当地的历史人文环境及村民的生活模式，使整个乡村规划有机地融入所在区域的大环境中。规划者要力求在村落改造中注意保护原来风貌，保留原有的寨墙、街巷、树木及传统的建筑形式，增加碑、坊、亭、廊和住宅里弄，并依据历史原貌修建具有标志性的传统古典建筑或重要遗址遗迹，这在一定程度上可以延续乡村原著族群的历史文脉，使得乡村旅游开发既体现出一种文化传统的积淀，又具备了现代化的生活环境，满足了人们对乡村人文氛围和社区功能的双重要求。

（2）重视生态环境的保护

生态环境是影响乡村规划的关键因素，也是不同乡村实现差异化开发的必要条件。所以，在规划设计时应充分考虑地形、地貌和地物的特点，循法自然、顺势而为，尽可能在不破坏村庄原有的河流、山坡、树木、绿地等地理条件的同时，加以巧妙利用，创造出新建设施与自然环境和谐一致、相互依存，富有当地特色的旅游环境来。例如，安徽省南部山地的很多著名旅游村镇都依山傍水、景色宜人，具有特殊山水格局，基本上都是基于与原生态环境的融合之后形成的各具特色的风貌景观，成为其巨大吸引力的夹源。

（3）合理划分布置功能区

通行规划理念认为，乡村规划空间按其功能要求一般划分为公共空间、半公共空间、半私用空间和私用空间四级。一般的，公共空间即乡村的公共干道和集中的绿地或游园，供村民共同使用。在公共空间的规划上应与文化建筑、水面、曲桥、草坪、树木、雕塑小品或乡村公园、河流水系等结合在一起考虑，营造出一种舒适、幽雅的空间氛围；半公共空间，是指其公共性具有一定限度的空间，作为村民小组、家族内的半公共空间是供居民共同使用的，它是村民增加相互接触、熟悉、交流的地方，是邻里交往、游乐、休息的主要场所，也是防灾避难疏散的有效空间以及通过较完整的绿地和开阔的视野作为村民接近自然的场所，在这部分的空间规划上应注重根据各村民小组、家族内的不同组合方式来考虑，并保证其交通畅通、功能齐全；半私用空间是住宅之间的院落空间，是居民就近休息、活动和健身的场地，在规划上应注重其设施的多样化和完备性，把它规划成乡村中最具有吸引力的居民活动空间；私用空间即住宅底层庭院、楼层阳台与室外露台，底层庭院的设置使村民可以自由种植，增加区域内的景观，又使村民有安全感。楼层上阳台可以眺望、休息、种植花卉，营造垂直绿化的景色（图2-3）。

图2-3 垂直绿化

（4）确保旅游安全的实现

居住和游憩环境安全能否实现，是旅游者和村民共同关心的问题。创建一个舒适安全的乡村环境不仅需要有科学的健全的乡村旅游安全规章制度，而且在很高程度上要取决于乡村规划对安全性的考虑。旅游安全涉及生理安全、心理安全和社会安全等不同因素。在旅游者聚集的人员密集区和居民住宅区的规划中应充分考虑对突发安全事件的应急处理和有效防范。例如，通过控制规划区和出入口、明确划分紧急通道和退避空间等措施来提高规划区的安全应急能力。具体而言，一是在游客集中和村民出入的重点区域和主要出入口规划设置明显标志和解说标牌，使游客对区域功能有很好的领域辨识和功能认知；二是注重私人宅院间的共享空间设置，使居民和游客彼此之间既有相互了解和熟悉的机会，又能够有里有外，可以利用连接空间对住宅入口进行观察、监视；三是注重乡村内部小交通网络的合理组织，既要凸显曲径通幽、别有洞天的村落格局，也要对主次干道有明确划分，做到高峰期便于疏导，尤其在拥挤路段要有紧急备用线路，减少多向交通有可能带来的环境混乱和路线交杂，提高旅游者通行的安全系数，必要时乡村旅游重点区域要限制车辆穿行，从而确保安全、减少拥挤并降低噪音；最后，由于乡村生态旅游规划涉及整个村庄的利益，最好实施主出入口的封闭管理，应尽量关闭各家私设的次要出入口，以便有效掌控外来游客的数量规模，做好高峰期游客数量限制，从而起到总量监控的作用。

（5）完善环境卫生的治理

在新农村生态旅游规划中，环境卫生条件的保持对维护乡村旅游吸引力来说意义重大，是不可忽视的内容，因为它不仅是解决村民日常生活活动需要的基本保证，而且还是乡村旅游质量稳定的物质基础。在环境卫生服务设施的设置上，既要考虑因旅游者进入而增加的废弃物处理，也要考虑村民的生活要求和行动轨迹，对乡村级商业餐饮等服务设施进行外向型集中设置，也就是在人流交通必经之路的繁忙出入口附近集中设置商服区域和游客中心，使旅游者和村民都感到方便。车辆存放与垃圾处理是乡村服务环境的关键问题之一，要在乡村规划中明确大中型旅游车辆村外停放的原则，遵循集中与分散的布置方式，对小型旅游车辆或村民自备车进行因地制宜的多途径应对，如利用次干道的路边空间或院落中的半地下室以及高架平台下部等。传统上村民住宅的垃圾处理通常是将垃圾就近、就便放置，没有统一集结地，但在开发旅游之后因废弃物众多，要根据人员数量规模设置垃圾集中存放点，并聘请环卫公司专人清运和处理，不要让垃圾成为破坏乡村旅游服务质量的瓶颈因子。此外，村民家畜应加强集中管理，杜绝村内自由散养的模式。

（6）夯实基础设施建设

基础设施完备与否是决定新农村生态旅游能否进行旅游专有设施建设的前提，水、电、通信等主要线路是开发旅游产品、设计旅游项目并促进特色乡村旅游经济发展的基本保证。要做好各方面的基础建设，包括水、排污、电、电信及电视线路，规划时要充分考虑到随着游客的纷至沓来所引发的基础设施使用的增加量，规划时要注重新农村旅游经济发展需要，选用各类设施设备时要充分考虑容量、服务半径和供给能力，并随时注意扩容，确保使用。

三、规划编制的准备、开展和评估

（一）基本流程

详见图 2-4。

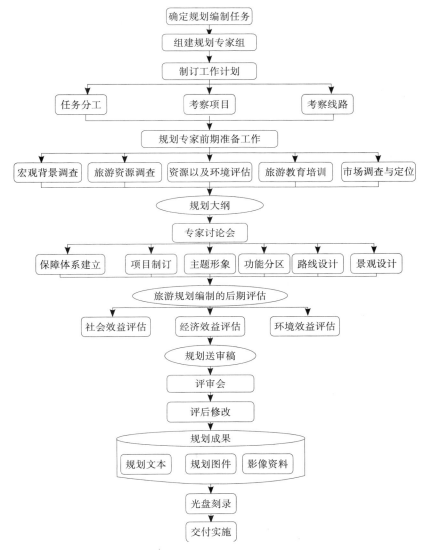

图 2-4　旅游规划技术路线图

（二）前期准备

1.新农村生态旅游资源调查

新农村生态旅游资源调查就是对规划地区旅游资源的基本情况的整理，反映了旅游规划者对规划区域的了解程度，也是进一步对区域、资源、市场进行分析的基础。资源调查主要包含：自然地理状况、人文历史资料、经济状况，还有旅游资源的类型、规模、特色、优势、劣势等。

（1）新农村生态旅游资源调查的类型与方法

根据国家标准《旅游资源分类、调查与评价》等相关文件和业内共识，乡村生态旅游资源的调查可分为概查、普查、详查、典型调查、重点调查以及抽样调查等类型。

第一，概查。概查是指对旅游资源的概略性调查或探测性调查。这种调查是为发现问题而进行的一种初步调查，它主要是寻找问题产生的原因以及问题的症结所在，为进一步调查做准备。通常概查可以采用较为简单的方法，不必制订严密的调查方案。概查以定性为主，一般是对大区域的旅游资源进行调查，以确定旅游资源的类型、分布、规模和开发程度。

第二，普查。旅游资源的普查一般是在概查的基础上进行的，它是对一个旅游资源开发区或远景规划区内的各种旅游资源进行综合调查。普查以实地考察为主，因而所获取的资料最为翔实。但是，普查对于时间、人力、资金消耗非常大，调查的项目也不可能很细，对旅游资源的调查缺乏深度。

第三，详查。旅游资源的详查一般是在概查和普查的基础上进行，将旅游资源普查的结果筛选，确定高质量的旅游资源作为开发的对象，对于这些旅游资源再进行更为详尽的实地考察。详查除了对调查对象的景观类型、特征、成因等进行深入调查之外，还要对景观的地形高差、观景场地、最佳观景位置、游览线路等进行勘察和研究。详查结果要编制成景观详图或具体材料图件以及文字材料。

第四，典型调查。典型调查是根据旅游资源调查的目的和任务，在被调查对象中有意识地选取一个或若干个具有典型意义的旅游资源进行调查研究。

第五，重点调查。即在调查对象中选择一部分对全局具有决定性作用的重点旅游资源进行调查，以掌握调查总体情况的调查方式。重点调查一般适用于只要求掌握调查总体的基本情况，调查指标较为单一，调查对象也只集中于少数旅游资源。

第六，抽样调查。抽样调查是按照调查任务确定的对象和范围，从全体调查总体中抽选部分对象作为样本进行调查研究，用所得的结果推断总体结果的调查方式。抽样调查具有较强的时效性、较高的准确性和较大的经济性。在旅游资源调查中，对于一些不可能或不必要进行全面调查的现象，或人力、财力资源有限的情况下，最适宜使用抽样调查的方法。

（2）新农村生态旅游资源调查的内容

新农村生态旅游资源的调查工作是十分重要的，它作为旅游规划与开发的前期工作，必然要搜集尽可能详尽的资料。因此，旅游资源调查的内容不仅限于旅游资源本身的一些信息，还要对旅游资源所处的环境状况进行调查。见表 2-8。

表2-8 新农村生态旅游资源调查表

新农村生态自然环境调查	调查区的概况：被调查区的名称、地域范围、面积，所在的行政区划及其中心位置与依托的城市
	气候条件调查：被调查区的气候类型、气温（年均温、极高温、极低温）、盛行风，年均降水量及降水量的时空分布、光照强度，温度及其变化、大气成分及污染情况等
	地质地貌条件：调查区的地质构造、地形、地貌及岩石的分布和差异
	水体环境调查：调查区的主要水体类型，各类水体的水质、水量的变化情况以及利用情况
	生物环境调查：区内的动物及植物群落的数量特征与分布，具有观赏价值的动、植物群落数量及分布
新农村生态人文环境调查	历史沿革：调查区的发展历史，包括建制形成，行政区划的历次调整，发生的历史事件，调查区内名人及其活动
	经济状况：调查区内的经济水平及产业状况，国民经济发展状况、国内生产总值、居民收入水平、物价水平、就业率与劳动力价格等
	社会文化环境：调查区内学校、邮政、电信、医疗、环卫、安全、民族的分布状况、受教育状况、宗教信仰、风俗习惯、社会价值观念、审美观念等
新农村生态旅游资源赋存状况调查	旅游资源类型调查：针对调查区内的旅游资源进行分类、调查，对各类旅游资源的类型分布予以汇总
	旅游资源规模调查：旅游资源的规模对旅游资源的吸引力和旅游资源的开发潜力有较大的影响，因此旅游资源规模的调查内容包括旅游资源的数量、分布范围和面积及分布密集程度
	旅游资源组合结构调整：其调查内容包括自然旅游资源与人文旅游资源的组合结构，自然旅游资源内部组合结构及人文旅游资源组合结构，并要查明各类旅游资源在空间上的组合分布结构
	旅游资源按开发程度可分为已开发旅游资源，待开发旅游资源和潜在旅游资源，该项目调查就是要查明旅游资源的开发状况、项目、类型等内容

2. 新农村生态旅游资源评价

新农村生态旅游资源价值评价，首先评价资源自身的固有价值，其次评价资源市场吸引力，第三评价资源可开发利用的条件，第四评价资源开发效益，第五对资源可持续性评价——包括旅游容量、安全性、环境脆弱性等。根据不同版本的《旅游地理学》及诸多学者的观点，基本上所共同采用的评价方法包括：

（1）定性评价方法

定性评价是基于评价者（旅游者或专家）对于旅游资源的质量的个人体验而进行的，根据评价的深入程度及评价结果形式，又可以分为一般体验性评价和美感质量评价。

第一，一般体验性评价。一般体验评价是评价者根据自己的亲身体验对一个或一个以上的旅游资源就其整体质量进行定性评估。通常是旅游者在问卷上回答有关旅游资源的优劣顺序，或统计报刊、旅游书籍、旅行指南上出现的频率，或邀请各方面的专家讨论评议，从而确定一国或地区最出色的旅游资源。

第二，美感质量评价。美感质量评价是一种专业性的旅游资源美学价值的评价，这类评价一般是基于旅游者或旅游专家体验性评价基础上进行的深入分析，其评价结果具有可比性的定性尺度。其中有关自然风景视觉质量评价较为成熟。

第三，"三三六"评价法。该评价方法是由卢云亭提出的，具体是指，三大价值：历史文化价值、艺术观赏价值、科学考察价值；三大效益：经济、社会、环境；六个条件：景区地理位置和交通条件、景物的地域组合条件、景区旅游容量条件、施工难易条件、投资能力条件、旅游客源市场条件。

第四，资源及环境综合评价法。黄辉实对旅游资源分别从两个方面来进行评价。一是从旅游资源本身来评价，另一个是从旅游资源所处的环境来评价。在旅游资源本身方面，他采用了六个标准：美、古、名、特、奇、用。在旅游资源所处的环境方面，使用的是季节、污染、联系、可进入性、基础结构、社会经济环境、市场等七个指标。

（2）定量评价方法

第一，技术性的单因子定量评价。该评价方法在评价旅游资源时集中考虑某些典型关键因子，对这些关键因子进行技术性的适宜度或优劣判断。这种评价对于开展专项旅游活动，如登山、滑雪、游泳等较为适用。针对不同的评价对象，现在较为成熟的方法有康乐气候分析（奥利弗、刘继韩）、旅游资源景观组合度评价、海滩和海水浴场的评价（日本洛克计划研究所，1980）、滑雪旅游资源评价（美国）、溶洞的评价（陈诗才）等。

第二，综合型定量建模评价。综合型定量建模评价方法是在考虑多因子的基础上，运用数理方法通过建立分析模型，对旅游资源及其环境和开发条件进行综合定量评价，评价的结果为数量指标，便于不同旅游资源评价结果的比较。与前述方法相比，该方法具有综合专家模糊因素从而更为客观、准确和全面的优点。

3.新农村生态旅游市场调查

新农村旅游资源开发是以外部经济效益为目标的，市场调查是乡村旅游产品开发的基础。市场调查的内容包含：第一，新农村旅游市场宏观环境分析，宏观环境要素包含人均可支配收入、人口结构、闲暇时间、旅游动机等；第二，周边乡村旅游市场现状，主要有市场规模（是指现实的和潜在的旅游需求的数量），与相邻旅游地的关系（一般有补充关系和替代关系两种情况）；第三，客源市场距离，是指被评价地区和主要客源地（包括主要客源集散地）之间的区位关系和距离，距离包括感知距离、地理距离和交通距离等，通过客源市场距离可以进行旅游资源吸引圈的识别，进一步分析旅游距离递减、交通成本；第四，新农村旅游者消费行为分析，根据旅游者消费行为进行乡村生态旅游产品分类，常见的分类方式有休闲时间的分布和旅游支出水平两种类型。

首先，旅游消费时间的集中性。这是由城市居民共同的休闲时间所决定的。虽然旅游地的季节性会影响人们对出游地点的选择，也会造成一定的旅游消费时间的集中，但无论什么季节，周末确实是乡村旅游最为集中的时段。其次，消费水平的中低档性。这一特点同时表现出供需双方对该类产品的共同要求。城市居民（需方）去农村体验乡土的生活方式，其消费心理限度原本就不高。同时，中低档价位客观上保护了这种消费的持续性和经常性；当地村民（供方）由于自身资本的限制和对市场前景认识的不清晰以及乡村旅游消费选择的易变性等原因，投入量不大。目前，各大中城市周边乡村旅游产品的同质竞争明显，低水平重复投资现象普遍存在。不仅造成旅游资源的巨大浪费，而且误导了旅游行为，使旅游者无所适从，产品形象遭到破坏，故而出现潮流性的消费趋势。

（三）中期核心工作

1. 新农村生态旅游的形象与定位

新农村生态旅游项目的定位至关重要，定位关系到整个规划水平的高低，也是对整个规划地区的资源进行合理配置，发挥其资源优势，使其在同类旅游地区中脱颖而出的关键，也就是旅游规划的核心问题所在。新农村生态旅游地尤其是依托大城市周边的乡村旅游产品往往有很大的相似性，再加上现在粗放式的发展管理模式造成投资水平较低，旅游项目被模仿的可能性就更大了。所以，当一个成功的旅游地出现的时候，往往就会引出很多拙劣的模仿者，逐步削弱品牌形象的价值，最后把整个市场带入恶性价格竞争。加强旅游形象打造是保证乡村旅游市场规范的重要手段，也是保证优秀的新农村旅游产品能够持续发展的积极措施。

例如，胶东半岛渔村最早开发"渔家乐"的区域，在宣传的最初就应该把这个品牌与当地联系起来，从而在人们心中形成"优先定位"的效应，充分利用品牌的效应。同时，政府以及行业管理组织也应该看到乡村旅游形象打造的重要性，应该采取一定的政策支持以及法规的保护。进一步在以后发展中，在拥有相似的旅游资源的地区，在强调质量以及服务的一致性基础上实行项目主题连锁制，而主题的连锁会进一步增加旅游形象的市场价值。最终，村民广泛认同旅游形象，并会自觉地去维护品牌形象，推动良性的市场竞争状态的形成（图2-5）。

图 2-5 胶东半岛渔村

2.新农村生态旅游的功能分区

功能分区也可称为"整体布局"或"功能布局"。定位被认为是旅游规划的主导思想，那么功能分区就是旅游规划具体实施部署或方案，从而达到总体定位的要求。例如，目前这里有一张白纸，要在上面画一幅美丽的山水画，怎么进行版面安排，需要放哪些元素等就成为后续的行动，旅游规划的功能分区也等同于此。

一般要求新农村生态旅游功能区至少应包含：核心原生态保护区（含自然风貌和人文传承最好的地段）、生态过渡缓冲区（传统与现代演替的交会区）、生态感知体验区（可供旅游开发的典型传统区域）、农耕与旅游服务区（商贸文化旅游聚集区）、乡村居民生活区（演进中的活化的人文生态区）等若干部分。功能区的划分是把乡村旅游、乡村生产、社区生活有机融入、有合有分，使得旅游在不破坏环境与生态的前提下，真正和乡村居民生活统合起来，使他们获得直接的经济利益，并通过旅游设施、公共设施的改善提高乡村环境和生活水平。

3.新农村生态旅游的意境营造与景观设计

总体上，要营造出以自然意趣、人本情怀、诗意田园为核心的乡村意境，在规划过程中挖掘农耕文化所承载人与自然和谐、政治秩序与自然规律和谐的主导思想，通过"以人为本"的路径和方法将"天人合一"的观念贯彻到规划的具体内容之中。乡村生态旅游规划中应当凸显天人合一的传统文化精髓，保留或营造自然和谐的乡村意境。乡村意境是由乡村景观具体承载的，因此乡村景观被认为是乡村旅游的核心内容和乡村意境的关键载体，对乡村旅游景观的规划设计也自然十分重要。原则上，乡村景观设计与建筑施工应该保持乡村的传统聚落与乡土建筑，坚持景观乡土性与建筑功能现代性的统一，不能破坏乡村的整体意境。具有完美意境的乡村总体格局应该呈现出田园聚落的自然分散式居民点布局体系，并具备适度面积的耕地、林地、草地等自然景观布局体系，同时也要有河流、湖泊、湿地等较大尺度乡村标志性景观要素镶嵌其中，以保持生态的多样性和环境的统一性，达到人与自然和谐相处，生态系统稳定循环的理想境界。

学者们普遍认同，乡村景观主要由乡村田园景观、乡村聚落景观、乡村建筑景观、乡村农耕文化景观和乡村民俗文化景观构成，具有特定的体系结构。对于旅游者而言，乡村景观具有丰富的内涵，如乡村田园清新怡人、乡村聚落形态独特别致、乡村建筑古色古香、乡村风俗引人入胜，与旅游者所熟知的城市景观存在着巨大的反差，足以让疲惫不堪的城里人心旷神怡。毫无疑问，乡村本身就是充满神奇的自然与文化相交融的奇特景观，是激发城市游客产生旅游动机的根本原因。在景观细部的设计处理上，应充分挖掘古宅、幽巷、花墙、农田、林地、沟渠、湿地、河塘、农具、广场等众多乡村事物的造景功能，从不同层面、多个角度共同维护乡村生态的自然天成，适度保留或复兴某些传统的耕作方式和技术，把人与自然接触过程中形成的田园优美风光保持住，真正为游客打造迥异于城市的自在、悠闲、惬意、达然的生活方式和文化氛围。对于传统乡村聚落的人文生态景观塑造，应按地脉肌理与文脉演化进行统一布局，依地势而导、顺人文而行，将文化的魅力融合到自然的空间，做到高低起伏、错落有致，与环境融为一体。在乡土建筑风貌的塑造中，在建筑风格上应突出当地乡土的独有建筑特色，切忌模仿城市建筑风格，宜少忌多、宜粗忌细，遵循小规模、小体量、小影响的生态原则进行分散布局、适度集聚。在建筑材料上应充分体现简明、朴拙、天然、闲适的要求，突出用料的环保化和可行化。

新农村生态旅游景区的规划设计，一方面要完成宏观层面的意境营造，以全部乡村资源为依托，以区域内传统乡村自然、文化生态景观为平台，建立特色鲜明、风格统一的综合性乡村旅游区，改善农村生态环境，维护和美化乡村生态景观，构建社会主义新农村的全新风貌，如平原乡村、山区农庄、城郊农家乐等；另一方面要在微观层次上，在区域乡村环境中的合适地点具体设计相适应的观赏景区和活动项目，开展休闲赏乐、农事劳作、趣味比赛、蔬果采摘等。

4. 新农村生态旅游的产品开发与项目设计

新农村生态旅游的项目规划部分是优化组合旅游资源和要素条件并最终形成可销售旅游产品的过程，也是使用旅游线路、节庆活动等组织旅游者的事件策划。活动项目产品可以说是作为整个规划的主体内容而存在的，是实现规划总体定位的相关要素，同时又是整个规划的功能分区的具体体现。作为整个规划的支撑体系，它在规划文本中是至关重要的。乡村生态旅游活动项目的开发要因地制宜，如根据乡村与村落古朴的景观意象和浓郁的文化氛围，在一些具有典型文脉节点特征的区间开展古村落文化观光游；在乡村田园风光和农耕文化突出的地方开展生态型农业体验游，让游客参与农作劳动，如杭州龙井村在采茶季节推出的"做一天茶农"、北京郊区乡村开发的"我在乡下有块地"等旅游项目深受中外游客欢迎；在乡村民俗文化积淀浓厚地域设立民俗风情专项游，开展一系列特有民俗文化活动，如云南傣族泼水节、宁夏伊斯兰开斋节、微山湖渔家乐等。

对于项目产品的开发，一般先通过实地考察，对当地的旅游资源进行评价，再进行旅游产品开发或项目配置。近年来，各种类型的采摘旅游成为乡村生态旅游的最为大众化的重要项目组合形式，全国各地的城郊乡村都结合自身的种植特色在适当的季节针对目标客户市场进行轰炸式营销；而民俗旅游则是长盛不衰的乡村旅游项目，以开渔节为例，浙江石浦、山东石岛、云南江川都连续举办多年，依托各地渔村的浓郁而富有地方特色的民俗，汇集祭祀、聚会、庆祝等多种优秀传统节目，举办渔家民俗旅游文化节。可以说，乡村生态旅游的活动项目对于保护、传承和展示地方特色文化，提升乡村生态旅游文化内涵，做大做强乡村旅游文化品牌，实现旅游与文化的完美融合，开辟了积极而有效的途径。

5. 新农村生态旅游的路线设计

旅游线路是以旅游景观为节点，以交通线路为线索，专门为旅游者设计、串联或组合而成的旅游过程的具体走向。旅游线路的设计是否科学合理，不仅关系到旅游者的舒适度和满意度，而且还关系到旅游目的地形象的塑造。一个良性发展的乡村旅游景区应当有一条或数条合理线路确保旅游者有效进入，并将村庄内旅游资源整合成为一个完整的体验过程，从而为旅游者提供一个浓缩了乡村风光、乡地风情、乡野风貌、乡人风物的一体化感受空间，并提升景区的整体知名度。

　　一般的，乡村旅游的线路设计，主要应包含以下几个方面的内容：可进入性信息，主要提供客源城市至当地乡村目的地的飞机航班、轮船班次、火车车次、汽车路线及交通费用和所需时间；中转地旅游信息，即线路沿途所经过的区、县、镇、村及其特色旅游内容；目的地观赏游玩路线图，包括景区名称、游览方式、概况、特色、传说，途中特色餐饮名吃、特色旅游纪念品及土特产品，需住宿的饭店名称、档次、价格、特色等；周边地域相关信息，即该产品线路中其他特色鲜明、文化独特、内涵深厚、极具吸引力的区域或线路相关信息；景区当地的风土人情、民风民俗等（图2-6）。

图 2-6　乡村自由行骑行路线

　　6. 乡村生态旅游的保障体系

　　一般保障体系包括旅游管理、人力资源、政策法规、环境保护、教育培训等，这些都是一个地区规划后发展需要的基本条件保障。例如，人力资源，尤其旅游人才，为地区旅游业发展提供智力支持和保障，关系到一个地区的旅游业兴衰。必须要加强旅游人才资源的开发，制订人才培养开发计划、确立有效的旅游人才政策、加强旅游师资队伍建设、重视旅游人才的培养与教育，提高旅游服务质量和形象。通过保障体系的建立健全而最终取得社会效益、经济效益和生态效益。

（四）后期评估

　　乡村生态旅游规划的评价要综合考虑社会效益、经济效益、生态效益三个部分的内容，任何一方的缺失都将是不可接受的，我们要在确保生态效益不退化的前提下，以积极正面的社会效益为诉求点，争取获得最大化的经济效益，力求实现三大效益的共同提高。

　　1. 社会效益

　　通过乡村生态旅游开发建设，使民族、历史、文化、文物、遗址及民居文化、民俗风情等得到有效的保护，传承区域民族文化、风情习俗，实现发达地区与欠发达地区和各民族之间的和谐发展，实现各区域、各民族共同繁荣，对建设社会主义和谐社会产生深远的意义。

　　乡村生态旅游规划所要产生的社会效益主要从三个方面理解：首先，旅游过程有助于增进城乡之间的了解，缩小城乡差距、促进农村发展，有助于形成稳定的社会结构；其次，乡村生态旅游规划与开发对于促进欠发达地区文化与环境的保护和实现可持续发展具有极大的帮助，乡村地区旅游目的地所特有的民俗文化和自然生态是旅游活动中的一道亮丽的人文风景线，是无价的旅游资源，旅游开发盘活了乡村资源、促进了乡村发展；再次，通过旅游开发社会中散落的民俗文化、手工艺技术、特色建筑等都将被重新收集、整理和恢复，这对于社会来说是一笔宝贵的财富；最后，乡村生态旅游资源的开发和旅游业的发展要求各地区需进一步完善偏远落后地区的基本公共设施和旅游配套设施，包括交通、电信、邮政、金融、电力供应和给排水工程，各种市政建设也要加大投资力度，这不仅有利于旅游业的健康稳定发展，而且还可以改善人们的生活环境，提升区域整体发展水平。

2.经济效益

通过发展乡村旅游，可调整农业产业结构，合理安排劳动力就地转移，增加农民收入，改变农民收入结构，提高人民生活水平。按照旅游经济学的研究思路，科学的经济效益评价要考虑微观和宏观两个角度。首先，乡村生态旅游规划与开发的微观经济效益是指旅游企业和部门在开发、生产、经营旅游产品的过程中投入与产出的比较，即向旅游者提供直接服务的旅行社、旅游交通运输部门、酒店、餐饮、景点、娱乐场所等旅游企业在开发和提供旅游产品时对物化劳动和活劳动的占用与消耗和企业所获得的经营成果的比较。其次，旅游规划与开发的宏观经济效益是指在旅游经济活动中社会投入的活劳动、物化劳动、自然资源的占用和消耗与旅游业及全社会经济效益的比较。旅游作为一种经济活动，它的开展必然会产生收入，并且由于旅游业所特有的关联作用而导致其他与旅游业有联系的国民经济行业收入增加。旅游业作为国民经济第三产业中最具潜力的行业，对于国民经济结构的改善和升级有着极大的促进作用。此外，国际旅游被称为一种特殊的国际贸易形式，旅游接待国在获取国际旅游者带来的旅游外汇的同时，也要投入大量的人力、物力、财力，以保证充足的旅游服务设施供给来满足各类旅游者的需要。乡村生态旅游开发的经济效益评估也要按照上述要求进行。

3.生态效益

乡村生态旅游的生态效益体现在通过产业结构调整，发展经济型、生态型、观光型农业，加强生态建设，注重绿色环保，减少环境污染和水土流失，保持生态平衡，实现乡村地区生态的平衡、稳定和持续。但随着旅游者的进入，乡村旅游目的地的自然、社会及游览环境会受到不同程度的影响。如果过分追求经济利益、加之管理不善的话，游客人数在超过乡村景区游客容量后将会使该地的旅游环境产生不可逆转的退化。例如，一些乡村旅游景区因为垃圾等废弃物不能及时处理而出现严重的"白色污染"，某些价值很高的古宅老屋也由于游客的过度触摸而出现明显的凹痕，部分需要重点保护的人文景观被开发成商店、餐馆等，所有这些都是对生态旅游环境的人为破坏。如果乡村管理者没有充分重视，再考虑到乡村旅游开发原本投入规模就比较小，因为旅游开发所造成的生态保护区域超载、大量生活垃圾没有经过任何处理就排入自然环境之中，都将可能造成对乡村环境不可逆转的严重污染。生态效益的实现是需要规划者和经营者高度关注的领域，要力求借助旅游开发实现生态的改善和优化，为子孙后代留下更美好的环境。

四、旅游资源开发的生态环境影响种类

早在 1976 年，就有学者提出了环境保护与自然旅游之间存在着三种类型的相互关系，即冲突、共存与互利。冲突指旅游活动不利于自然环境生存，共存指旅游活动对环境的影响减少或消失，而互利则是因为旅游活动可以提升保护区的价值。生态旅游就是将自然资源、环境教育与可持续管理整合起来的一种旅游与环境保护双方互利的旅游形式。

1996 年，哈拉兰布波来斯和皮赞将造成旅游的影响因素分为：人口结构、职业结构、社会与消费结构、社会的文化影响等方面。在新西兰，旅游专家归类出旅游开发三个方面的负面影响：相对未受破坏与干扰的土地数量的损失，过度开发所导致的环境价值的降低，旅游开发活动对社区与居民生活方式的影响。旅游产生的压力包括住宿人数的增加，服务需求的增加，野生生物影响的增加，废弃物的增加，水的需求增加，危害社会行为的增加，住宿供应紧张，生活成本增加，自由露营者增加等方面。

第三章　地域文化的表达研究

　　地域文化是一定地域人群在长期历史发展过程中通过体力和脑力劳动创造、并不断得以积淀、发展和升华的物质和精神的全部成果和成就。不同地域因自然地理环境的差异，人们利用、改造自然环境，建设文明的时间、方式、程度的不同，产生了各具特色的地域文化。

第一节　地域文化的产生要素

一、自然地理层面

　　自然地理环境包括水系、植物、气候和地形等。海拔高度不同，季风气候不同，造成地貌特征的不同，由此形成的当地居民生活方式也不尽相同。发展至今，形成了"十里音不同，百里不同俗"的现象。就像中国南方地区的典型特点一样，南方一般水位较高、雨水足、水系分布广，以种植水稻为主，故有"江南鱼米之乡"之称，造就了南方的小桥流水、小巧玲珑的景观特色；北方气候较为干旱，以种植小麦、玉米为主的同时形成了北方豪迈粗犷、高大壮丽的景观特色；西藏地区以高原山地为主，地广人稀，以放牧为主，形成了别样的高原开阔之美。同时也造就当地的饮食文化、生产方式、生活方式等方面区别于其他地域（图3-1、图3-2、图3-3）。

图 3-1　南方梯田风光

图 3-2　北方麦田风光

图 3-3　青藏高原牧群

二、社会人文层面

　　社会人文要素可以从历史人文和经济水平两个方面入手，地域文化的产生和变化是围绕在各种社会要素发生变化的过程中，并不断地发展，经过自身的发展和被动的磨合，逐渐呈现出不同的特色。战争、民族迁徙等一系列事件的发生都会给当地留下印迹。

（一）历史人文

　　文化是在人类活动中不断产生的，随着人类的发展而发展。对于一个区域而言，在时间的长河中不断有新文化的创新和传入。在对地域进行研究时，对于历史人文的研究能够了解当地的宗教文化、生活民俗，对于历史古迹、神话传说的研究能够反映出历史时期的人民生活状态。把各个区域区分开来，以当地特有的方式展现出它的地域文化特点和民族特征。在时代发展的今天，生活习俗也在发展中改变，甚至在发展中会形成新的文化。新的文化又有新特点，这些特点不是对历史人文的否定，而是对历史文化在新时期的继承和演变。在观光农业生态园规划设计中，可以通过生活习俗、历史人物、展示古农具、民族手工艺等方面看到历史人文景观在园区中的身影（图 3-4）。

图 3-4　历史人文景观

（二）经济水平

经济水平的发展是地域文化活动变迁的主要因素，经济状况反映当地的生产力发展状况，生产力的提高也决定着当地的文明程度。在经济发展中商业占据主要地位，商业的发展为文化的交流传播起到连通作用，同时经济的发展、利益的驱使也带动人口的流动。例如，古代丝绸之路的开通，为中国带来西方的文化与经济作物，间接改变了中国的生产生活方式，直接改变了经济结构和生产方式。在观光农业生态园建设中，我们可以充分发挥科学技术在园区中的应用，营造一定的景观效果。但是也不能片面地追求科学技术的运用，最重要的是合理利用自然资源。在保护生态的基础上，运用新材料、新技术，设计出在视觉、听觉和触觉上都具有渲染力的作品。

第二节　地域文化表达遵循的原则

一、尊重地域文化的真实性

地域文化的表达，其核心就是对其真实性的表达。这就要求设计时按照区域内的真实情况进行设计，做到实事求是。真实性包括当地的历史文化、风土民情、民俗工艺品的真实表达也包括对地形、地貌等自然条件和当地的生活方式、价值观、审美观等在景观中的真实表达。

二、把握地域文化的时代性

地域文化在观光旅游设计中的表达，要求规划设计立足于当下，设计出符合当代的作品。旅游建设是为当代人服务，是面向广大群众的，在设计中应满足现代人出行、生活方式、审美观等的需要，同时还应兼顾地域文化在旅游区的运用。对于历史文化的体现，也应表现其时代性，体现当时的文化、生活等内容。将现代设计手法运用在园区中，让人们了解地域文化真实性的同时，更容易以现代人的思维和眼光接受，提高地域文化在旅游中的表达。

三、延续地域文化的空间连续性

旅游产业各个分区的设计不是独立存在的，它们相互联系又有区分。地域文化在规划建设中要尊重历史的真实性和时代性，同时还要把握各区域的空间连续性，形成一个整体。地域文化表达是体现在基础设施的设计中。在规划设计时，发挥"人"在旅游中的设计主观性，倡导与本土文化相关的文化理念和生活方式。这样才能与传统文化一样，经得起时间的考验。具体表现在：第一，按照其使用的功能性将公共设施设计归纳分类，有针对性地让艺术设计专业人员进行规划，通过不同的功能主题对公共设施小品进行量化，规范标准设计。在设计产品的过程中本着以人为本、为人服务的思想，将公共设施的人性化这一可变因素的不确定性，加以变革，提炼出不同的地理文化、民族历史以及传统信仰，运用在整体的设计中，让人们找到一种深层次的记忆与感知。第二，加强周边环境的分析与整合，将当地所独有的民间美术工艺或历史人文故事加以提炼，以设计的语言运用在空间环境中。不同人文历史、寓言故事、手工技艺的阐释可以激发人们的参与积极性，在使用的过程中表达当地文化特色的内涵，加深使用者的印象。第三，确定公共设施的易用性尺度，给予科学的放置数量量化标准。在设计中真正做到以人为本。第四，利用当地原生态材质及再生科技材料做工艺，就地取材节约成本。

第三节　地域文化的表达载体

一、历史文化

历史文化不仅包括历史典故、名人事迹、神话故事等，而且还包含古文物、古遗迹和古诗词、书法和绘画。每一种文化形式都有其借鉴的语言和思想，丰富的历史文化信息，反映着当地的独有特色。历史文化记载着一个地区的发展历程，记录了从开始到兴盛再到衰败的过程，每种历史文化的出现都给其留下历史痕迹，在观光农业生态园规划设计中，我们想要保留一个地区的原有特色，保留其个性就要从其历史文化中寻找独特的记忆元素，传承其场所精神。例如，在菏泽曹州牡丹园文化博物馆的"十二花神"就是以神话传说为背景，以群体铜像为表现形式，将当地牡丹文化运用到园区建设之中的典型案例（图3-5）。

图3-5 十二花神之五

二、民间习俗

民间习俗是当地经过上百年形成的习惯，其表现形式为民俗风情、民间手工艺和民间艺术等。在观光农业生态园的设计中，设计的作品最真实、亲切、贴近生活才能引起人们的共鸣。而最真实、亲切、贴近生活的事物往往存在于平常的生活中。民间的风俗习惯、手工艺品、宗教仪式、雕塑、音乐、戏剧等都区别于其他地方，这些形成了独有的特色，短时间内不会改变，而且有一定的稳定性。同时具有地域化，最能反映当地的"原汁原味"，相对于当地的建筑和文物，民间习俗是活的历史，也是一种文化传承现象。例如，我国的春节、元宵节等传统节日，在不同的城市庆祝方式也不尽相同，陕西地区的安塞腰鼓、罗山的皮影文化等，都不同地域的文化烙印，在地域文化的表现中多挖掘该地域的民间习俗，做出能让人耳目一新的作品。针对各个地方特色民俗文化村的发展，可以分析整理周边地区具有地方特色的艺术形式。例如，仅陕西地区就有剪纸、刺绣、彩绘、泥塑、皮影、鞋垫、布鸡等。将这些之中优秀经典展示出来，不断加大宣传力度，对应在其周边的环境设计上，就能够很好地传播，真正做到"一村一品、一村一韵、一村一景"的特色。

三、乡土材料

乡土材料在乡村旅游设计中运用得比较广泛，一个优秀的设计师经常会将当地的乡土材料运用到乡村旅游的规划设计中。乡土材料不仅包括本地域的竹、木、砖、石材、泥土等，而且还有本乡本土的植物、水体、色彩、符号文字、铺装等。乡土材料的不同质地、色彩和地域内居民有着千丝万缕的联系，同时也寄存着他们的情感。片面地追求景观效果而选用现代新技术、新材料，忽视乡土材料在园区中的应用，就会使园区和周边环境不相融合，同时也提高了设计的成本，不符合乡村旅游可持续发展的理念和园区生态的建设。

乡土植物在乡村旅游中的应用更加重要，不仅能够塑造地域特性，还能增加植物的林荫度和成活率，具有很好的绿化效果。乡土材料的运用能降低成本。就地取材，加快施工进度，与地域文化相结合，为乡土材料赋予更好的内涵。例如，秦皇岛汤河公园中"红飘带"的设计，结合原有地形，最大限度地保留场地原有乡土植物和生态环境，沿线四个节点，分别种植乡土草种[38]。以现代的表现手法，从历史文化中引入"红色飘带"理念。运用流畅的线条，选用中国典型的红色，与原生态中植物和水体形成对比，极具个性。同时，也体现出了中国特有的民族特色，展示了中国为构建生态、和谐的世界所做的贡献（图 3-6）。

图 3-6　汤河公园"红飘带"

第四节　地域文化表达手法的运用

一、直接表现法

直接表现是一种直观清晰表达设计思想和设计内容的方法，其过程没有经过艺术化的处理加工，以最"原汁原味"状态呈现在游客面前。让游客感受到"原生态"的地域文化语言。这种直接表达方法的表达载体与地域内的自然特征和人文特征的物化物相是一致的。它表现为对地形地貌、乡土植物、乡土材料、景观建筑、小品、雕塑等的直接运用和呈现。直接表现手法的运用能加入人们对地域内文化的认识，这种手法的运用将现代文化与传统文化结合起来，使地域文化表达得更加清晰，如四川成都大熊猫基地中在草地上建设熊猫嬉戏主题雕塑，与整个园区"大熊猫家乡"主题景观相结合，通过实物雕塑让游客更加直观地感受当地熊猫文化（图 3-7）。在观光农业生态园中，游客可以通过实物小品石磨、茅草屋、竹屋等，直接触摸，感受地域特色文化。

图 3-7　大熊猫雕塑

二、保留与再现法

保留是对旅游园区原有的历史性景观，保留其现状和场地文化，减少对周边环境的破坏。再现是一种模拟表现的形象表达手法，对具有特殊地域文化进行的提炼、重塑和表达。在观光农业生态园规划设计中，将两种园林景观设计手法应用其中，更好地表达地域文化。

对具有一定特殊文化意义的事件，通过对其情节的再现，能够直观地表达消逝的场景，继承其蕴含的文化传统，让游客深刻感受历史信息，引起心灵上的共鸣。例如，在园博园济宁园中的"杏林讲学"雕塑设计，通过人物场景的再现，人物动作形态的再现，表现出"教"与"学"的中国文化礼仪。让游客置身其中，感受浓厚的文化气息。

三、象征诠释手法

象征诠释就是借助具体事务的外在特征，提炼地域文化外在特征，寄托艺术家某种思想，通过隐喻诠释的手法将地域文化涵盖在某一具体形象的实物中，结合提炼符号、象征雕塑、艺术化地形等，将文化内涵和精神内涵赋予景观中，丰富了形式设计的象征性、叙述性，让游人思想上产生与场所精神的碰撞。使观光农业生态园不仅能成为生态场所，而且是兼具艺术性和精神内涵的场所。例如，在中山岐江公园，设计师以"人性"的眼光看待场所中的废旧机器，将变成景观元素，成为纪念性象征，突出了地域文化，唤起人们对当地工业的记忆（图 3-8）。

图 3-8　中山岐江公园景观小品

四、抽象凝练手法

抽象凝练手法是将事物特征中凝聚的精华通过艺术加工、提炼和抽象简化，形成艺术化的片段和符号，将这些元素通过景观设计手法运用到园区的规划设计中。通过抽象凝练的手法处理，将复杂的事物变得生动，有利于游人的理解，如在飘云形态的提炼在规划设计中常见的有凹凸的林际线，河道弯曲线等。

五、植物表达载体

地域内生长的植物具有一定的独特性，不同地域中具有不同的植物景观。地域植物具有一定的地域特色，让游人具归属感。在观光农业生态园的设计中，植物的新奇树形和色彩搭配很重要，乡土植物的运用不仅能提高植物的成活率、成荫率，而且更加贴合区域内的环境，表现当地特色。例如，回形纹、卷叶纹、花鸟纹等，可以用植物的修剪来实现在园区的应用，将地域文化融入其中（图3-9、图3-10）。

图 3-9　卷叶纹应用

图 3-10　回形纹应用

六、建筑表达载体

　　建筑的建设为观光农业生态园带来最基础的保障，在园区中有非常重要的作用。包括园区大门、管理房、售票处、卫生间、园区商店、园区住宿等，将地域特有的建筑类型作为审美对象规划设计在公园中，可以在公园中兴建一些民族特色建筑作为观赏和使用。例如，内蒙古的蒙古包（图 3-11）、北京的四合院（图 3-12）、徽派建筑中的马头墙等都是具有地域特色的建筑，可以在当代建筑中融入古代建筑的风格和样式，可以作为一种符号融入景观小品之中。

图 3-11　蒙古包

图 3-12　四合院

七、景观小品表达载体

　　景观小品在园区中对地域文化的表达是不可缺少的一部分，是在地域文化中抽取的历史事件符号、相关物品符号、历史事件符号等，对其进行简化、凝练，提取最具意向，同时又富有美感的符号运用到景观小品建设中，配合植物、建筑等景观载体，表现地域文化主题。其类型丰富多样，包括座椅、垃圾桶、圆灯、雕塑、景观墙等，每一种形式都能表达地域文化（图 3-13）。

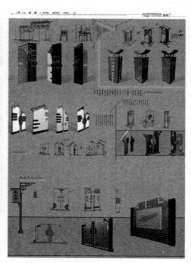

图 3-13   云南鹤庆新华村景观小品设计   （作者自设）

八、水景表达载体

水是生命之源。水景在旅游景观设计中的运用比比皆是，我国古典园林常将水当作整个园林的高潮部分。人们之所以这么喜爱水景，是因为水能令人感到轻松和快乐，水与周围的空间相结合能够让人眼前一亮。在光线的映射下产生斑驳陆离的视觉效果。在近距离接触水时，水的清凉、柔和会更加吸引人们的目光。融入水景元素在旅游环境中，会增强人们对这一区域的喜爱程度。

水景不只可以作为一个单独的景观来呈现，也可以通过水环境的营造与周边的环境相融合，从而更加提升这一区域的景观价值。风格迥异的旅游景区在整体上很难做到统一，会显得混乱无序。而水融合性强的特性则会弥补这一点，在枯燥的环境中添加了活跃的氛围。

水景设计应用特征体现在以下几个方面：

（一）以静止水为主的水景

这样的水景大多数用于公园，大片的水汇聚成一片静止的水面形成的景观，大多数是以规则形状或者自然形状的水池的来表现出恬静、安逸的景观感受，并且大面积的水面可以净化环境，调节小气候（图 3-14）。

图 3-14　人工湖（作者自摄）

（二）以流动水为主的水景

俗话说"水往低处流"，那么想要制造流动的水景，就一定需要在一个有坡度的渠道中，让水由于重力作用自行流动。流动的水是非常"活泼"的一种景观环境，而且流动水的景观占用的空间相对较小，可以在许多地方进行设置，也可以将静止水景与流动水景相结合，产生动静结合的景观效果（图 3-15）。

图 3-15　流动水景（作者自摄）

（三）以落水为主的水景

想要达到水落下来的景观效果就一定需要高度，在较高的地方将水汇集后自上而下跌落，这样的效果非常类似大自然中瀑布的景观效果。在人工的水景中又有两和变现形式分别为自落式和叠落式。自落式是水不停地从高处落到低处；而叠落式是在高处和低处中增加一些缓冲的物体，使水在跌落的过程中有短暂的停留。这一景观最大的亮点就在于，水在视听上给人们带来愉悦的感觉（图 3-16）。

图 3-16　落水景观（作者自摄）

（四）以喷水为主的水景

喷泉主要是人为地运用技术将水射向高空。喷泉大致可以分为水池喷泉和旱地喷泉两种。前者是我们生活中运用最多也是非常常见的形式，而旱地喷泉更多的是在大型广场中运用高低的落差使水落到地面。喷水水景是水景中最充满活力的造景形式，水在冲向高空再砸向地面溅起水花这个过程中是非常有观赏价值的。例如，西安大雁塔的北广场，以盛唐文化为主线，北广场的中央是大面积的水景，水景的周边是唐朝时期8名各领域典型人物的雕塑，整体景观不仅有盛唐文化还有佛教文化的体现（图3-17）。

图 3-17　大雁塔北广场 喷泉景观（作者自摄）

九、铺装表达载体

铺装是城市道路景观不可缺少的一部分，铺设时应注意协调好铺装材料的质感、色彩、图案等问题，设计的重点在于步行空间和非机动车辆行道的铺装。园林铺装是指用各种材料进行的地面铺砌装饰，其中包括园路、广场、活动场地、建筑地坪等。园林铺装不仅具有组织交通和引导游览的功能，还为人们提供了良好的休息、活动场地，同时还直接创造优美的地面景观，给人美的享受，增强了园林艺术效果。园林景观铺装设计的重点在于以下四个方面：空间的分割和变化，视线的引导和强化、意境与主题的体现，园林铺装的人性化。园林铺装的生态性同时在生态旅游设计中承载着巨大的活动量，支撑着园区的主体。铺装是地域文化在园区中的直观表达，一个具有地域特色的铺装，会给人留下特别深刻的印象，在铺装材料的运用中，融入文化符号和乡土材料搭配使用，能延续地域文化，进而体现出地域文化的内涵（图3-18）。

图 3-18 不同地域景观的铺装效果（源自网络）

第四章　民俗文化与旅游开发的关系

民俗，是依附人民的生活、习惯、情感与信仰而产生的文化。由于民俗文化的集体性，说到底，是民俗培育了社会的一致性。民俗文化增强了民族的认同，强化了民族精神，塑造了民族品格。集体遵从，反复演示，不断实行，这是民俗得以形成的核心要素。特色是民俗文化旅游资源开发的生命线。民俗文化旅游资源的开发是一个渐进的发展过程，必须进行统筹规划、分期实施。应优先开发旅游资源特色突出、基础设施和接待设施条件相对较好的地区，保证其优先发展，以带动整个地区民族旅游业的发展。培育人才，提高民族文化旅游资源开发的质量和品位。民俗是世代相沿袭的风尚，是人类社会的文化现象，是一个民族集体创造、共同享用并世代传袭的一种文化生活。我国疆域辽阔、民族众多、民俗风情绚丽多彩，正所谓"十里不同风，百里不同俗"。这种文化上的差异引发旅游者的文化旅游动机，产生了对异地文化或异质文化的憧憬、遐想。旅游者"入境先问俗"，在涉足、观赏、接触、体验异地或异质文化的过程中，生活文化节奏发生了变化，拓展了文化视野、调整了原有的文化系统、产生了新的文化气息，通过对民俗的直接体验，加深了对民俗风情的理解，获得了难得的文化享受。

一、国内研究现状

如今民俗文化旅游在很多地区搞得热火朝天，民俗旅游是一种高层次的文化旅游，它满足了游客"求新、求异、求知"的心理需求，已经成为旅游行为和旅游开发的重要内容之一。但随着民俗旅游的蓬勃发展，民俗文化村落在旅游当中受到了冲击，甚至消亡。如何保护民俗文化村落受到广泛的关注，成为广大研究学者共同关心的问题。国内建筑领域关于这方面的研究也很多，研究涉及地区广泛，分布于全国各地，研究具有明显的地域性。研究内容的广度和深度不断提高，研究思路逐步拓宽，内容深刻、学术观点新颖。然而，由于最早对民俗文化村落更新问题的研究是作为传统村落保护的一部分出现的，专项研究较晚，因此也会有一些不足之处。一是以往研究针对的地区多集中在南方经济较发达地区的传统集镇和乡村，涉及我国普遍存在且农村问题突出的地区研究还相对较少。二是研究很少从需求关系的角度出发，来分析村落的更新和发展变化。

为促进传统民俗文化村落的保护和发展，住房和城乡建设部、文化部、财政部于2012年组织开展了全国第一次传统村落摸底调查，在各地初步评价推荐的基础上，经传统村落保护和发展专家委员会评审认定并公示，确定了第一批共646个具有重要保护价值的村落列入中国民俗文化传统村落名录。2013年8月6日，住房城乡建设部发出通知，公示第二批中国传统民俗文化村落名录，全国共有915个村落列入其中。经过去重、审核、确认，初步归纳出急需保护的传统民俗文化村共 240 个。这些村（社区）在历史古迹、非物质文化遗产、生态农业、红色旅游和自然风光等方面各具特色。由此，真正拉开了我国民俗文化村落保护传承的序幕。

二、国外研究现状

传统民俗文化村落的更新问题是世界各国在新型农村建设过程中，面临的共同问题。在众多国家中，德国关于村落更新的研究与实践比较具有代表性。在德国，民俗村落的更新过程是一个连续、系统的过程，每一步都从村落自身特点出发，它需要村民、政府和建筑师共同配合完成。建筑师在更新过程中的主要任务是与村民和政府配合，完成更新规划工作。除德国外，日本民俗文化村落的更新，也有自己的特点。日本村落的更新很少会出现大拆大建的现象，大多只是针对个别村落、独立住户进行的小规模改建、修缮，并尽可能保留着历史、文化的印迹。而突尼斯根据西方游客喜欢猎奇的心理，利用本国土著居民的村落古迹、山洞住宅、民族服饰和车马游玩等民俗文化发展旅游业，已成为非洲和阿拉伯国家中的旅游大国。科特迪瓦利则用其独特精巧的人造面具，表现其传统文化，举办全国舞蹈节。美国波士顿的"活人博物馆"，通过依照当年格式建造的房屋棚圈、碉堡、果园组成的"移民村"，向游客展示表演了用方形的扁担挑水，用原始农具耕种，用独轮车运输等古老的传统习俗，以及各种舞蹈，再现几百年前欧洲抵美移民的劳动生活和风俗习惯。以上这些都是外国民俗文化旅游发展的典型例子

综合国内外发展状况及研究成果可知，国外关于民俗文化村落问题的研究起步较早，出发点主要从村民的物质需求和精神需求两个方面来考虑村落的发展问题。制定以传统村落保护为主，深度挖掘民俗文化为辅的文化旅游政策，在满足游客"求新、求异、求乐、求知"的心理需求后，又科学保护和发展传承了传统村落的历史原貌。

第一节　相关概念

一、文化的概念

"文化"这个概念中国古已有之。在中国古代典籍中，"文化"是"文"与"化"的复合。《尚书·大禹谟》中说："文命敷于四海"，这里的"文"是指文德教化。《论语·雍也》中说："质胜文则野，文胜质则史，文质彬彬，然后君子。"此处的"文"与"质"相对称，具有人为加工、修饰等意义。由此可见，"文化"的"文"既为文字，又通文章、文采。"文化"的"化"字则具有改变、化生、造化等含义。两汉以后，文献中开始正式出现"文化"一词，如刘向的《说苑·指武》中就有"凡武之兴为不服也，文化不改，然后加诛"之句。总的来说，中国古代的"文化"一词，主要强调人的内在教养、德行，以及与之相关的一些东西，它与现代所说的"文化"一词，意义大不相同。今天我们所

通用的文化概念，据说是 20 世纪末从日本转译过来的，源自于拉丁文 Culture, 原意为加工、修养、教育、文化程度、种植和耕种，既有物质生产，又有精神创造的含义。

文化被认为是人类社会历史的精神文明与物质文明的复合体，除了自然物以外，一切都属文化教育的范畴。据不完全统计，世界上对文化的定义多达 250 种。由此可见要给文化下一个确切的定义很难。而这种状况不利于对文化现象的深入研究，所以多数学者倾向于从观念形态的角度定义文化的观点，认为"文化是代表一定民族特点的，反映出理论思维水平的精神风貌、心理状态、思维方式和价值取向等精神成果的总和"。

二、旅游文化的概念

旅游文化一词最早出现于美国学者伯特·麦金托与夏西肯特·格波特合著的《旅游学：要素·实践·基本原理》一书。20 世纪 80 年代以来，我国的学术界开始进行这方面的研究。《中国大百科全书·人文地理卷》分册在 1984 年出版时，第一次使用了"旅游文化"这一概念，这标志着我国的旅游文化研究的开始。旅游文化的定义很多。大致可归纳为两大类。

（一）旅游＋文化论——广义旅游文化

于光远指出，旅游不仅是一种经济事业，而且是一种文化事业。从旅游的角度看，文化事业的发展也是具有决定作用的事，持相同意见的还有卜昭程和吴义宏。陈辽认为，旅游文化是人类过去和现在所创造的与旅游有关的物质财富和精神财富的总和。

以上是早期对旅游文化较朦胧认识阶段的定义，只是简单地将旅游与文化叠加在一起。

1990 年 10 月召开的"首届中国旅游文化学术讨论会"提出："旅游文化是以一般文化的内在价值因素为依据，以旅游诸要素为依托，作用于旅游生活过程中的一种特殊文化形态，是人类在旅游过程中（一般包括旅游、住宿、饮食、游览、娱乐、购物等要素）精神文明和物质文明的总和。"

魏小安认为：旅游文化的概念与广义的文化概念在外延上基本是重合的，而旅游文化的内涵则是对广义文化的消费，这样就产生了特殊的心理结构，形成了特殊的活动方式，进而成为一种独特的生活方式。所以，旅游文化可以初步界定为是通过旅游这一特殊的生活方式，满足旅游者求新、求知、求乐、求美的欲望而形成的综合性现代文化现象，或是说通过对异国异地文化的消费而形成的现代特殊生活方式。

旅游＋文化论虽形成了较完整的体系，但其阐述过于笼统，且没有明确与文化的界限，不利于进一步的研究，随着对旅游文化的深入研究，这一学说将会逐渐退出市场。

（二）民族文化学说

喻学才在早期的研究中指出："所谓旅游文化，指的是某个民族或国家在世世代代的旅游实践中所体现出来的本民族或本国家文化。它包括只有这个民族、这个国家独有的哲学观念、审美习惯、风俗人情等文化形态。或者说，旅游文化，就是一个民族共同的文化传统在旅游过程中的特殊表现。"

《中国大百科全书·人文地理卷》将旅游文化定义为："旅游文化即旅游主体在旅游过程中所传播的本国文化和所接受异国文化的总和。"

在民族文化学说中，旅游文化被孤立地理解为一个民族的文化，这种看法有失偏颇。民族文化虽是旅游文化的一个组成部分，但不是它的全部。

三、民俗旅游的概念

（一）民俗的概念

民俗一词在中国很早就有，《管子·正世》有"料事务，察民俗"的记载，《汉书·董仲舒传》中也说"变民风，化民俗"。在这些文献中，民俗的"民"指普通百姓，可引申为民间的意思。"俗"在《荀子·畜国》注解为"民之风俗也"。由此可见，中国古代的民俗即为百姓习尚、民间习俗。

乌丙安指出，民俗是世代传袭下来的，同时继续在现实生活中有影响的事象，是形成了许多类型的事象，是有相对稳定形式的事象，是表现在人们的行为上、口头上、心理上的事象，是反复出现的深层文化事象。

高丙中认为，民俗是具有普遍模式化的生活文化和文化生活。

陶立璠也认为，民俗是一种悠久的历史文化传承，是一种相沿成习的民间风俗。

从以上定义可以看出，民俗的主体是群体而不是个人，民俗是一种特殊的文化。民俗事象具有模式性，民俗由众多民俗事象构成，民俗事象在社会中一旦形成就表现为民俗的模式，成为一个自控又自动的表现系统。民俗创造于民间、传承于民间、并世代延续承袭。

对民俗应包含的内容也存在着四大类、六大类等不同的看法。

李慧芳认为，民俗包括物质生活民俗、社会生活文化民俗、心意民俗（思维方式、心理习惯）、游艺民俗等四大类。

西敬亭等把民俗的内容分为时节民俗、人生礼仪民俗、经济民俗、社会民俗，信仰祭祀民俗、游艺竞技民俗等六大类。对于民俗特征的认识，也因对民俗定义及包含的内容存在理解上的差异而具有不同的看法。

（二）民俗旅游的概念

对于民俗旅游国内外学术界尚未做出严格统一的界定，使用的概念很多，如"民族文化旅游""民族民俗旅游""民族地区旅游""民族风情旅游""少数民族地区旅游""少数民族旅游""少数民族风情旅游""少数民族专项旅游"以及"民俗旅游""民俗文化旅游""民俗文化村""民俗旅游村寨""民俗特色旅游""民俗旅游学""民俗风情旅游""区域民俗文化旅游""生态博物馆"等民俗文化旅游这一类术语。

对于民俗旅游，学者们众说纷纭，从各自不同的角度阐述了自己的观点。

邓永进等认为：所谓民俗风情旅游是指人们以观赏、了解、领略、参与风土人情为主要目的的旅行和暂时逗留中所进行的物质与精神活动的总和，民俗风情旅游从性质上说属于文化旅游的一种。

李慕寒认为，以一国或一个地区的民俗事象和民俗活动作为旅游资源，为满足旅游者开阔视野、促进人类相互了解的一种社会经济现象。

温锦英这样定义民俗旅游，借助于民俗开展旅游项目．它以一个国家或地区的民俗事象和民俗活动为旅游资源，在内容和形式上具有鲜明、突出的民族性和独特性，给人一种与众不同的新鲜感，它的魅力就在于其深厚的文化内涵。

巴兆样则认为，民俗旅游属于高档次的文化旅游范畴。是指旅游者被异域或异族独具个性的民俗文化所吸引，以一定的旅游设施为条件离开自己的居所前往旅游地（某个特定的地域或特定的民族区域）进行民俗文化消费的一个动态过程的复合体。是人类文明进步所形成的一种文化生活方式。

从以上种种定义可以看出，民俗旅游是文化旅游的深化和发展，是一种高层次的文化型旅游。

四、民俗文化旅游的界定

（一）民俗文化旅游的概念

文化是旅游的灵魂，旅游者的旅游过程是离开自己的文化环境，去异地感受和体验异质文化的过程。民俗文化旅游是旅游者被异地的民俗文化吸引，离开居住地，前往旅游地（特定的地域或特定的民族区域）去涉足、接触、观赏、体验异族或异地文化及其环境氛围的过程。

（二）民俗与旅游的关系

民俗即为百姓的习尚、民间的习俗，是民间世代传袭的具有比较稳定的模式。表现在人们的行为、口头和心理上"活化"的文化事物，是一定地域人们真实而直观的社会生活写照。

许多少数民族地区，过去由于社会、政治、经济、交通等各方面的原因．相对封闭，与外界交往较少，独特的民俗风情世代沿袭下来。一个民族历史越悠久、文化越传统，其民俗风情就越浓郁和独特。

旅游者对异域异族的民族风俗，抱有一种认识的愿望和好奇心，民族间的文化差异激励旅游者产生旅游动机和去实地游览的心理。希望利用一切机会"入乡随俗"，置身浓郁的民俗氛围中，感受和体验其生活方式的差异。

民俗与旅游历来就有着密不可分的联系。观风察俗、考察民间文化，从古代开始就是推动旅游的一种动力。古代人提出"读万卷书，行万里路"的治学之道。将了解民俗风情、采录民间传说、山歌俚语的旅行看着是与读书同等重要的事。古今中外的大量游记中都有许多各地风土习俗、民间习尚、神话传说等民俗内容的记载，可见民俗对旅游的推动作用。许多民俗事象本身也包含着旅游的内容，如朝山进香、踏青探春、端午采百草、重阳登高等。而且一个地区独具特色的奇异风俗，一旦为人们所知，它又会诱人们产生兴趣，成为另一种巨大的旅游吸引力。这种民俗本身也就构成一种独特的旅游资源。我国是由 56 个民族组成的国家，各民族都有灿烂的文化、绚丽的民俗风情。不同的民族有各自奇异的风俗，同一民族的不同区域民俗也有差异。这些差异吸引着旅游者去异域异族旅游。这种旅游是一种观赏，是对旅游的认知过程。民俗既反映了旅游地的历史，又体现了旅游地的文化和社会生活。民俗文化旅游属文化旅游的范畴，是一种高层次的文化旅游。考察旅游地的民俗、阅读有关民俗的书籍，可以帮助旅游者扩大视野、丰富文化知识、增加旅游的愉悦度。

五、民俗文化旅游开发与保护的措施

1. 提高认识，加强对民俗文化旅游资源开发的引导，形成科学合理的开发机制。民俗文化旅游是现代旅游的主流之一，应提高对民俗文化旅游资源开发重要性的认识。因民俗文化旅游资源的开发涉及多个方面和多个部门，必须强化政府的宏观引导及调控，形成科学合理的开发机制，实现对民俗文化旅游资源的合理保护和科学开发，实现经济、社会、环境效益等方面的有机统一。

2. 加强民俗文化旅游理论研究。对民俗文化旅游资源开发与保护需要科学的理论、知识和行之有效的手段。与开发和保护民俗文化旅游资源的客观需求相比，理论的研究只是刚刚起步，还有待于科学化、系统化。需要依靠各学科的专家学者借助学科的理论知识、研究方法，站在时代的高度，对民俗文化进行全方位的再认识，深入探究其内涵，推动民俗文化创新。

3. 突出特色，统筹规划。独具当地特色是民俗文化旅游资源开发的生命线。民俗文化旅游资源的开发是一个渐进的发展过程，必须进行统筹规划、分期实施。应优先开发旅游资源特色突出、基础设施和接待设施条件相对较好的地区，保证其优先发展，以带动整个地区民俗旅游业的发展。

4. 开发中旅游点、线、面应有机结合，形成立体开发网络。选择在民俗文化旅游资源比较丰富的地区，依托民俗博物馆、自然民族村落或模拟村落建立民俗旅游点；围绕这些旅游区（点）的开发，实行区际合作，推动地区间联合行动，开辟民俗旅游线路；依托民族文化特色鲜明的城镇，系列开发成集自然风光、民族文化和历史文化为一体的民俗文化旅游区。在开发中要遵循特色性、保护性、参与性、文化性、乡土性等原则，防止旅游区原生文化的西化、汉化、庸俗化和城市化。

5. 培育人才，提高民俗文化旅游资源开发的质量和品位。提高民俗文化旅游资源开发的质量和品位，需要各方面的人才，尤其是民族学、民俗学、人类学、文化学、经济学及规划设计的人才。为此，必须加强人才的培育。要特别注意将纯正、丰富的民族、民俗文化内容充实到各类教育培训中去。

6. 大力宣传，树立民俗文化旅游的形象。要更新旅游宣传观念，把宣传促销看作和旅游资源开发、旅游产品设计与创新同等重要。应利用各种传播媒介和手段，尤其是公共媒介和电脑网络的手段，加大对民俗文化旅游的宣传，树立民俗文化旅游的形象。

第二节 民俗文化旅游的类型、特征和构成

一、民俗文化旅游的类型

民俗文化旅游依据人们理解的角度、研究的出发点不同有不同的类型划分。就涉及民俗范畴民俗文化旅游分为物态民俗文化旅游、动态民俗文化旅游、心态民俗文化旅游、语态民俗文化旅游。

1.物态民俗文化旅游指以民俗物品的观赏、品尝、选购为主，包括民居、民器、衣饰、民间食品、民间工艺品等。它借助静态的民俗物品展现一时一地的民间风俗，如山西丁村民俗博物馆利用33座明清时代的民居院落，陈列近代有关民俗的文物，还将当地的一些生活民俗做成模型，展现给游人。

2.动态民俗文化旅游是以活动为主，游人通过参与或半参与进入特定的民俗文化氛围，并从中得到愉悦和陶冶。例如，南京的秦淮河风光带，在以夫子庙为中心的秦淮河两岸分布有仿明清时代的古建筑群，楼阁、殿宇构成独特的布局，亭台、庙、市组成丰富的空间，十里秦淮河形成了一定规模和地方特色的文化用品、小商品、花鸟鱼虫、风味饮食、节目花灯的市场，体现了江南的风土人情。集游玩、参与为一体，夜晚乘坐画舫游览十里秦淮河，听船上的民乐弹奏，观两岸民俗风情，秀丽的江南水乡风光，令人赏心悦目。

3.心态民俗文化旅游是以挖掘民俗中的精神文化因素，并转化为旅游产品，它涉及敬神、祭祖及其信仰性活动，如炎帝陵的祭祖仪式，祭祖期间同时展示各种民俗活动，使悠久的传统得到展现。

4.语态民俗文化旅游指对声音、语言传承的民俗内容加以开发应用。包括戏曲、山歌、曲艺、方言等。例如，湘西苗族的传统节日三月三，在这一天远近的苗族人自动聚集到约定的歌场上，对歌、听歌，跳舞、观舞，尽情欢乐，这一切都在向游人展示浓郁的民俗大观（图4-1、图4-2、图4-3、图4-4）。

图4-1 重庆变脸

图 4-2 敬亭龙灯

图 4-3 蒙古风俗文化

图 4-4 曲艺精粹

　　按旅游者的行为动机可分为：消遣观光型民俗文化旅游、参与型民俗文化旅游、考察型民俗文化旅游、娱乐型民俗文化旅游。

　　1. 消遣观光型民俗文化旅游是以静观或踏看为主的游览方式。绚丽多彩的民俗风情和异族情调吸引着游人去观光游览。这种游览方式目前在民俗文化旅游中所占的比例最大。游人希望在有限的时间内尽可能地游览一些民俗景点，看到货真价实原汁原味的民俗事象。

2. 参与型民俗文化旅游是在特定的环境中，同当地人或表演者共同表演、生活或劳动。游人对异域异族的风俗抱有好奇心和认知的愿望，乐于身临其境体验当地的风土人情，真实感受另外一种生活方式。正是迎合了这一旅游心理，内蒙古举办的"住蒙古包，穿蒙古袍，喝奶茶，吃手扒肉"的草原风情游备受游人的青睐。

3. 考察型民俗文化旅游是通过对特定的民俗旅游地的考察，探索异域异族的民俗风情奥秘，获取某些方面的研究资料。或通过考察印证所学的知识，希望了解民俗风情的来龙去脉，认知其本质。

按旅游目的地大小的尺度区分为：大尺度的西南地区民俗文化旅游、西北地区民俗文化旅游、中南地区民俗文化旅游、东北地区民俗文化旅游。中尺度的云南省民俗文化旅游、贵州省民俗文化旅游、湖南省民俗文化旅游、西藏民俗文化旅游。小尺度的四川凉山彝族民俗文化旅游、湖南湘西土家族苗族民俗文化旅游。

二、民俗文化旅游的特征

民俗文化旅游除具有文化旅游的一般特征外，还具有自身的特征，突出地表现在乡土性、质朴性、民族性、稳定性、参与性、情趣性等6个方面。

（一）乡土性

"一方山水养一方人，一方山水滋补养育一方文化，一方文化繁衍一方风情"。不同的自然地理环境，孕育出的民俗风情便带有浓郁的乡土色彩。这些独特的民俗风情也赋予地域自然景观更加迷人的魅力。这也是"十里不同风，百里不同俗"的缘由。而且地理环境越特殊或是越封闭，与外界交往越少，民俗风情与外界的差异越大，其自身的民俗风情就更加别致和独特。

（二）质朴性

民俗风情来自民间，散发着泥土的清香。纯朴典型的民俗风情风俗是民族文化生活的记录，是一个民族在长期的历史发展过程中民族传统文化的传承和继承。民俗风情与其他沉积在民间的民间文化相比，好似"下里巴人"与"阳春白雪"。民俗风情是人们在日常的行为、口头、心理所表现的百姓习尚，散发出悠悠的俚俗味。

（三）民族性

民族的形成可以追溯到原始社会的末期，从那时起人类分属于不同的社会群体。世界上有两千多个民族，中国有56个民族，其中不少民族还有几个至几十个不同的支系。各民族有自己的民族语言、地方方言、民间歌舞、地方风物、民族服饰、特色民俗等。作为一个群体的一种约定俗成、传承的行动，民俗风情无不打上民族的烙印，任何民俗的都是民族的，没有超民族的民俗存在。

（四）稳定性

民俗风情产生是由上层社会倡导或个人发起，或者由下层社会的创造，经历较长的时间得到社会的认可及众人的效仿，形成被人们所接纳的民俗，这种被接纳的民俗长期稳定下来，在一个民族中传承、继续，有着顽强的生命力，有不少根深蒂固、深入民心的民俗历经几十代甚至几百代人的传承，至今仍生机盎然地延续着。当然，民俗风情也有一个推陈出新的问题，民俗风情是动态变化着的，随着时间的推移、社会的发展、外界文化因素的影响、人们价值观的变化，有的民俗会渐渐消失，有的民俗会慢慢形成。

（五）参与性

民俗风情体现在人们的现实生活中，因而民俗文化旅游可以观看、欣赏、接触，更需要涉足、参与、体验。民俗风情的特殊文化内涵生成了各民族生存、生活、社会交往的特殊观念和价值取向，演绎和发展本民族各自特殊的生存环境，造就了各民族生存社会的文明。只有参与当地人的生活，才能体验到异地或异族的文化及其氛围。

（六）情趣性

民间生活的基调是乐观的，民俗文化旅游对娱乐、审美、认识、教化等功用的习俗加以开发，让人感受到生活与劳动的乐趣、感受到民俗风情的真切、热情、多姿、绚丽。通过旅游获得身心的愉悦。

三、民俗文化旅游的构成

民俗文化旅游属于特色旅游，其旅游活动得以实现有三大必不可少的因素——主体、客体、媒体。主体即民俗文化旅游者，它是民俗文化旅游活动的主要因素，是民俗文化旅游活动得以实现的主要载体。客体是吸引民俗文化旅游者进行旅游的民俗事象，即民俗文化旅游资源。媒体是联系民俗文化旅游者与民俗文化旅游资源之间的媒介物，即民俗文化旅游业，由旅行社、宾馆、交通等各个环节组成。民俗文化旅游的三大因素之间相互依存、相互制约、相互促进。

（一）民俗文化旅游者

旅游者是指除了获得报酬职业以外的任何原因，暂时离开常住地而去异国他乡访问的人。民俗文化旅游者是旅游者的一个组成部分，参照旅游者的定义可以认为，以涉足、接触、观赏、体验异族异地的民俗文化及其环境氛围为主要目的，暂时离开自己的常住地去别的国家或地区旅行和游览的人。

民俗文化旅游者与传统旅游者有密切的联系，但两者之间也存在着明显的差异。下面将两者列表进行比较（表4-1）。

表4-1 传统旅游者与民俗文化旅游者的比较

	传统旅游者	民俗文化旅游者
旅游对象	山川、河流、湖泊、瀑布等自然景观，城镇、古建筑、主题公园等人文景观	时节民俗、人生礼仪民俗、经济民俗、社会民俗、信仰祭祀民俗、游艺民俗等民俗事象

	传统旅游者	民俗文化旅游者
旅游参与形式	大多为被动式的观光游览	为追求新鲜、刺激的感受，主动参与，将自己的情感移入民俗事象，在赏心悦目的同时产生情感共鸣
求知欲	希望通过旅游增长知识、扩大见闻、丰富阅历	对异族异地的民族风俗抱有认知的愿望和好奇心。或参观了解，或询问记录，有的干脆进入当地人的生活直接体验别人的活法
自身素质	不用很高的要求就能完成传统的大众旅游活动	有较高的文化素养，对当地民风有一些了解和认识，入乡随俗，善于自我克制，乐于与人交往，有时随当地人狂欢，有时任自己悠闲

专门的民俗文化旅游者为数不算多，但已显示出与众不同的特征，随着民俗文化旅游的发展，这一群体将会日益壮大。

（二）民俗文化旅游资源

作为民俗文化旅游活动的旅游资源，由于人们存在着不同的认识，因而对其定义有所差别。人们对旅游资源的概念有着不同的诠释，有代表性的有以下几点。

（1）凡能为人们提供旅游观赏、度假疗养、娱乐休息、探险猎奇、考察研究以及人民友好往来和消磨闲暇时间的客体和劳务，都可以称为旅游资源，是发展旅游业的物质基础。

（2）凡是能够对旅游者具有吸引力的自然物、文化事物、社会事物或其他任何因素都可以构成旅游资源。

（3）旅游资源是指对旅游者具有吸引力的自然存在和历史文化遗产，以及直接用于旅游目的的人工创造物。

（4）旅游资源是指客观地存在于一定地域空间，并因其所具有的审美和愉悦价值而使旅游者为之向往的自然存在、历史文化遗产或社会现象。

综上所述，旅游资源是指自然界及人类社会中能够对旅游者产生吸引力，激发其产生旅游动机，可为旅游业利用，产生经济效益、社会效益和生态效益的各种事物和因素。

（三）旅游资源的分类

为了有效地利用旅游资源，就需要对其进行分类。关于旅游资源的分类方法，不少学者进行了有益的尝试。

1. 自然旅游资源

（1）地表类（含地质类山地、山峰、峡谷、峰林、洞穴、沙滩、火山、沙漠戈壁等）；

（2）水体类（含河流、瀑布、湖泊、泉、海洋等）；

（3）生物类（含森林风光、草原风光、古树名木、珍稀动植物、典型自然生态景观等）；

（4）大气类（含云海、雾海、冰雪、天象胜景等）；

（5）宇宙类（含太空、星体、天体观测、陨石等）。

2.人文旅游资源：

（1）历史类（含古人类遗址、古建筑、古代伟大工程、古城镇、石窟岩画等）；

（2）民族民俗类（含民族风情、民族建筑、社会风尚、传统节日、起居服饰、特种工艺品等）；

（3）宗教类（含各种宗教圣地、宗教建筑、宗教文化现象等）；

（4）园林类；

（5）文化娱乐类（含动物园、植物园、游乐场所、文化体育设施等）；

（6）购物类。

在资源开发、建设、管理过程中得到普遍应用的是由国家旅游局开发司、中国科学院地理所于1992年共同推出的旅游资源分类系统。它将旅游资源分为自然旅游资源和人文旅游资源，具体分为6大类74类。

（四）民俗文化旅游资源

从以上的旅游资源分类中可以看出，民俗文化旅游资源是旅游资源的一个组成部分，民俗文化旅游资源是能够对旅游者产生吸引力，激发其产生旅游动机到旅游地参加民俗文化旅游活动的，并为旅游业所利用，产生经济效益、社会效益、生态效益的民俗事象。

民俗文化旅游资源的范围十分广泛，几乎包括一个民族人们的生产生活的各个领域。按其属性及存在的形态分为3大类11类42种基本类型（表4-2）。

表4-2 民俗文化旅游资源分类表

物质民俗文化旅游资源	生产民俗	采集民俗 渔猎民俗 畜牧民俗 农耕民俗 手工业民俗
	消费民俗	服饰民俗 饮食民俗 居住民俗
社会民俗文化旅游资源	流通民俗	市尚民俗 交通民俗 通讯民俗
	人生礼仪民俗	生育礼俗 成年礼俗 婚姻礼俗 寿庆礼俗 丧葬礼俗
	岁令时节民俗	传统节日 现代节日 宗教节日 二十四节气
	社会结构民俗	家庭民俗 亲族民俗 乡里民俗 社团民俗 帮会民俗
	游艺民俗	游戏民俗 竞技民俗 歌舞民俗 工艺民俗 技艺民俗
	口授语言民俗	民间神话 民间传说 民间故事 民谣、谚语

意识民俗文化旅游资源	原始信仰民俗	自然崇拜 图腾崇拜 祖先崇拜
	民间宗教信仰崇拜	各种宗教信仰
	禁忌民俗	生产禁忌 生活禁忌 民间宗教禁忌

以上种种民俗的存在形式和表现形式，种类多样、内涵丰富，为民俗文化旅游的发展奠定了良好的物质基础。

（五）民俗文化旅游业

旅游业是为了国内外旅游者服务的一系列相互有关的行业。旅游关系到旅游者、旅行方式、膳食供应设施和其他各种事物，它构成一个综合性的概念，是随着时间和环境不断变化、正在形成统一的概念。

旅游业由旅游观赏娱乐业、餐饮住宿业、旅行社业、交通通讯业、旅游商品销售行业及旅游管理机构构成，这些行业、部门如果主要开展民俗文化旅游业务或主要经营民俗文化旅游产品，它们就属于民俗文化旅游业的范畴。

旅行社负责民俗文化旅游线路的组织、宣传，游人的接送和导游；餐饮住宿业提供餐饮住宿方面的服务；交通通讯业实现旅游者和旅游信息的空间位移；观赏娱乐业向旅游者提供民俗文化的观赏娱乐产品；旅游销售业为游人提供具有独特性、文化性、民族性、纪念性和艺术性的旅游商品。

第三节　我国民俗文化旅游开发现状

一、民俗文化旅游资源总体概况

我国的 56 个民族分布在幅员辽阔的区域。各地的自然条件纷繁复杂，不同的地理环境、经济背景孕育不同的风俗习惯，"十里不同风，百里不同俗"概述出民俗文化的地域差异。

56 个民族在不同的发展与演变过程中，形成并传承着各具特色的民俗习惯。不同的民族由于历史发展阶段不同，社会环境存在的差异使各民族的民俗事象千差万别、绚丽多彩。

二、国内民俗文化旅游开发的现状

（一）中国民俗文化村

中国民俗文化村位于深圳市的深圳湾旁，是由香港中国旅行社与深圳华侨城经济发展总公司共同投资 1.1 亿元人民币建造的国内第一个荟萃各民族的民间艺术、民俗风情和少数民族独特民居于一体的大型民俗文化游览区，占地 22.2 万平方米，于 1991 年 10 月开放。修建者以"源于生活，离于生活，荟萃精华，有所取舍"的原则从不同的角度展现了我国多姿多彩的民俗文化．

民俗文化村将 21 个民族的 24 个村寨按 1：1 的比例修建。村寨是请各民族地区的有关单位设计、建造的。建筑材料、房内的陈设、生产生活工具均从当地购置。将民俗村寨真实、自然地移置过来，形成和谐、原始、古朴、简陋的整体环境。各村寨有从各地少数民族的土著民中聘请来的"居民"，他们身着本民族的服装，说着本民族的语言，过着平常的生活。每当夜幕降临，在民族文化广场、中心剧场有大型的民俗艺术表演。热闹的威风锣鼓、热烈欢快的朝鲜族乐农舞、热情奔放的维吾尔族舞蹈、活泼多姿的高山族手拉舞等表演都富有观赏性和艺术性。游人在民俗文化村也能参与其中，与各民族的"居民"们同欢乐，还可以参与各民族的歌舞表演，达到情景交融、物我两忘的境界。

（二）昆明云南民族村

云南省是一个多民族聚集的地区，有 25 个少数民族聚居在云南省，而且这些少数民族非常有特色。在云南昆明西郊修建了占地 83 公顷的民族村，在民族村内拟建 25 个少数民族村寨。现已建成开放的有傣族、白族、彝族、纳西族、佤族、布朗族、基诺族、拉祜族村寨和一个"摩梭之家"，还建有民族团结广场、民族歌舞厅、民族风味城。民族村内的亚洲象群表演、篝火晚会及民族风情的系列活动吸引着众多的游人，收到了很好的效果。但是，在基础设施方面还有待完善。

（三）山西乔家大院——祁县民俗博物馆

乔家大院位于山西普中祁县，被誉为"北方民居建筑的一颗明珠"。整个大院的平面布局似一个大吉大利的"囍"字，大院占地 8724 平方米，建筑面积 3870 平方米，分为六个院，内套 20 个小院 313 间房屋。大院三面临街，四周全是封闭式砖墙，高 10 米有余，上边有女儿墙和瞭望探口，既安全牢固，又威严气派。精巧的设计，精细的工艺体现出清朝民居的特色，大院本身就具有极高的观赏价值，号称是"皇家有故宫，民宅有乔家"。各院落内的房间经过精心安排，将时序节令、衣食住行、婚丧嫁娶、供奉祭祀、商业习俗等顺序布展，系统地反映了清末民初山西一带的风俗民情．

（四）自然民俗村——贵州郎德苗寨

贵州山县郎德寨是 1987 年贵州省首批建立的露天博物馆，也是全国的第一个露台博物馆。经过 20 余年有计划的开发，该苗岭山寨已具备了完整的自然民俗村寨的旅游体系。

郎德苗寨的民居大都是依山而筑的干栏式吊脚楼，上下三层，底层进深极浅，往往只能关猪、牛，安放石磨，住人的中层外廊装有"美人靠"的曲木栏杆。一幢紧接着一幢的吊脚楼排列有序，清澈的小溪绕寨而过，数十架古老的水车吱呀呀唱个不停。

当游人来到苗寨时，苗家人用苗歌和米酒恭迎远方的客人，一边唱敬酒歌，一边劝拦门酒。在三四道，有的可达十二道的"阻拦"劝酒声中，苗家人浓情尽显，最后到寨口挂着一对牛角酒杯的小楼下，身穿民族盛装的姑娘还要捧上牛角酒。寨门前的苗家后生则吹起芦笙迎接远道来客。在苗族村寨，随处可见心灵手巧的苗家妇女在自家的吊脚楼里刺绣、挑花、编织、蜡染。

游人在郎德苗赛，从村民的生产、生活起居中感受着淳朴的苗族民俗、民风。这座民族村寨露天博物馆呈现出来万种风情，令游人流连忘返。

（五）贵州梭嘎苗族生态博物馆

由于交通不便，梭嘎乡的苗族很少与外界联系，原汁原味的民俗文化承袭至今。1998 年，中国与挪威两国政府联合在梭嘎乡创建了中国乃至亚洲的第一座生态博物馆，它以各种方式记载和整体保护梭嘎苗族的民俗文化的精华。该博物馆由原生态的梭嘎乡的 12 个村寨及建在梭嘎寨脚下的资源信息中心组成。该中心圆石砌成的寨门伸出两只牛角状的饰物气势不凡。进入大门便是一组当地民居的"翻版"，杉木结构的房子嵌着花格子窗户，茅草顶屋脊加厚堆高别是一番风味，集信息搜集、整理，资料文物展示和接待功能为一体的信息中心，述说着梭嘎苗族民俗文化的概况，还告诉游人作为一名观众的行为要求，以及将要看到的、经历的事物。

通过以上的实例分析，国内民俗文化旅游开发的整个建设还是存在着发展不平衡的现象。具体表现在以下三个方面。

第一，各地丰富的地方特色文化艺术资源没有得到有效、长远的保护和发展。目前，大部分地方特色文化艺术的形式还处于自然存在的形态，没有系统的规划和管理。在功利性目标的驱动下，这种将地方特色文化艺术作为单纯的经济性产品资源加以开发利用的行为所导致的结果是严重阻碍对于特色、隐性艺术的发展。第二，重要生态民俗文化村沿线的基础设施建设投资规模虽然较大，但是硬件建设没有达到一定的档次，配套设施不完善。整体设计感觉相近，特色化不明显。第三，在资源特质内源式推动、政策市场机遇性诱发下的各地区民居农家乐形式和古镇院落的空间转型发展，还没有科学的指导依据。

第四节　民俗文化旅游资源的开发利用

一、开发民俗文化旅游资源的理论

（一）可持续发展

可持续发展是指满足当前需求而又不削弱子孙后代满足其能力的发展。在 1980 年世界野生动物基金会（WWF）、国际自然与自然资源保护同盟（IUCN）以及联合国环境规划署（UNEP）主持制定的《世界自然保护大纲》中首次提出了"持续发展"的口号，阐明生物资源的保护对于人类生存和发展的作用，这一论点一经提出得到了各界的关注，并在各部门加以实践应用。在可持续发展概念的演变中，有四条基本原则贯穿其中：

（1）总体规划和决策的思想；

（2）强调保护生态过程的重要性；

（3）强调保护人类遗产和生物多样性的必要性；

（4）持续发展的核心和立足点是发展的同时要保证目前的生产率能持续到很长一段时间，几代或几十代。

（二）可持续旅游发展

1990年，在加拿大温哥华举行的"1990全球可持续发展大会旅游组行动筹划委员会议"将可持续旅游发展定义为："在保持和增加未来发展机会的同时，满足目前游客和旅游地居民的需要。"

可持续旅游发展的目标是：

（1）增进人们对旅游所产生的环境效应与经济效应和理解，强化其生态意识；

（2）促进旅游的公平发展；

（3）改善旅游接待地区的生活质量；

（4）向旅游者提供高质量的旅游经历；

（三）保护未来旅游赖以存在的环境质量。

持续旅游产品是与当地环境、社区和文化保持协调一致的产品。这些产品是旅游发展的永久受益者，而不是牺牲品。

可持续旅游发展，通过对旅游资源的合理利用、旅游业发展方式和规模的合理规划和管理，在不损害环境持续性的基础上，既满足当代人高质量的旅游需求，又不妨碍满足后代人高质量的旅游需求。既保证旅游者的利益、旅游目的地居民的利益，又保证旅游经营者的利益，实现旅游业的长期稳定和良性发展。旅游可持续发展强调尽可能地延长旅游资源的生命周期，强调旅游资源的开发与旅游业的发展，应不超越自然资源与生态环境的承载力。同时，使不可更新资源的消耗最小化，避免导致有限的旅游资源，特别是不可更新旅游资源的生命周期呈缩短趋势，从而使后代也能公平地享用这些资源，防止旅游资源占有上的不公平。

（四）基于可持续发展的民俗文化旅游

基于可持续发展的民俗文化旅游的实质就是要求旅游与自然、民俗文化和人类生存的环境成为一个整体。民俗文化旅游不能破坏这种平衡关系。将民俗文化旅游的发展建立在旅游目的地的文化生态环境的承受能力之内。民俗文化旅游发展不仅要尊重当地的社会与自然结构，而且要尊重当地居民的民俗习惯。民俗文化旅游发展应以不影响旅游目的地文化发展进程为前提。将民俗文化旅游开发和民俗文化旅游接纳到旅游目的地的文化系统中，保持民俗文化旅游目的地居民的文化主动性。

民俗文化旅游的文化体验是旅游需求中最高和最深层的愿望。这种愿望集中体现在民俗文化旅游者的文化动机和文化倾向上。民俗文化旅游者在文化追求方面呈现出多样性、开放性的特征。

在基于可持续发展的民俗文化旅游的目标中，还要考虑民俗文化旅游对当地文化遗产、民俗习惯和社会活动的影响。在制定民俗文化旅游发展战略时，要充分认识当地民俗习惯和社会活动的价值，注意维护地方特色文化。特色文化是民俗文化旅游的灵魂，民俗文化旅游目的地必须追求文化创新，并以此作为根本发展方向。

二、民俗文化旅游开发事宜

开发民俗文化旅游资源时应遵循以下原则。

（一）特色性原则

特色是民俗文化旅游焕发感召力的基础，具有持久的生命力的灵魂。特色是要发挥"人无我有，独一无二"的资源优势，开发出"唯我独有"或"人有我优"的民俗文化旅游产品。民俗的特色性源于差异性，文化间差异越大，越能激起人们的旅游动机。独特的个性主要体现在民族特色、地方特色、历史特色三个方面。民俗文化旅游景观的特色性越明显，其开发也就越成功。

我国56个民族分布之广举世罕见。每一个民族都有自己的特色民俗，出现了千姿百态的民族服饰和地方民居，出现了绚丽多彩的婚恋方式和民族节日，出现了数不胜数的民间歌谣和地方风物，这些都是我国民俗文化享誉世界及发展民俗文化旅游的优势所在。

（二）多样性与专题性原则

多样性原则源于旅游者的多样性和旅游需求的纷繁性，由于旅游者的国籍不同、民族不同、年龄不同、职业不同、阶层不同、文化素质不同，因而他们的喜好各异，对旅游的需求有差异，即使同一位旅游者的旅游需求也不是一成不变的。在不同的时间段，对旅游景观选择也是不同的，所以民俗文化旅游资源开发也必须是多样性的，不仅要有观光消遣型，还要有考察型、娱乐型、参与型。要特别注意开发那些能让人试一试、尝一尝，置身异域风情中能够感受浓郁人情味的项目。

同时，还可以开发专题性项目，即为满足某些旅游者的需求或旅游者某一方面需求而实施的专项开发。这些项目主题鲜明、独特性强，易在游人中产生共鸣，如带有本土化特色的专题性博物馆——安徽省源泉徽文化民俗博物馆。

（三）文化性原则

文化是旅游的灵魂，各民族都有自己的文化传统，人们对不同的文化具有新鲜感和奇异感。旅游者的生活和文化都有一定的时空限制，时空的分割产生了特定意义上的"距离"和"不可及"性。文化的憧憬和追求便由此而产生.对不同的文化情景、文化环境的理想化往往产生强烈的文化旅游的冲动，而且旅游者有着文化休闲、文化学习和提高文化素养等明确的需求。

在开发民俗文化旅游资源、建设民俗文化旅游项目时，要高度重视挖掘其文化内涵，有较高的起点和要求，充分开发利用优秀的民俗文化，摒弃民俗文化中落后、愚昧的成分，使民俗文化旅游产品具有一定的水平和品位。当民俗文化旅游项目至少在一个地区内是最好的或一流的，并在更大范围内也能产生特定的吸引力时，才予以肯定或进行适当的开发。

民俗文化旅游的开发者和经营者须具备一定旅游文化意识，把旅游业视为文化性很强的产业，项目开发不仅要具有民俗的"形"，而且还要具有民俗的"神"，也就是要神形合一，体现出民俗文化的精华。开发与保护的原则就是使民俗文化旅游资源产品化，其根本目的是为民俗文化旅游业服务，为当地发展经济、改善人民生活服务，为民俗文化的继承、发展服务。

保护有两个方面，一是对民俗文化旅游资源的保护；二是对人类生存空间的保护。

民俗文化旅游资源是人类社会的巨大财富。但不少人面对这一资源不是倍加珍惜、妥善保护，而是熟视无睹、淡然处之，甚至还进行破坏性、掠夺性开发。民俗文化旅游资源受到外来文化强烈冲击，有的甚至达到了令人吃惊的程度。所以，在开发民俗文化旅游资源时必须以保护为前提，将保护工作放在首位，并贯彻始终。没有保护的开发是掠夺性、破坏性的开发，即使开发了，也不会长久。

（四）经济效益、文化效益、社会效益相结合的原则

从不同的角度来看，民俗文化旅游资源开发的目标存在一定的差异。从经济角度看，民俗文化旅游资源开发的目标是优化旅游业对经济繁荣、区域经济发展的贡献；从旅游者的角度看，开发民俗化旅游资源是为旅游者提供可接受的旅行和娱乐的机会，为旅游者追求自我价值的实现人文素质教育创造条件。民俗文化旅游开发的目标是将区域的民俗文化传统作为社会中有生命力的部分加以保护和保存。

不论站在怎样的角度，民俗文化旅游资源的开发都应贯彻可持续发展的原则，实现经济效益、文化效益、社会效益的协调统一发展。

基于以上的分析，国内民俗文化生态旅游保护开发亟待相应的法律、法规政策出台，并加以指导和监督。在重点保护开发上要突出立足于展示本地区特色化发展，主旨是在维护古村落文化的原生性和整体性上下功夫。

第一，政府和有关部门必须制定古村落保护的相关政策，对村民开展相关教育，鼓励和团结村民积极参与到古村落保护与利用的行动中。第二，维护修缮古村落原生态形象，包括古建筑复原、按照整体保护与利用规划对建筑进行修缮、拆除。住户外迁、内部设施添置等。同时设置相关民俗旅游培训课程，以人才本土化的宗旨积极就地培养当地旅游服务人员，解决农民就业问题。第三，古村落发展保护其转型应立足自身特色，避免发展的趋同性。要从动态可持续的视角出发，制定各个阶段的转型目标，参与主体，转型策略。在转型初期，主要是挖掘整理可利用的资源优势和"乡村保护+政府投资"的过程。植入新的经济主体，选取个案进行尝试性转型，不是以经济创收为目的；转型中期，主要是进行村落大格局及有价值建筑的保护，其次是乡村的环境整治，延续古村落的特色，强化其独特性；转型后期，政府主体要进行宣传，融入城市发展战略，吸引周边客源。在物质空间改善和社会知名度提升的基础上，吸取示范点经验，市场化操作，强化经济转型，延长旅游的产业链，将观光与休闲相结合，带动解决村民的生产生活问题。具体的做法从以下7个方面进行。第一，明确原则，保护与开发并重。使整个民俗村真正做到"一村一品、一村一韵、一村一景"的要求，完成实际的规划指导设计；第二，建立文化、景观、建筑、民俗保护名录，实施分级保护；第三，争取政府合作，建立专项保护基金；第四，做好策划宣传工作，强化试点效应的推广；第五，本土化特色设计元素提取与利用；第六，推进和加强地方高校为政府服务的合作意识；第七，提升经典文化名人、手工艺民俗示范点的文化宣传模式。

第五章 新农村生态建设与环境保护

党的十九大提出，建设生态文明是中华民族永续发展的千年大计，把坚持人与自然和谐共生作为新时代坚持和发展中国特色社会主义基本方略的重要内容，把建设美丽中国作为全面建设社会主义现代化强国的重大目标，把生态文明建设和生态环境保护提升到前所未有的战略高度。

第一节 新农村生态建设与环境保护理念

新农村生态建设和环境保护是乡村生态旅游可持续发展的必要前提，在乡村生态旅游开发的过程中，不合理的开发建设往往会对乡村的生态环境质量以及景观资源造成难以弥补的损失和不可修复的破坏。因此，根据不同地域乡村的实际情况，树立科学合理的环境保护理念并以此为指导，正确处理资源开发和环境保护之间的关系，谋求经济、社会、文化和环境的协调发展，是新农村生态资源永续利用和乡村生态旅游可持续发展的重要保证。

在我国农村体制改革的大背景下，结合当前进行的社会主义新农村建设和加强农村环境整治的契机，明确建设与保护的创新理念成为指导乡村生态旅游理性开发的前提和确保乡村生态旅游持续快速健康发展的保障。乡村生态建设和环境保护理念的确立既要符合乡村生态旅游发展的一般规律，又要兼顾乡村生态旅游发展的地域性、差异性、动态性等特色，同时还要保证理念确立的前瞻性和与其他产业的兼容性。

一、新农村生态环境的内涵

新农村生态环境是乡村生态旅游发展的重要依托，保护与优化乡村生态环境是夯实乡村生态旅游可持续发展的坚实基础。新农村生态环境建设必须以发展的眼光，以新农村建设的理念，以乡村的自然风光、生态环境、景观特色保护为前提。因此，优化乡村生态环境，增强生态环境的旅游吸引力，强化乡村生态旅游的活力和生命力，是实现乡村生态旅游可持续发展的必要条件。从我国目前乡村生态旅游发展的阶段性特征来看，乡村生态环境的核心是乡村地域生态旅游环境，尤其是指乡村生态旅游环境的内涵。

（一）新农村生态旅游环境

1.新农村生态旅游环境的外延

新农村生态旅游环境的外延是指乡村生态旅游赖以生存和发展的环境，包括乡村生态旅游的经济环境、产业背景和旅游环境三个部分。无论从供给还是需求方面来讲，良好的经济环境都是乡村生态旅游生存、发展的基础条件。同样，乡村生态旅游在很大程度上是嫁接在一定的产业，尤其是发展成熟的产业之上的，产业背景和产业特色是乡村生态旅游发展的无穷动力和源泉。此外，乡村生态旅游是旅游产业的类型之一，是旅游者选购旅游产品时的备选项目之一。因此，当旅游成为区域支柱产业、成为城乡居民生活方式的一部分的时候，旅游时代便全面到来。此时，旅游产品的消费才能成为人们的习惯消费，新农村生态旅游产品的发展也才能赢得广阔而稳定的市场。

2. 新农村生态旅游环境的内涵

新农村生态旅游环境的内涵是指乡村生态旅游活动赖以开展的乡村自然生态环境和乡村人文生态环境，包括整合各种乡村旅游资源而成的乡村景观。乡村自然生态环境是由旅游乡村地域的大气、水系、地貌、土壤、生物等组成的自然综合体。而乡村人文生态环境是由旅游乡村的建筑、聚落、服饰、语言、精神风貌、社会治安、卫生健康状况、当地居民对旅游者的态度、旅游服务等组成的人文综合体。乡村生态旅游的自然和人文生态环境是乡村生态旅游发展的直接基础，它们共同构成了乡村生态旅游资源系统，也是旅游发展过程中规划者、经营者和旅游者可以直接或间接对其产生影响的环境。

根据相关研究，新农村生态旅游环境所包含的具体要素有四个大类（表5-1）。

表5-1　新农村景观和旅游资源分类表

新农村景观类型	亚　类	乡村旅游资源类型	景观特征
新农村自然生态景观	乡村地文景观	山地 平原 高原	山村： 自然景观类型多样，垂直地带性分布明显 地形高低起伏，视觉景观特色突出 村落分布格局受地貌的影响 山村的景观意象
	乡村水文景观	乡村河流 湖滨 泉 海滨 瀑布	水村： 以水为核心的景观要素 水系塑造的村落格局 水对农业景观的影响 水对乡村景观意象的塑造
新农村自然生态景观	乡村生物景观	森林 草原	

续　表

新农村景观类型	亚　类	乡村旅游资源类型	景观特征
新农村村落景观	乡村建筑设施	民居 名人故居 祠堂 寺庙 桥梁 墓葬 书院 作坊 牌坊 鼓楼 广场 亭 阁 戏台 古道 特色街区 雕塑 塔 会馆 园林 碑刻 古军事建筑 水车 码头 庄园	古村落： 一是建筑方面 二是村落与周围的环境是否协调 三是村落的文化 四是村落所形成的整体的景观意象
	遗址遗迹	军事遗址 古城址 古人类遗迹	
	乡村日常生活类资源	服饰 饮食 交通工具	
	古树名木		

续表

新农村景观类型	亚　类	乡村旅游资源类型	景观特征
新农村生产景观	农业景观	花卉种植景观 蔬菜种植景观 瓜果种植景观 茶园种植景观 中药材种植景观 菌类种植景观 野菜景观 水产养殖景观 家畜养殖景观	
	工业景观	传统乡土工业景观 现代乡镇工业景观	
新农村文化景观	乡村民俗	婚俗 日常生活方式 民俗 生产习俗 节日习俗 民间艺术 宗教祭祀习俗	民族村寨： 自然景观的生态性 文化景观的原生性
	历史文化	历史传说 名人文化	
	现代旅游节庆	农业观光节 采摘节 体育节事 文化艺术节	

　　该分类系统由中国城市规划设计研究院课题组设计，设计成果为《乡村生态旅游资源分类编码与旅游资源评价指标体系》，该成果作为"十一五"国家科技支撑计划《乡村生态旅游数字导引与景点服务技术开发及设备研制》的重要组成部分。

　　其中，乡村自然生态景观是指在空间上处于乡村的外围区域的，功能上以发挥生态作用为主，乡村宏观的地形地貌、水文及生物所形成的景观。乡村村落景观是在空间上以乡村村落为中心，反映乡村建筑风貌和当地居民生活居住状况和民风民俗的景观，由建筑设施、民俗等组成。乡村生产景观是由农业生产景观和工业生产景观在空间上汇聚形成的、反映乡村生产内涵的景观。这三大类景观在空间上将乡村划分为三部分，在物质上都有明显的载体。而乡村文化景观突破了乡村的空间环境，无明显的物质载体，是将乡村居民的生活生产娱乐等上升到文化层次上的景观，是乡村长期历史发展过程中继承下来的无形的旅游资源（表 5-2）。

表5-2　各亚类资源的定义

亚类类型	定　义
乡村地文景观	乡村地区所处的山地、平原或高原等地文环境所形成的景观，是乡村地区所有旅游资源所处的宏观背景，也是塑造乡村田园风光的主要景观类型
乡村水文景观	乡村地区由各类水文类景观构成的对旅游者具有吸引力的景观，如乡村河流、湖泊、温泉、湿地、滨海等
乡村生物景观	乡村地区以发挥生态作用为主的具备一定规模的各种生物资源，如森林、草原等
乡村建筑设施	在乡村地区，结合当地的地理位置、气候条件、生产生活和文化等形成的建筑和设施景观环境
乡村遗址遗迹	乡村地区曾经发生过重大历史事件或者有考古学意义的重大发现的场所，能够满足旅游者的求知欲望
乡村古树名木	乡村地区的树木由于历史悠久而形成的具备观赏价值的旅游资源
乡村日常生活类旅游资源	由乡村地区的服饰、饮食、交通等构成的具有地方日常生活特色的旅游资源
乡村农业生产景观	由农业生产活动所形成的对旅游者构成吸引力的综合型景观
乡村工业生产景观	由乡村工业企业的工厂风貌、建筑环境、设备设施、工业场景、生产工艺流程、企业文化及科学的管理所形成的乡村景观，满足人们的求知、求新、求奇等旅游需求
乡村民俗	乡村地区以地方独特的民俗风情为主体所形成的乡村旅游资源
历史文化	乡村的历史事件、历史传说故事及历史上曾经出现过的名人等为载体，反映乡村历史内涵的文化类资源
乡村现代节庆	乡村地区为提高作为旅游目的地的竞争力或者改善目的地的季节性问题而举办的各种非传统形式的节庆活动

3. 新农村生态旅游环境的层次

在新农村生态旅游的发展过程中，根据不同的环境"尺度"，新农村生态旅游环境可以划分为社区旅游环境和农舍旅游环境两个层次。社区旅游环境是指反映乡村特色的大尺度的景观以及这些景观在乡村地域的空间结构和格局，包括社区房屋聚落、周边农日和周围森林 3 个大的用地类型，包括乡村自然环境和乡村文化环境两个部分。而农舍旅游环境是指以农舍为单位的乡村生态旅游接待设施、服务设施的卫生状况、建筑材料与风格、旅游标志系统、旅游服务态度等要素构成的"微观"旅游环境。

事实上，除了上述的分析之外，新农村生态环境中还包含一种乡村自然与人文相结合的生态环境综合体，如田园生态等。但由于自然与人文相结合的生态环境综合体更强调生态系统的大概念、大空间，而且其又与乡村自然生态环境、乡村人文生态环境互有交叉，难以进行非常明确的界限区分。因此，乡村生态环境又指乡村自然生态环境和乡村人文生态环境两部分。

（二）新农村生态旅游环境要素

1. 新农村生态旅游的自然环境要素

（1）水系

水系包括景观用水和游憩用水两部分。水是乡村生态旅游中的点睛要素，清洁、明亮的水不仅能够吸引旅游者的目光，还能引得他们嬉戏其中，而且好的水质也能佐证当地良好的生态环境。乡间的小溪、沟渠、塘坝、湖泊等都可以作为吸引乡村生态旅游者的旅游水资源。

（2）地貌

地貌景观，可分为观光性质和体验性质两类地貌旅游资源。大地自然起伏形成的岭谷，不仅让视觉形象相互映衬，而且也为登山、采蘑菇、采野果等活动提供了场地。

（3）土壤

不同的土壤类型也能吸引乡村生态旅游者的视线，如昆明市东川区红土地景区就以其广袤的红土高原而成为摄影爱好者的天堂，当然既可以观赏又可以品尝的是土地上生长的各种作物。

（4）生物

生物可用于观赏，也可用于体验。如采摘体验、品尝体验等。另外，利用各种乡土植物、动物展开生态教育、科普教育又是近年来国际、国内乡村生态旅游发展的趋势（图5-1）。

图5-1 草莓采摘

2. 新农村生态旅游的人文环境要素

（1）建筑

既可观其形，又可用其体，具有全面体验乡村建筑的功效。

（2）聚落

由众多单体构成，形成对乡村生态旅游者视觉上的冲击和对乡土文化了解的深厚背景。试想，如果丽江大研古城不存在，那么那些"披星戴月"（对纳西族妇女传统服饰的简称）的当地人不就成了演员了吗？

（3）服饰

包括观赏性服饰和实用性服饰两种。前者往往陈列于乡村博物馆，后者常见于当地人的穿着和购物点中，由于较强的实用性，他们往往成为销路较好的旅游商品（图5-2）。

图5-2 特色服饰

（4）语言

语言是乡村文化得以延续的关键，也是乡村气息体现的亮点。我国少数民族的语言，特别是美好的祝词，往往是乡村生态旅游者学习的热点，较浓的乡音，又是区别于城市的文化符号。

（5）精神风貌、社会治安、卫生健康状况

是吸引、留住旅游者的重要因素，也是旅游活动得以顺利开展的基础。

（6）当地居民对旅游者的态度

当地居民是活的旅游资源，他们的精神状态和好客程度，决定着旅游者的旅游体验。尽管无论是社区中直接参与当地旅游发展的群体，还是间接参与旅游发展的当地人群体，或是未参与旅游发展的当地人群体在乡村生态旅游发展过程中所起的作用各不相同，但每一类群体都与乡村生态旅游的发展息息相关。

（7）新农村生态系统

生态系统是在一定的空间中共同栖居着的所有生物（即生物群落）与其环境之间由于不断地进行物质循环和能量流动过程而形成的统一整体。乡村生态系统是一个相对闭合的功能性整体，是乡村生态环境的抽象化理解，乡村生态环境即乡村生态系统的具象。

也就是说，乡村生态环境是乡村生态系统的地理空间反映。

二、乡村生态建设与环境保护举措

中国乡村聚落的生态现状，自 20 世纪 80 年代以来，由于乡村人口的绝对增长和家庭人口结构分化，引发了宅院建筑数量的膨胀，而工业化的建造技术又破坏了自然地貌和生态环境，多年的无序发展与无限度开发导致了生态环境的恶化。在乡村生态旅游发展的过程中，必须正视生态环境恶化的现状，并通过旅游活动、生态教育等提高旅游产业各方面的生态保护意识，并在确定合理的旅游容量的同时因地制宜、因时制宜地制定乡村生态旅游环境保护的各项举措。

（一）新农村生态旅游开发可能造成的乡村生态环境问题

一般说来，旅游资源的开发都会或大或小地对当地生态和环境带来不利的影响和破坏，旅游产业的发展甚至会在一定程度上改变旅游目的地的环境氛围，乡村生态旅游的发展亦是如此。而且，新农村生态资源是乡村生态旅游发展的主体，乡村生态环境是新农村生态旅游发展的依托，乡村生态旅游的所有活动都是结合乡村生态资源在乡村生态环境里展开的。因此，要特别注重乡村生态的保护。

陆仁艳等指出，当前新农村旅游业中生态环境问题主要存在以下几个方面：一是固体废弃物污染，主要是指生活垃圾。二是水体污染。三是噪音污染，如机动车船的马达声、游客们的嘈杂声以及娱乐场所的噪音、居住场所各种设备运作发出的噪音等。四是土壤破坏。超载拥挤的人群，会对土壤和植被不断重复地踩压，出现土壤板结，植物无法生存。具体说来，新农村生态旅游的开发建设，有可能会对环境造成以下几个方面的不利影响。

1. 乡村自然生态方面

（1）对地质地貌景观带来某种程度的破坏。其中包括基础设施建设对地质地貌的破坏，如在开展乡村探险、登山、生存能力教育等旅游活动中，会引起景观的直接破坏或景观的基础破坏。旅游者呼出的大量二氧化碳气体也会对岩溶地貌的色泽产生影响，致使其景观质量下降。

（2）对水体质量的影响。水是地球上所有有机体的内部介质，是生命物质的组成成分，没有水任何生命都会终止，水平衡是维持生态平衡的重要因素。而旅游业是淡水资源的消费大户，不合理的水域开发、水资源利用等都会导致水源供给等多方面的问题。目前，主要表现在海洋污染、江河污染、湖泊污染和地下水污染等方面。而且，旅游交通设施、化肥农药、垃圾处理不当（随意倾倒和化学污染）等也对乡村旅游区的水体造成污染。

（3）引起大气环境质量下降。大气主要是指从地球表面到高空 1100 公里范围内的空气层，包含了人类活动的大气空间。乡村地区旅游者的大量增加和旅游活动的频繁会带来大气中颗粒物的增加，而且汽车尾气的排放、化工能源的使用都会加快温室效应。另外，植被破坏带来的空气污染加剧、游客不文明的卫生习惯以及餐饮接待业等的不规范经营都会引起大气环境质量的下降。

（4）对土壤的破坏。首先，旅游基础设施和接待设施建设会造成对土壤表层的破坏。其次，旅游者的旅游活动会改变土壤的质地与结构、土壤水分、土壤空气、土壤的酸碱度以及土壤中的矿物质元素含量等，进而恶化土壤对植物的生长条件。最后，农药的喷洒也会对土壤造成污染，建设过程中天然植被的破坏和人工采石有可能会引起土地沙化、水土流失和泥石流等。

（5）对植被的破坏。主要表现在游客活动过程中的踩踏行为上，旅游者不慎引起的火灾对植被的潜在威胁、野营基地砍伐树木作为燃料的行为、旅游者采集植物标本等也会给乡村旅游区的植被安全带来不利影响。其最直接的结果就是天然植被数量和生态多样性及天然植被的郁闭度和层次性等遭到破坏。

（6）对野生动物尤其是禽类、鸟类的负面影响。主要有两种方式：一种是消费性利用，即对野生动物的直接消费，如游憩性狩猎、捕食、收集野生动物作为纪念品或标本等。另一种是非消费性利用，如对野生动物的直接干扰、人类旅游活动导致的野生动物生存环境的退化甚至消失等。

2. 乡村人文生态方面

（1）对古文化遗址、遗迹的毁坏。我国很多乡村都拥有悠久的历史，在传统的沉淀和时间的洗涤之下保留很多具有很高价值的古文化遗址、遗迹。他们被列入国家级、省市级重点文物保护单位，但由于经营管理问题，还存在很多文物被盗、古树名木被伐被划等现象。

（2）建筑与设施类资源的损坏。建筑与设施是人类文化的重要组成部分，在很大程度上成为人类文明进步的标志，它们不仅能够反映建筑本身的艺术和水平，还代表了社会的政治、经济发展历程。但是随着旅游活动的开展，很多坐落在乡村地区的建筑与设施逐渐进入旅游者的视线，尤其是在旅游旺季，大量游客的涌入及其带进的尘土、呼出的气体以及脚踩、手摸、闪光灯的使用等都会给这类资源造成严重的损坏。例如，很多古建筑内壁画颜色的保持与湿度和二氧化碳有直接的关系，旅游者在其内部的停留、滞留会使洞内的二氧化碳含量明显上升，甚至游客进出带来的光线变化都会使这些壁画受到威胁。

（3）对传统文化的冲击。主要表现在旅游地文化商品化、少数民族风情民俗旅游资源及环境的破坏和对民族文化艺术的不良影响。一些具有民族特色的艺术品、烹调、建筑形式、风俗活动等会由于刻意迎合旅游业发展的需要，被任意夸大歪曲，使质量降低。很多本来应该在特定时间、特定地点、按照特定内容和程序来举办的民间习俗、节庆活动、宗教仪式等，为了旅游业的发展而逐渐被商品化。不仅程序简化，内容变化，而且表演的节奏加快，在很大程度上已经失去了传统意义和价值。对少数民族风情民俗带来的消极影响主要表现在：一是少数民族服饰被同化，传统民族服饰被各种各样的新潮服饰所取代；二是少数民族居住习惯被汉化，具有民族特色的民居建筑逐渐消失，取而代之的是内地汉式砖木结构的平房和钢筋水泥结构的楼房。旅游活动还有可能使民族文化艺术破坏和扭曲。例如，旅游业的发展和大批游客的到来，导致了假冒伪劣旅游工艺品和纪念品的出现。很多游客希望买到既有当地特色而又价廉的旅游商品，为满足他们的这种心理需要，生产者往往不断改变传统工艺美术品的风格和形式，改变其原有的内涵和意义，也改变了制作技术、使用材料和应有的质量。例如，南美洲危地马拉妇女的编织物原本是作为玛雅人的装饰品，具有色彩斑斓的特点，而现在为了迎合部分外国游客的口味，其编织物越来越多地改变了原本的花样图案。

（4）对乡村氛围的破坏。新农村生态旅游的发展一方面能够推动当地的现代化，实现和城市设施、信息和技术的接轨，但另一方面也会带来某些不良的示范效应，干扰旅游目的地居民的正常生活。例如，如果乡村旅游目的地接待的游客数量超出了旅游容量的限制范围，就会缩小乡村居民有限的生活空间，并导致乡村空间、交通、场所等公共设施拥挤不堪，降低当地居民的生活质量。而旅游者来自不同民族不同的宗教信仰、政治追求、道德观念和生活方式，给乡村带来不同的思想和追求。另外，在很多宗教特征明显的乡村地区，旅游者不当的旅游行为、言行、服饰等会引起虔诚教徒的不满，在国内表现比较明显的就是信仰伊斯兰教的很多乡村。还有个别旅游者会借助旅游的方式从事违反传统道德、甚至是违法的活动，如色情、赌博、吸毒等，这会对乡村的氛围造成不同程度的破坏（表5-3）。

表5-3　乡村生态旅游可能导致的环境效益和成本

直接效益	直接成本
促进了对环境的保护。 促进已破坏环境的修复。 为扩展和管理保护区提供了资金。 生态旅游者协助生境的维护及环境质量的提高。 生态旅游者为环境监测服务。	永久性环境重建和废弃物产生的影响。 旅游者活动的影响（如对野生动植物的观察、徒步旅行、外来物种的引人）。
间接效益	间接成本
生态旅游者促使环境保护主义的广泛宣传。为生态旅游而保护的区域提供了环境效益。	引入环境重建的影响。 面临接待不合理的旅游形式。 与自然经济价值评价相关的问题。

（二）新农村生态旅游环境容量

1.旅游环境容量

旅游环境容量是指在不使自然环境发生改变、不使旅游者获得的体验质量下降的情况下，能够使用某一旅游区的最大人数。旅游容量设定有利于旅游区的保护和可持续发展。对重点的旅游区，特别是稀缺的旅游资源地段应进行环境容量的预测，并提出控制客流量的措施。确定合理的旅游环境容量应遵循以下原则，合理的环境容量必须符合在旅游活动中、在保证旅游资源质量不下降和生态环境不退化的条件下、取得最佳经济效益的要求。合理的旅游环境容量还应该满足游客舒适、安全、卫生、便捷等旅游需要。

旅游环境容量主要包含三个方面：自然生态环境容量、社会环境容量和游客心理和生理容量。自然生态环境容量指的是旅游目的地的土地、森林、植被等的面积，大气质量、温度、湿度、负离子含量等空气因素，珍稀动植物等生物因素，在单位时间内能容纳多少游客才不会破坏自然生态环境质量。社会环境容量是指旅游目的地的经济实力、基础设施规模、生活资料供给能力以及当地居民对外来文化的接受或包容程度。游客心理和生理容量则指游客所能接受和满意的最佳游客数量。

旅游环境容量的测算一般采用面积滴定法进行计算。

测算公式为：C=A/BXDD=T/t

其中：A= 可供游览的有效面积

B= 单位规模指标（每位游客占有的最小有效面积）

D= 周转率 = 每日开放时间平均游览时间

例如，一处面积为 2 000 亩，其中水域面积为 500 亩，林地和其他面积约有 1 500 亩的乡村生态旅游景区，其环境容量估算如下：

瞬时最佳容人量为 400 人；

旅游区容时量为 2 小时；

旅游区每天开放 8 小时；

旅游区每年可游天数为 240 天。

则：旅游区日最佳容量为 1600 人次左右；

旅游区年最佳容量为约 40 万人次左右。

这种估算方法一般是针对一日游游客进行的，不包括过夜和度假游客。

2. 新农村生态旅游环境容量

生态旅游环境容量即是某一生态旅游目的地，在特定的时期内，在保证该生态旅游目地资源与生产的连续性、生态的完整性、文化的延续性以及发展质量的前提下，所能承受的旅游者人数或者说旅游活动的强度。包含自然生态旅游环境容量、社会文化生态旅游环境容量、生态经济旅游环境容量、生态旅游气氛环境容量等。事实上，生态旅游环境容量就是自然生态环境容量，在乡村生态旅游发展过程中，乡村生态旅游环境容量是维持乡村自然、文化、氛围本真性的重要依据。

3. 旅游环境容置的控制

当旅游区接待量达到或接近饱和量时，为维持乡村地区的可持续发展必须采取适当的措施进行控制和疏导，这既是对旅游目的地的永续开发负责，也是对旅游者的旅游消费质量负责，主要措施包括。

（1）限制进入。限制汽车数量或禁止汽车进入，规定入口处售票数量，建议进入者预定进入时间。

（2）充分运用价格杠杆。实行差别定价，用季节差价、时日差价、年龄差价等调节游客容量。

（3）限制设施。禁止在乡村目的地规划以外的道路、场所进行餐饮、客房等接待设施的建设。

（4）加快周转。乡村旅游目的地内部的各个旅游区、旅游点要进行联合开发，实现资源互补，同时要加强各个景区之间的有机联系，加快游客的流动。

（5）景区调控。划定各种活动区域，并实行分流策略。将休息区与娱乐区分离开来，将保护区与活动区分离开来，将与资源中最有价值和最敏感部分相联系的安静活动区同那些运动速度较快的多噪音的活动区隔离开来。

（6）实行外部调控。开发有特色、有吸引力的替代产品，延缓、滞留阶段性旅游者的进入人数。合理的替代产品可以在很大程度上减缓部分资源的环境压力，延长其生存和休养的时间。

（三）新农村生态建设与环境保护举措

新农村生态旅游地的生态资源是一种有限资源，具有不可逆性，所以生态比较脆弱，并且生态环境敏感性强且破坏后难以恢复。因此，在乡村生态旅游发展中，垃圾、粪便、污水、废水等处理都应合理运用循环经济技术，提高能源利用率，宾馆的生产应实施清洁生产，采用水利技术，设计环境友好型乡村生态旅游产品，实现乡村生态旅游资源的循环利用和可持续利用。目前，我国新农村生态建设和环境保护举措主要集中在以下几个方面。

1. "三废"的综合处理

（1）"废物"处理。在乡村游览区内，尤其是景点附近，旅游线两侧，依据游人聚散状况设置垃圾箱，并派专人负责及时清扫游客随地扔掉的杂物，对住宿环境内的生活垃圾，要设置垃圾处理点，不得随意堆积。

（2）"废水"处理。严格遵守排水规划，不得将废水污水随意排放，特别是村庄内要改变传统的乡村排水方式。乡村作为一个整体的综合性旅游区之后，生活污水要经过处理方能排放。生活污水可以采用目前较好的粪污水分流的处理方式。山上公厕采用生态型，进行内部自动厌氧处理后排出，山下或乡村内则采用水冲厕所。

（3）"废气"处理。禁止在开展乡村生态旅游的乡村内部或一定范围内的周边地区兴建污染型工业，旅游区内的餐饮设施、厨房油烟不能直接排入空气中，应先采用油烟过滤装置进行分散处理后排出。

2. 清洁能源以及自然能源的使用

能源是自然界中能为人类提供某种形式能量的物质资源，是人类活动的物质基础，人类社会的发展离不开优质能源的出现和先进能源技术的使用。目前，建设资源节约型、环境友好型社会已经居于工业化、现代化发展战略的突出位置，节约能源资源、保护生态环境，开发和推广节约、替代、循环利用的先进技术，发展清洁能源和可再生能源，建设低投入、高产出、低消耗、少排放，能循环、可持续的国民经济体系已经成为当前发展的重点。鉴于常规能源供给的有限性和环保压力的增加，可再生清洁能源的研究和利用成为今后能源利用的主要趋势。

随着新农村建设的推进，在广大乡村地区，清洁能源的使用已经逐渐普及。目前，主要的使用范围包括发挥农村资源优势，推广秸秆养畜、秸秆生产沼气、秸秆发电等综合利用技术，开发太阳能、风能等农村清洁能源。加快实施乡村清洁工程，促进田园清洁、水源清洁、家园清洁，探索建立以村为基本单位、户为基本服务对象的乡村物业化服务体系。引导农民科学施用化肥、农药、农膜等生产资料，实现安全、节本增效和可持续发展。

另外，对自然能源的利用包含两个方面，一是能够代替石油等不可再生能源的未来新能源的开发、利用及节能对策，二是阻止对地球环境的破坏，将化石燃料的使用量减少到最低。因此，除了核能以外，太阳能、风能、地热、生物能等能够从自然界中获得的可再生和重复利用的，洁净的自然能源是未来乡村生态旅游开发的主导。目前，在乡村地区使用比较广泛的就是太阳能和生物质能。

相对于人类发展历史的有限年代而言，太阳能可以说是"取之不尽，用之不竭"的能源。太阳能是各种可再生能源中最重要的基本能源，生物质能、风能、海洋能、水能等都来自太阳能。太阳能作为可再生能源的一种，是指太阳能的直接转化和利用。在很多乡村地区，对太阳能的利用一是体现在绿色、生态建筑。二是体现在公共空间的照明上。例如，"太阳能建筑"——太阳房，可以节约75%～90%的能耗。这种建筑不需要安装复杂的太阳能集热器，更不需要循环动力设备，完全依靠建筑结构造成的吸热、隔热、保温、通风等特性，外墙采用新型隔热板提高保温隔热效果，降低室内温控能耗，实现冬暖夏凉的目的。利用光伏效应太阳电池可以将太阳能转换成电能。通过住宅底层设备层的专门设备，将屋顶太阳能装置收集的热能转换成电能，向整座建筑提供照明、热水、采暖等用电。或者可以将半导体太阳能电池直接嵌入墙壁和屋顶内，将白天高峰时间内产生的过剩电能，形成电能储备，以供随时使用，在推广使用洁净能源的同时推行节能。例如，白天由住宅自身的太阳能电池发电供给电力，在日照不足和电量不够的情况下，使用普通公共供电。如果白天的发电量没有用完的话，还可以以同样的电价卖给电力公司，促进节约用电，减少公共发电量。公共空间的太阳能照明已经成为很多生态村的主要节能措施。除建筑内部采用太阳能照明之外，还包括某些旅游项目、旅游基础设施中的照明设备，如路灯。通过安装太阳能电池板，利用其中的热能交换转化器将接收到的太阳光转化成电能，然后将电能储存到灯杆下的电瓶中。到了晚上，这些电瓶将持续给路灯供电，满足夜间道路照明的需要。一般来说，只要接收一天充足的太阳光照，电瓶里储存的电能就可以提供7个晚上的正常照明。所以即使碰到几天阴雨天气，太阳能路灯也能正常照明，这充分体现了太阳能节能、科技、环保等特色。

生物质能一直是人类赖以生存的重要能源，它是仅次于煤炭、石油和天然气而居于世界能源消费总量第四位的能源，在整个能源系统中占有重要地位。生物质能是蕴藏在生物质中的能量，是绿色植物通过叶绿素将太阳能转化为化学能而储存在生物质内部的能量。优点是容易燃烧，污染少，灰粉较低。秸秆和薪柴等是农村的主要生活燃料，发展生物质能技术，既能为农村地区提供生活和生产用能，又能实现环保的目的。在发展乡村生态旅游、生态建设的过程中，开发利用生物质能对我国的乡村环保更具特殊意义。

在我国的广大乡村，能源节约和自然能源的使用还表现在与地域文化特点相适应的节水、绿化等技术方面（表5-4）。

表5-4   表现地域文化特点的适用技术

生态技术的分类	适用生态技术	具体措施	地域文化体现
节能技术	利用太阳能与保温	合理择地规划，建筑朝向、形体、开窗、墙体材料等·太阳灶、太阳能、热水器和太阳能温室	自然气候、建筑类型特点、地方材料
	推广使用沼气技术	养猪畜舍、厕所、沼气池三结合，秸秆生产沼气	乡村经济与生产
	利用风能与自然通风	微型、小型风电机组、风车发电 建筑合理的规划布局·设置天井增强自然通风·建筑底层架空与屋顶架空·建筑构件引导通风（干热暖湿地域的捕风窗） 利用绿化引导气流	自然气候、建筑类型特点
节水技术	雨水的收集与回用	设旱井、水窖或蓄水池蓄积雨水 引用地下潜水·保护现有的水系与水路	自然环境条件、地形地貌特点
	污水处理与中水回用	分质供水 人工湿地、稳定塘、土壤渗滤	乡村的自然生态环境与生产特征
节水技术	采用渗水型铺装材料	青石板、卵石等地方材料铺地	地方材料
绿化技术	优化绿化技术	采用当地树种和经济作物·发展庭院经济与保护生态绿地与耕地并举	乡村绿色风貌
	屋面绿化技术	无土栽培技术、腐殖营养土种植技术	
	立体绿化技术	地面栽植、空中栽植、屋顶栽植	
绿色建材技术	选用耗能低、可再生、可重复使用的材料	研究地方材料的性能，因地制宜地选用	地方材料

3. 传统技术改进和"废弃"资源的循环利用

传统技术改进是乡村生态建设过程中的重点，随着新农村建设的区域性推进，目前在很多乡村地区已经逐步展开了传统技术改进的具体工作。例如，传统乡村建筑是经过长期适应特定气候条件和生态环境形成的，所蕴含的地域性营造技术在建筑布局、空间、形式、材料和构造等方面可以改善建筑环境、实现微气候建构，具有积极的生态意义。因此，地域性营造技术是乡村生态化建设所依赖的主要技术手段。同时，雍蓓蕾还提出了先进技术的改造、调整以及传统技术与先进技术相结合等适宜性技术策略。这不仅适宜于村民的经济承受力和当地的建造水平、使村民的居住环境得到改善，同时还使生态环境和地域传统文化得到了有效保护和传承。

　　再循环是循环经济的第三大原则，是输出端控制原则，使"废弃物"资源化。乡村生态旅游的发展依托乡村生态环境，乡村农事活动既是乡村景观的重要组成部分，也是吸引游客参与的重要项目。在"废弃物"的资源化方面，农业专家对乡村生态链的研究是发展乡村生态旅游可资借鉴的本。例如，著名的"桑基鱼塘"模型（图5-3）。与此相类似的还有当前在很多温泉旅游区已经采用的"生态链"循环发展模式。例如，经旅游者温泉洗浴、疗养之后排出的水，水温仍然在30℃以上，正好可以用于养殖罗非鱼。而经过再次排出后，水温低于30℃可用于养殖淡水鱼虾、甲鱼、大闸蟹等。养鱼池排出的水引入大型池塘后可种植莲藕、菱角并放养鸭、鹅。最后，池塘里的水可用来浇地，排入蔬菜大棚以及水稻田等都是很好的种植肥料。温泉水一经多级利用，一条长长的产业链就串接出温泉农业和温泉养殖业，而温泉水中对人体健康有益的许多微量元素也富含于下游产业的产品中，这同时提高了旅游产业生态链条上各个环节的附加值和品牌价值。

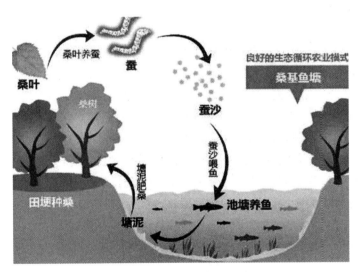

图5-3　"桑基鱼塘"模型

　　在新农村生态旅游的发展过程中，生态旅游建筑的选择和建设是一种重要的发展趋势，也是生态文明和可持续发展理念的直接践行（表5-5）。

表5-5　生态旅游建筑类型

	土著的（原始的）结构：
地方性的建筑类型	茅舍，泥土结构，洞穴，升高的大厅，船屋，芦苇平台与建筑，圆顶帐篷（蒙古的圆形帐篷），树屋，水房（屋），（印第安人的）圆锥形帐篷，悬崖住所，棍屋

历史的建筑类型	发达的地方性建筑：
	殖民地的建筑，起源于居民住宅的类型，商业发展类型，军队建筑，教会建筑，遗迹，工业建筑，宫殿
当代的建筑类型	预制的建筑物：
	泥瓦房，玻璃纤维，增强的水泥，固定的帐篷，可充气的建筑物
	传统旅游建筑：
	殖民地风格的小屋，小旅馆，上等旅馆，家庭旅馆
可携带及低影响的建筑物	固定的帐篷，可折叠的帐篷，升高的茅屋，可充气使用的建筑，汽车旅馆，丛林吊床（露营地吊床）

目前，在国内外的很多乡村旅游区，以绿色、科技、生态、环保为主题的很多生态建筑类型已经被广泛采用，有的甚至已经成为环保的典范，如生态旅馆、生态小屋和生态住宅等。

生态旅馆是生态旅游的一个高度概括的象征，但是它在绝大多数国家仅占了生态旅游者夜晚逗留设施中很小的一部分比例。1995 年罗塞尔、博特里尔和梅里迪斯将其定义为："自然旅游者的寄宿设施，它符合生态旅游的思想与原则"。另外，根据他们在 1995 年对 28 个生态旅馆所做的一次国际调查，除了提供住宿设施以外，生态旅馆还提供其他的生态旅游产品，主要包括山径远足、自然解译、野生动物游、观鸟游和河流旅行。生态旅馆的一个基本特点是它需要完善其周围的自然与文化环境。在绝大多数国家生态旅馆只在生态旅游者夜晚逗留设施中占有很小的一部分比例，但是生态旅馆在一定程度上代表了生态旅游发展的阶段性特征，代表了旅游经营者超前的生态意识和先进的环保理念。随着整个旅游者群体生态意识的提高，旅游者对生态旅馆的认可度和使用率会不断加强，而且随着生态旅馆软硬件设施的提高和改进，生态旅馆将成为今后乡村生态旅游发展的主流。

美国圣母玛丽亚群岛玛奥湾旅游接待点 1993 年开放的和谐生态小屋就被设计成最昂贵的宾馆，环境设计和建房技术都是一流的，屋顶装有太阳能设施，整个建筑物几乎全部采用回收的材料建成，废水泥和废纹板用作屋顶板，回收的报纸作地面，回收的球根植物作地板砖。初建时，所有的房间均采用太阳能和风能发电，有些房间还采用了电脑控制能量系统，该系统使住户能够交替使用太阳能和风能。

在国内，浙江金华近年所建的生态住宅不仅在全国声名鹊起，在全球亦声名远播，其生态住宅有三个特点：一是地下建沼气净化池。二是屋顶覆土种植或蓄水养鱼、设太阳能装置。三是庭院种植瓜菜、墙体垂直绿化。这种以生态住宅为代表的住宿设施的生态性目标包含了环境微影响、物质低消耗和产品求健康。这种生态住宅的建设是结合我国很多乡村地区的生产生活环境实际设计的，其特点恰恰符合了乡村生态建设的环保、绿化、节约和美观的主题（图 5-4）。

图 5-4 生态住宅

由此可见，传统技术的改进和"废弃"资源的循环利用既节约了乡村建设性资源，加快了乡村建设的生态化进程，又从细节和手段上为乡村生态文明提供了可资借鉴的经验。

4. 提高生态意识，加强环境教育和环保宣传

目前，在很多旅游区都有自己专门专业的环境宣传方法和途径，尤其是在很多自然资源占主导地位的生态旅游区。例如，利用多媒体循环播放关于环保的公益短片、设置以环境保护为主题的景观小品、设计教育意义明显的旅游线路、就地取材影响深远的标识牌以及生态特征突出的旅游纪念品等。例如，在广西古东瀑布景区这一融合了桂林山水原始风光、独特的壮乡文化和互动体验式旅游概念的、奇特地质地貌观测点和壮族自治区生态环保基地，处处都体现着生态环保意识。原石、原木材料的卫生设施，以爱护地球、保护家园为主题的生态小品，刻在游览线路上的民俗方言，甚至生态垃圾箱上都会写着非常有教育意义的环保词句。这无形中便拉近了旅游者和自然的距离，潜移默化地增强了旅游者的环保意识，成为环保宣传和生态教育的一个非常典型的案例。

同时，旅游区除进行基本的卫生环保工作，还深入宣传和开展爱国卫生运动，建立健全卫生清扫活动制度和门前"五包"制度。划定垃圾场地，搞好生产、生活垃圾的统一堆放清理，关注治理卫生死角，消灭蚊蝇滋生之地之外，在旅游区的各项建设中都注意贯彻环境思想、生态思想以及整体景观构建思想。加强相关部门人员和居民的环境生态意识。规定环境保护的管理和服务责任，建立景区环境保护专业队伍。注意对游客行为的生态引导，提倡文明旅游行为，减少游人胡乱扔弃垃圾的行为。

在进行乡村生态旅游开发的过程中，确定合理的旅游环境容量，正视并及时、合理地解决开发中遇到的各种问题，采取适当的改进措施，是强化旅游对生态环境的影响、完善乡村生态环境建设、加速乡村生态旅游持续健康发展的重要保证。

三、新农村生态建设与环境保护理念

工业化、城市化进程的加快带来了整个社会的飞速前进，但同时也给我们生存的空间环境造成了很大压力，环境恶化、生态危机、空间拥挤现象不断加剧，在新农村地区主要表现在污染严重、植被破坏、生态失衡、旅游容量超载等方面，这在很大程度上影响了我国农村体制改革的进程和乡村全面发展的脚步。因此，抓住社会主义新农村建设和乡村生态旅游发展的契机，以认真负责的历史责任感对待乡村环境与发展问题，建设生态文明，在乡村形成节约能源和保护生态环境的产业结构，增长方式和消费模式等成为我国建设资源节约型和环境友好型社会的重要内容。这也是与国际上科学发展、绿色发展和可持续发展的观念相一致的。适应全球化发展的新形势，在发展中求转变，在转变中谋发展，成为保卫人类赖以生存的地球家园，实现生产发展、生活富裕、生态良好的发展目标的重要指导思想。在进行新农村生态建设和环境保护的过程中，树立科学理性、与时俱进的发展理念并充分发挥创新理念的指导作用，既是新农村生态旅游发展的客观要求，也是实现乡村和谐和城乡一体化发展的重要保障。

1. "3N" 指导下的生态文明与科学发展理念

随着 21 世纪休闲时代的到来，旅游已经成为人类文明的标志和高质量生活的重要组成部分。而沉重的工作压力、日益加快的生活节奏以及生存环境的恶化使生活在钢筋水泥森林中的都市人逃出"现代围城"的欲望更加强烈，人们更加向往与大自然亲密接触，追寻历史的印迹，享受自由的生活。于是，以自然、怀旧、涅槃为主题的"3N"模式成为旅游发展的新趋向。"3N"旅游是对城市人渴望回归自然、到原生态自然环境中怀旧的心理需求的满足，体现了现代旅游的新追求，归根结底是通过旅游行为让旅游者的心灵沐浴在真正的大自然中，沉浸在人与自然、人与人的和谐完美关系的怀恋中，从而使自己的精神融入人间天堂，即让旅游者的身心在一种宁静、和谐的环境中得到放松和净化，实现精神愉悦，让都市生活带来的紧张情绪和压力得到缓解和释放，从而以健康的心态重返都市生活。

"3N"是一种注重保护旅游对象——自然景物的精神消费，代表了以精神追求为核心的现代生态旅游取向。与此相适应，乡村生态旅游的发展以及乡村生态建设必须时刻遵循生态文明和科学发展理念，也只有在这一理念的指导下，才能真正实现"3N"的追求。

党的十七大报告中明确提出了建设生态文明，在全社会牢固树立生态文明观念，基本形成节约能源资源和保护生态环境的产业结构、增长方式和消费模式。生态文明，是指人类遵循人、自然、社会和谐发展这一客观规律而取得的物质与精神成果的总和。是指人与自然、人与人、人与社会和谐共生、良性循环、全面发展、持续繁荣为基本宗旨的文化伦理形态。倡导生态文明，不仅对我国自身发展影响深远，也是中华民族面对日益严峻的生态环境问题做出的庄严承诺。生态文明更强调人的自觉与自律，强调人与自然环境的相互依存、相互促进、共处共融，既追求人与自然生态的和谐，也追求人与人的和谐，而且人与人的和谐是人与自然和谐的前提。建设生态文明，不同于传统意义上的污染控制和生态恢复，而是注重克服工业文明弊端，探索资源节约型、环境友好型发展道路的过程。生态文明的提出，是人们对可持续发展问题认识深化的必然结果，是社会主义全面发展的重要内涵。旅游发展是建立在改善和保护生态环境基础上的对资源的综合利用，其最终目标也是达到经济效益、社会效益和环境效益的统一，实现资源、能源节约和综合利用。强调生态文明，实质上是要求一种高效、节能、环保、健康舒适、生态平衡的环境，倡导人与自然和谐发展，尊重自然、利用和改造自然。

"科学发展理念"是基于"科学发展观"的精髓是建立在乡村生态旅游发展实践中的创新指导。2003年，党的十六届三中全会正式提出了科学发展观，以人为本，与自然和谐相处成为科学发展观的主要目标。2005年，为全面落实科学发展观，把环境保护摆在更加重要的战略位置，国务院又做出了《关于落实科学发展观加强环境保护的决定》，在这个决定中，提出了遏制生态退化和加强环境保护的基本目标。2007年，党的十七大在立足社会主义初级阶段基本国情，总结我国发展实践，借鉴国外发展经验，适应新的发展要求基础上再次重申科学发展观，全面阐述了科学发展观的产生背景、深刻内涵、精神实质。并对深入贯彻落实科学发展观提出了新的要求，这标志着我国已经进入科学发展的新时代。科学发展观，第一要义是发展，核心是以人为本，基本要求是全面协调可持续，根本方法是统筹兼顾。深入贯彻落实科学发展观，必须始终坚持"一个中心，两个基本点"的基本路线，必须积极构建社会主义和谐社会，必须继续深化改革开放等。

在发展乡村生态旅游、进行乡村生态建设和环境保护中，生态文明和科学发展理念的内涵主要应包括以下几个方面。

（1）循环发展。循环发展是新农村生态旅游的第一要旨，对于建设社会主义新农村、加快农村体制改革，推进社会主义现代化建设具有重要意义。在不断发展农村生产力的同时，把握规律，创新理念，转变方式，解决发展难题，提高发展的质量和效益，是乡村生态旅游的核心目标。循环发展是根据"循环经济"的概念提出的。"循环经济"一词，是由美国经济学家K·波尔丁在20世纪60年代提出的，是指在资源投入、企业生产、产品消费及其废弃的全过程中，把传统的依赖资源消耗的线性增长的经济转变为依靠生态型资源循环来发展的经济。国家发改委资源节约和环境保护司在研究中提出，循环经济应当是指通过资源的循环利用和节约，实现以最小的资源消耗，最小的污染获取最大的发展效益。其核心是资源的循环利用和节约，最大限度地提高资源的使用效益。其结果是节约资源、提高效益、减少环境污染。乡村生态旅游的循环发展，主要是指在产业融合的基础上，转变旅游增长方式，通过资源的循环利用和节约，实现效益最大化。以创新为主发展旅游之路，实现旅游资源的有效"循环"。

（2）实现以人为本。新农村生态旅游的一个很重要的目的就是实现人与人、人与自然、人与社会的和谐。同时，乡村生态旅游是自我价值实现的重要途径。因此，要始终把最广大人民的根本利益作为乡村生态旅游的出发点和落脚点，发挥经营者的创新精神，发挥生态旅游者的主观能动性，保障多方权益，促进生态旅游的全面发展。在乡村生态旅游发展的过程中，必须全面推进经济效益、社会效益、文化效益和环境效益的和谐统一，促进各个环节、各个主体的协调发展，坚持生产发展、生活富裕、生态良好的文明发展道路，充分发挥乡村生态建设在建设资源节约型、环境友好型社会中的作用，使人们在良好的生态环境中生产生活，实现经济社会永续发展。其中，全面是要求，协调是标准，可持续发展是核心。可持续发展理论是 1980 年《世界自然保护大纲 KWCS》中首次提出来的，阐明了生物资源的保护对于人类生存和持续发展的作用，是解决环境问题的积极途径。可持续发展就是人口、经济、社会、资源和环境的协调发展，既要达到发展经济的目的，又要保护人类赖以生存的自然资源和环境，使我们的子孙后代能够永久发展和安居乐业。

（3）统筹兼顾各方关系和存在问题。正确认识和妥善处理新农村生态旅游发展过程中的多方关系和存在问题，统筹城乡发展、区域发展、人与自然和谐发展、甚至国内国外联合发展，统筹个人利益和集体利益、局部利益和整体利益、当前利益和长远利益，充分调动各方面的积极性，把握发展机遇，正视威胁和挑战，营造良好的乡村生态旅游发展环境，既要总揽全局、统筹规划，又要着力推进、重点突破。

2．"政府主导，企业支撑，社区参与，利益共享"的和谐共进理念

新农村生态建设是一项长期而复杂的系统工程，离不开全社会的共同努力，在乡村生态旅游发展的过程中，必须充分发挥政府的引导作用，通过运用政府的号召力，吸引规模大、实力强的企业的进驻，实现对乡村生态建设的支撑作用。同时，农民是乡村生态旅游发展的主体，不仅参与旅游决策和规划，而且还要参与旅游地环境保护、旅游地社会文化维护等多个方面。例如，维持并保护村容村貌。从地理学的角度看，景色优美的村容村貌是具有特定景观行为、形态和内涵的景观类型。从生态学角度讲，村容村貌是由村庄建筑、森林草地、农田、水源、历史遗迹等组成的自然—经济—社会复合型生态系统。从历史学角度看，传统乡土特色的村容村貌是长期历史发展留下的痕迹，它的形成是人类与自然环境协调共生的结果，是农耕文明的文化遗址，同时也承载着历史的变迁。从建筑学角度看，村貌的背景——民居建筑，无论其选址、布局的构成，单栋建筑的空间、结构和材料等，都体现着因地制宜、就地取材的建筑思想，体现出人与自然的和谐。因此，在乡村生态旅游发展中，社区群众参与到乡村生态建设和环境保护中。通过改善和提高生产生活环境和村容村貌展现乡村特色，通过恢复或重建乡村历史文化遗迹和乡村文化传统突出历史特色和文化特色，通过塑造社区居民的整体形象发挥社区文化的凝聚作用，是政府主导和企业支撑作用下实现利益共享的重心，政府、企业和社区和谐共进的理念是新农村生态建设和环境保护的实践指导。

3．"生态宣传，环保教育，绿色革命"的持久支撑理念

当今世界，生态旅游发展比较成功的国家，都较好地遵循绿色、生态、环保的发展理念。在生态旅游开发中避免大兴土木，旅游交通以步行为主，旅游设施小巧，掩映在树丛中，住宿多为帐篷露营，将旅游者对环境的影响降低到最小，真正让旅游者在精神愉悦中与自然融合，成为探寻大自然之神奇，感受大自然之幽静，观赏大自然之奇特的心灵度假。除了实际开发中的绿色革命之外，还特别注重生态宣传和环保教育，并将之

贯穿于生态旅游发展的始终。通过发挥宣传的作用，运用教育的力量，可以迅速提高旅游者的生态意识，实现乡村生态旅游的可持续发展。而且，从长远看来，这也是乡村生态旅游资源优化、配置公平、永续利用的重要支撑。目前，我国生态宣传、环保教育的重点主要集中在维持生物物种的多样性、环境保护、景观结构动态保存、传统文化的传承以及在全社会形成环境保护的氛围等方面。

4."明确主题，塑造形象，提升品牌，创新营销"的与时俱进理念

新农村生态旅游是一个动态发展的过程，生态建设和环境保护是其永恒不变的主题。因此，明确生态发展主题，树立鲜明的生态形象，与时俱进地塑造特色乡村生态旅游品牌并进行创新营销是乡村生态旅游持续发展的关键。在乡村生态旅游发展的过程中，独特的生态品牌和旅游形象不仅能够提高旅游吸引力，而且还能延长旅游产业链，提高旅游附加值，为旅游目的地带来超额的收益和无穷的发展动力。例如，"中国冬枣第一村"山东省沾化东平村，旅游者亲自采摘的冬枣价格要比市场上的高四至五倍。第六届沾化冬枣节农民仅冬枣采摘一项收入就达 500 多万元，提升品牌的价值和品牌的溢价效应。在市场经济占主导地位的经济体制下，在生态文明对工业文明的反思过程中，生态品牌的影响力越来越大，独特、稳定、有号召力的生态旅游品牌是促使旅游潜在市场向现实市场转化的助推器。同时，创新营销方式、突出环保主题、提升文化内涵将加速新农村生态建设的进程。

理念决定发展方向，理念决定前进道路，理念甚至能够决定旅游竞争力和吸引力的大小，对于乡村生态旅游来讲，树立创新、科学、动态的发展理念，并围绕这一理念确定生态建设工作的重点，是吸引游客到访、提升生态品牌价值、达到生态良性循环的必要前提。关注乡村生态建设和环境保护，实质上是要求建立一种高效节能、健康舒适、生态平衡的环境，这不仅符合乡村自然生态规律的要求，也是旅游可持续发展的基本条件。倡导人与自然、人与社会的和谐发展，既是生态和文化延续的必要，也是发展乡村生态旅游的核心思想。而且，良好的基础环境对于乡村旅游区将来的后续开发和持续拓展都有重要意义。

四、新农村生态建设与环境保护的政策保障

加强能源资源，节约和生态环境保护，增强可持续发展能力，关系到新农村生态旅游的提升，关系到人民群众的切身利益和中华民族的生存发展。因此，必须把建设资源节约型、环境友好型社会放在工业化、现代化发展战略的突出位置，完善有利于节约能源资源和保护生态环境的法律和政策，加快形成可持续发展体制机制，开发和推广节约、替代、循环利用和治理污染的先进适用技术，发展清洁能源和可再生能源，建设科学合理的能源资源利用体系，促进生态修复，改善城乡人居环境。政府制定各类政策，是旅游业繁荣的前提，也是加速旅游业全面协调发展的保障。根据乡村生态旅游发展的阶段性特征，按照乡村生态旅游发展的总体目标和要求，确定新农村生态建设和环境保护的政策保障体系包括：经济扶持政策、社会促进政策、科技支撑政策和监督保障政策。

（一）经济扶持政策

经济扶持政策的重点是增加乡村污染治理、节约型新能源开发以及乡村人居环境建设的经费投入，形成投资保障的良性循环。同时，专门设置生态保护基金，加大对生态性旅游设施的投入，提高乡村生态旅游的质量和档次，专款专用。

完善金融信贷政策和税收优惠政策，鼓励生态效应明显的经营企业进行生态建设。例如，对"农家乐""渔家乐"等乡村生态旅游接待设施和服务设施实行旅游项目贴息贷款，提供投资融资方面的便利。运用价格和税收等易实施、见效快的经济手段给予生态旅游商品等的政策优惠，放开税收优惠的范围。做好乡村生态旅游的财政预算，对生态特征明显的旅游经营企业和个人实行补贴和奖励。

（二）社会促进政策

鼓励个人和企业投资乡村生态旅游的发展，形成社会投资的良好氛围，牢固其发展的社会基础。例如，对投资乡村生态旅游发展的个人和企业实行各种优惠政策，给予规划支持、减免营业税等。

鼓励公益设施、环保设施、生态物品等的社会捐赠。充分发挥舆论的宣传导向力量，运用媒体等手段鼓励社会各界捐赠捐建乡村生态设施，营造乡村生态旅游发展的生活氛围和社会认知。

大力发展生态知识的专业教育和专门教育，培养生态旅游领域不同层次的专业人才。例如，在中小学开展第二课堂，在大学开设为此领域培养人才的专业等。运用教育的力量，发挥人的能动性，加速乡村生态旅游发展的进程。

（三）科技支撑政策

新农村生态旅游是一种时尚、高端、绿色的旅游产品，旅游者对旅游环境和旅游设施的生态性要求较高，而科技进步不但起着加速领域内发展的作用，而且在沟通各领域之间，简化、优化产业发展过程以及引领产业方向等方面有着不可比拟的优势。科学技术不仅能够促进清洁能源的开发和利用，而且能够拓宽生态旅游资源的发掘与利用范围，给旅游者带来新鲜的旅游体验。今后，科技支撑政策的重点应主要放在资源的节约、环境的保护以及生态旅游设施的建设等方面。例如，运用高科技实现"废弃"资源的循环利用，采用高科技展示、宣传环境保护理念以及生态科技在建筑中的使用等。

（四）监督保障政策

在搞好生态设施建设的同时，重视社区生态保护氛围的营造，建立完善软硬环境保护和改善监督保障机制。主要体现在整治环境污染，关注生态文明，加速生态恢复等方面，以保护和优化新农村生态旅游的自然环境。例如，对于以生态恢复为目的的旅游开发给予土地租赁政策的优惠，加快地上旅游项目及其配套设施的审批速度，并对环境保护做出突出贡献的旅游企业和个人给予奖励。

除制定并落实乡村生态旅游政策保障体系之外，随着乡村旅游和生态旅游的发展，还应该针对涌现出来的新情况、新问题进行及时的政策修改，完善政策内容。同时，还要明确大政策下的小细节，维持政策的连续性，拓宽政策实施的渠道，保障政策的顺畅推行，最终确保乡村生态旅游的持续、快速、健康发展。

百慕大群岛的丹尼尔赫德生态旅馆

在丹尼尔赫德建立一个生态旅馆是不寻常的行为，原因是它坐落于一个高度剥蚀的前军事基地，位于一个人口高度密集的百慕大群岛的岛屿上，而且并不以生态旅游而闻名。它的设计者尝试确保顾客的舒适及隐私权，同时还要坚持环境与文化可持续性的原则。住宿设施由单个的帐篷小屋组成，这些帐篷被放在预先建造好的铝制框架上，并配上阳台以及一个内置的布制衬里，这一布衬能掩盖小屋的框架结构，布衬隔离了不同的帐篷，而且便于拆除清洗。这些帐篷继承了百慕大群岛独一无二的本地建筑风格，设计利用了自然通风装置。除了阳光与空气充足之外，它们还能抵御飓风。这一生态旅馆的建设利用到的标准软技术包括太阳能光电照明、太阳能热水器、可做堆肥的卫生间、屋顶雨水的收集装置及景区内的天然蓄水池。每一个帐篷都各具特色，反映了它们所处的直接环境。13英亩的土地由于几十年的农耕与军事活动而受到了侵蚀，现在被重新种植上当地的树种，这些植物将帐篷小屋相互掩盖了。景区内的绝大部分领土是仅限于步行的，而帐篷小屋通过被升高的走道而相互连接，有覆盖物的小径穿过正在开发的"绿化带"到达一个经过更新及修复的军事建筑物，该建筑含有景区内主要的服务与便利设施，顾客既可以参加普通的3S旅游活动，又可以参与增强可持续性的旅游活动，这些活动包括参加景区的修复活动及一些观察项目。观察项目包括观察鸟类筑巢，蜥蜴蜕皮及海洋生物。丹尼尔赫德的生态旅馆说明，在风景度假区里如何成功地在一个被侵蚀的地区建设一家生态旅馆（图5-5）。

图5-5 百慕大群岛的丹尼尔赫德生态旅馆

第二节 新农村物质文化遗产的保护和利用

2005年12月，国务院颁布了《国务院关于加强文化遗产保护的通知》，并规定了自2006年起，每年6月的第二个星期六为"文化遗产日"。我国的文化遗产保护引起了全社会的广泛关注，成为我国文化遗产保护进程中的重要里程碑。我国的文化遗产保护事业又进入了一个更高层次的发展阶段。中华文明五千年，城市和乡村共同创造了我国灿烂的文化遗产。事实上，我国的文化是根植于我国传统的农耕社会的，我国文化的根在农村，农民以自己特有的方式表现其文化需求，成为农村文化的创造者和传承者。因此，在某种意义上，乡村文化遗产具有更深刻的影响力和更深远的价值。本章将结合文化遗产的综合分析，从乡村物质文化遗产和乡村非物质文化遗产两个方面对其进行有关保护传承和利用的详细论述。必须要说明的一点是，虽然物质文化遗产和非物质文化遗产在形态、类型上存在明显的差异，但在保护利用和传承方面的界限往往是相对模糊的，尤其是在非物质文化遗产的保护和传承上，保留、保护其依存的实物载体、道具等也是非常重要的，而且有很多实物载体本身就是物质文化遗产的典型类型。

一、文化遗产的概念和价值

人类发展新文化主要依附于两条途径：一是向异文化学习，从别人的文化中汲取营养，滋润自己；二是向自己的祖先学习，从自己的传统中吸收精华，发展自己。向自己的祖先学习即在当前的自然和人文环境中，总结过去的经验，吸取历史的教训，充分发挥祖先遗留下来的文化遗产的指导和支撑作用。中华民族是一个文化包容性很强的民族，因此我国的文化具有多样性的特征，我国的文化遗产也是丰富多彩的，并随着时间的积淀在历史的进程中发挥着积极作用。

文化遗产，即指人类社会所承袭下来的前人所创造的一切优秀文化。文化遗产又被细分为有形文化遗产和无形文化遗产两大部分。由于自然遗产和文化遗产具有天然的联系，所以，人们也常将自然遗产纳入文化遗产行列实施同步保护。

从文化遗产形成的历史背景和过程来看，其价值主要体现在历史的、艺术的（审美的）和科技的三大方面。

文化遗产的基本特征就是历史性，其首要价值是反映历史、证实历史、补全历史、传承历史的历史价值。例如，1979年列入《世界遗产名录》的古城底比斯及其墓地，就真实而直观地反映了古埃及中王国至新王国时期的社会生活与历史发展（图5-6）。北京周口店山顶洞遗址也有对早期人类活动历史的证实。

图5-6　古城底比斯及其墓地

　　文化遗产的审美价值有着多方面的体现，体现为审美感知、审美体验和审美理想。审美感知，即人在观赏客观对象时因其形态、色彩、声音、质地等内在和外在各种表现所引起的美的感知。文化遗产的审美价值，反映在其具有审美感知价值上。审美体验是审美感知的深化，是深层次的感知映象。而审美理想指审美主体对审美客体的外在形态美和内在本质美的综合性认识和理想化追求，具体表现为审美趣味，这也是审美意识的核心。

　　许多重要的文化遗产是前人运用其所掌握的科学技术知识创造的成果，是科学认识和技术经验（包括手工技艺）的世代传承，因而有着科技价值。具体来说，文化遗产的科技价值又可以从其科学价值和技术价值两个方面说明。文化遗产的科学价值体现为文化遗产所反映出前人在社会实践中形成的科学知识。文化遗产的技术价值与其科学价值一样，或由物质形态的成果所体现出来，或由非物质形态体现出来。

　　另外，蔡靖泉指出：文化遗产还具有思想价值，主要体现在政治、军事和哲学三大方面。政治方面，人类历史上的历代统治阶级的大型建筑乃至器皿、服饰等，往往体现有统治阶级的政治思想。而军事思想主要体现在前人的军事用品和军事建筑设施上。文化遗产的哲学思想价值主要体现在宇宙观、人生观、宗教观、伦理观方面的思想价值。特别指出了文化遗产的经济价值，即表现在其可以丰富人们的精神文化生活，使人们得以提高文化素质。随着人们对精神文化生活的需求日益增长，文化遗产的经济价值也日益提高。一是表现在文化遗产的收藏增值价值，二是文化遗产的投资交易价值，三是文化遗产的旅游资源价值。

　　施国庆等也在论述城市物质文化遗产的价值时，从非直接使用价值（历史存在价值、艺术欣赏价值、科学研究价值）、直接使用价值和经济价值三个方面进行了论述。其中经济价值包括直接经济价值和间接经济价值。直接经济价值是以城市物质文化遗产本身作为经济载体，通过使用功能的延续或置换获取经济收益，通过艺术、历史等价值获取旅游经济收益。通过对城市物质文化遗产科研价值的研究来推动科技产业经济。而文化遗产的间接经济价值，是指产生间接的或潜在的收益，如城市物质文化遗产周边土地价值的增值。因城市文化遗产而带来的旅馆、餐饮、旅游、服务业的发达；利用历史文化遗产品牌，形成具有竞争力的企业；所在区域或城市知名度因城市物质文化遗产而大大提升，从而增强城市吸引力和吸引外部资金进入本地各类经济产业等。间接经济价值大多数的物质载体并非城市物质文化遗产自身，而是通过城市物质文化遗产的间接作用而体现出来的经济价值。对城市物质文化遗产这一宝贵资源加以保护和合理的开发利用，不但可以复兴遗产所在地的社会、经济与文化活动，而且能够形成"磁吸效应"，带动区域的社会经济快速发展。

　　综上所述，文化遗产的价值是表现在多方面的，而且随着社会和经济的发展，还会呈现出其他显性和隐性的价值，这些价值是其保护、传承和利用的主要依据。

二、国内外文化遗产保护的经验借鉴

随着当代社会现代化进程的不断加快，人类的许多传统文化遗产从有形的历史建筑、历史街区、历史文化名城到无形的剪纸艺术、民间歌舞、岁时节日，直至浑然天成的自然遗产，均遭受到前所未有的冲击。早在 19 世纪初，一些国家和政府已开始制定文化遗产保护法，对文化遗产实施保护。进入 20 世纪 60 年代后，大规模城市改造给传统建筑带来的巨大冲击，更进一步坚定了人们保护传统文化遗产的决心。进入 20 世纪 70 年代后，东西方诸国的共同努力促使联合国教科文组织开展了一系列的有关人类文化及自然遗产的保护工作。至此，人类文化遗产保护运动进入了一个新的历史时期。

（一）国外文化遗产保护的进程和成功经验

国外对于文化遗产保护的探索主要体现在立法、保护机构设置和文化遗产普查等方面，具体发展进程如下。

1. 立法方面

在文化遗产保护立法方面，意大利一直走在世界前列。1820 年 4 月 7 日，当时的意大利即以教皇国红衣主教团的身份颁布了意大利历史上的第一部文化遗产保护法。在此后的近百年间，意大利又先后颁布了第 185 号法令（1902 年）、第 1089 号法令（1939 年）、第 112 号令（1998 年）等诸多法令，1999 年意大利政府又在上述法令的基础上颁布了意大利历史上的第一部文化遗产保护综合法——"联合法"。至此，意大利文化遗产保护立法工作告一段落。

与意大利相比，法国文化遗产保护法的建设尽管不是最早，但堪称最多。据不完全统计，在法国历史上，有关文化遗产方面的保护法多达 100 余部，其中比较著名的有法国 1840 年颁布的梅里美《历史建筑法》、1887 年颁布的《纪念物保护法》、1913 年颁布的《历史古迹法》、1930 年颁布的《景观保护法》和 1962 年通过的《马尔罗法》等。

此外，美国 1916 年颁布的《国家公园系统组织法》、1935 年颁布的《历史遗址与古迹法》、1976 年颁布的《民俗保护法案》，在文化及自然遗产保护过程中，也都产生过重要影响。

在东方国家，日本是文化遗产立法较早的国家之一。第一部文化遗产保护法《古社寺保护法》颁布于 1897 年，而 1919 年颁布的《古迹名胜天然纪念物保护法》和 1929 年颁布的《国宝保护法》基本上涵盖了当时文化遗产的主要范畴。在日本文化遗产保护史上最值得一提的是 1950 年颁布的《文化财保护法》，其最大贡献在于首次提出了无形文化遗产保护问题。此外，它也是人类文化遗产保护史上第一部综合性法规，其内容涵盖了当今社会关于文化遗产的所有方面，这种综合性立法方式后来对韩国产生了深刻影响。

2. 保护机构设置和科学决策方面

设立专门的文化遗产保护机构，建立科学而严谨的组织管理体系和科学的专家决策机制是外国文化遗产保护的重要手段。许多国家都设置了相应的文化遗产保护机构，为人类文化遗产保护奠定了组织基础，如意大利文化自然遗产部、法国文化部的文化遗产司、英国环境部（后改称国家遗产部，现称文化、媒体与体育部）的古代遗址与历史建筑理事会、美国的史迹保护联邦理事会及国家公园及韩国的文化财厅等国家级文化遗产保护机构。在这些国家中，除中央政府设置有专门的组织机构外，各地区还设置有地方性文化遗产管理委员会，专门负责当地文化遗产资源的保护、管理、开发与利用。

为避免政府部门因专业知识匮乏而导致的决策失误，这些国家还在各级文化遗产管理部门下设文化遗产专家委员会，以负责文化遗产保护、管理、开发等方面的技术咨询。另外，动员民间力量以及学术机构参与文化遗产保护也是这些文化遗产保护先进国的共同做法。在韩国、日本、美国、意大利、法国都设置有相当专业的科研机构，专门从事各种文化遗产的保护研究。这种由中央政府、地方政府、咨询机构、社团组织以及相关科研机构共同参与，彼此协作的组织管理模式，有效地调动了社会各方面的积极性，为文化遗产保护奠定了坚实的组织基础。

3. 文化遗产的彻底普查是文化遗产保护的必由之路

在组织建设与法律建设的基础上，从二十世纪五六十年代起，很多国家开始对本国的文化遗产进行摸底式大普查。如英、法、德、意、口、韩等国对本文化遗产所进行的大普查几乎都是从这一时期开始的。文化遗产普查是文化遗产保护的第一步，通过普查，不但发现、抢救、保护了一大批濒危状态的文化遗产，无形中还唤起了这些国家各个阶层的文物保护意识。意、法、英、德等西方文化遗产大国主要侧重于历史建筑、历史街区、历史文化名城以及大型遗址及工艺品、美术品的保护。而各主要文化遗产国家的一个突出贡献，就是在关注有形文化遗产的同时，还提出了无形文化遗产的保护问题，从而使许多表演类、技艺类、知识类等活态文化遗产得到了有效保护。

另外，以科学的态度对待文化遗产，将文化遗产保护纳入城乡规划，将文化遗产保护与市场运作紧密结合采用多元化集资方式，对文化遗产实施整体保护等都成为国外文化遗产保护过程中的重要探索。具体到每个国家，根据每个国家的实际情况，都有各自专门的侧重和独特的经验（表5-6）。

表5-6　国外文化遗产保护的成功经验

国　别	成功经验
意大利	先进的保护理念；科学有效的管理体制；充裕的资金投入与良性的市场运作；完善的文物保护教育体制与培训体系；严格的法律制度；文化遗产保护的国际化倾向
法国	科学性、系统性、标准化的文化遗产大普查；完善的文化遗产管理体制和系统的法律法规，重视文化遗产保护工作的队伍建设
英国	借助民间与市场的力量保护文化遗产；强调法律与规章的可操作性；通过城乡规划对历史建筑实施整体保护
美国	重视自然遗产保护，首创国家公园模式；强调对自然及文化遗产的整体保护；关注无形文化遗产及传统民俗事象的保护

国　别	成功经验
日本	"无形文化遗产"理念的提出；对无形文化遗产传承人的高度关注；对文化遗产保护技术的高度关注；重视文化遗产的活用
韩国	日本模式的大胆借鉴（《文化遗产保护法》）；建立严格的管理体系；对无形文化遗产及其传承人的高度关注；建立严格的奖惩制度；强调法律的可操作性

事实上，国外文化遗产保护先进国家在保护的过程中也存在很多问题。例如，重有形文化遗产，轻无形文化遗产，文化遗产保护品种失衡，传统建筑、历史街区以及工艺美术品等有形文化遗产一直是这些国家文化遗产保护工作的重点。法令与政策层面缺少全国性统合，在英美等国，联邦政府在出台联邦法等国家法规的同时，各地方也常常会制定相关的地方性法规，导致法律体系的繁杂。在管理层面，多头管理的现象也很严重。存在遗产私有化与管理国有化之间的矛盾。这些问题也应当引起我国在开展文化遗产保护工作时的重视。

（二）联合国教科文组织对文化遗产保护的贡献

联合国教科文组织虽然具有全球性，但并非国家实体，因此没有发布宪法的权力，要想实现某种目标，只能通过颁布国际公约、宪章及建议案等形式取得国际社会的认同。这些公约包括1956年在新德里通过的《考古发掘国际原则议案》，1960年、1970年在巴黎通过的《博物馆向公众开放最佳方法建议案》《禁止和防止非法进出口文物及非法转让其所有权公约》、1976年在内罗毕通过的《文物国际交流建议案》、1978年在巴黎通过的《保护可移动文物建议案》、1980年在贝尔格莱德通过的《保护与保存活动图像建议案》以及国际古迹遗址理事会全体大会于1990年在洛桑通过的《考古遗产保护与管理宪章》等。这些国际公约和宪章主要就文化遗产保护的原则和举措达成了以下共识（表5-7）。

表5-7　联合国教科文及相关国际组织的文化遗产保护原则与举措

类　别	保护原则与举措
小型有形文化遗产	对地下文物实施整体保护原则和就地保护原则；建立完善的请示、汇报制度；编制手册方便国际交流；充分发挥文化遗产的教育作用；加强考古作业中的国际合作；强化国际交流中的安全意识；坚决抵制国际交流中的走私行为；协助私人搞好文物收藏
大型有形文化遗产	加强对历史街区的整体保护；就地保护原则；传统建筑保护应纳入城市规划；最少干预性原则；建立专业咨询机构的必要性；建立施工前的先行审核制度；并非绝对排斥古城区兴建新建项目；强调历史街区的活用及可持续发展
无形文化遗产	保护民间创作的政府职责定位；保护无形文化遗产：政府的责任与义务；增强民间创作知识产权的保护意识；加强国际合作与交流；人类口头及无形文化遗产代表作评选标准的制定；尊重文化多样性

（三）我国对文化遗产保护的探索历程

1. 中国台湾文化遗产保护经验

主要体现在以下几个方面。

（1）对文化遗产的保护以深刻的理解为前提。在文化遗产保护的过程中，学术界发挥了重要作用。古迹不能复制、无法再生，一旦遭到破坏，就难以复得；在对民族艺术遗产的认知问题上则更强调文化遗产背后的价值体系和认知体系。

（2）文化遗产普查工作的科学化管理和调查工作的专业化色彩。

（3）重视对民间艺人的保护及其技能的传承。既注重了无形文化遗产技术与技能的保护，也意识到了"实物"对无形文化遗产进行"有形化"保存的意义，同时还特别注意到了保护"人"的重要性。为鼓励民间艺人、匠人的创作，台湾还多次举办过"重要民族艺术艺师"的遴选工作并筹办展览调动民间艺人的积极性。同时，自1991年起，台湾"教育部"还委托国立艺术学院、国立台湾艺术学院、台北县莒光国小等单位，以艺师传艺的方式，开始为期3年的传艺计划。后来，文化建设委员会又制定了《民间艺术保存传习计划》，保存、传授技艺。除专业教学外，台湾地区的艺术教育也开始融入学校的日常教学中。

（4）充分发挥民间社团组织的积极性，鼓励与扶植民间社团组织参与自然及文化遗产保护。例如，用于民族艺术教学、展示的民间社会的自主投入，民间人士和民间社团组织利用自己的力量和资源开办各种民俗博物馆，组织民间工艺、民乐传习活动等。

（5）奖惩分明。例如，1992年行政院通过的《古迹保存奖励要点》中，对古迹保存、维护及宣扬方面的有功者，捐资办理古迹管理、维护工作者，私有古迹办理修复时，古迹所有人自行负担部分费用者，私有古迹捐献政府者，发现埋藏地下、沉没水中或存在于地上之无主古迹，向当地警察机关或地方政府报告者，一经审定，均或颁发奖牌、匾额，或发给奖金，以资鼓励。

2. 中国大陆在文化遗产保护方面取得的成绩和面临的问题

近年来中国大陆在文化遗产保护工作，尤其是文物保护方面取得的成绩主要包含以下内容。

（1）文物保护四项基础性工作得到加强。一是《文物保护法》《文物保护法实施条例》和一系列部门规章、规范性文件的颁布，为新时期文物事业的发展提供了坚实的法律保障，建立起了《文物法》统领下的有中国特色的文化遗产法规体系。文物安全保障长效机制初步建立，各级文物行政执法机构逐步建立和完善，编制有所增加，执法力度进一步加强。二是基础调查工作取得很大成效。1 271处全国重点文物保护单位记录档案建档备案工作基本完成，文物调查及数据库管理系统建设项目试点工作圆满结束，全国重点文物保护单位保护维修情况调查工作进展顺利。同时，加大了文物保护经费投入，在财政部和相关部门的指导支持下，一些亟待开展的文物保护重点工程得以安排和部署，并设立了2.5亿元的大遗址保护专项资金，大遗址保护工作全面启动。三是文化遗产保护管理所需人才的岗位培训和专业人才培训工作成果显著，多渠道联合办学的教育培训模式逐步成熟。四是文物保护中科技力量得到彰显，对行业的支撑、引领作用得到体现，初步建立起了文化遗产保护的科技体系。

（2）文化遗产在国际交往中的桥梁作用极大增强。赴国外及港、澳、台地区举办展览，特别是"中法文化年"活动重要项目"神圣的山峰展""康熙时期艺术展"和"孔子文化展"等获得成功，为积极配合我国外交工作以及对外文化交流工作做出了新贡献（图5-7）。同时，第28届世界遗产委员会会议和国际古迹遗址理事会第15届会议分别在我国苏州和西安顺利召开，提升了我国在国际文化遗产保护领域中的地位，推动了我国文物事业的全面发展。

图 5-7　孔子文化展

（3）在文化遗产保护方面存在几个误区。例如，观念上缺乏整体关照；管理上政出多门，效率低下；行动上缺乏对无形文化遗产传承人的关照；对传统文化缺乏应有的宽容；保护对象的扩大化；专业人才缺乏，知识体系亟待更新法律量刑过轻，难起震慑作用；经济利益驱动下的文化遗产滥用。另外，阮仪三曾经提到，在中国经济快速发展的过程中，很多历史悠久的城市都遭到了无法恢复的破坏，其主要原因是房地产商和地方政府以发展经济为理由，大搞旧城区的改造，那些承载着历史血脉的古代建筑远不如高档宾馆和别墅实在，而公众看待文化遗产也普遍存在着"只见物、不见人，只见形、不见魂"的认识误区，而最重要的因素是相关法制不健全。例如，在传统建筑类、古遗址遗迹等方面保护过程中的多头管理，各部门互相推诿，造成了保护人为障碍，降低了工作效率。很多精湛技艺的失传也给这些建筑古迹的维修造成了很大难度。很多地下古迹也因为施工造成了难以弥补的破坏损失，在传统民族艺术以及民俗、民俗文物的保护方面还存在传统艺术教学的忽视、移风易俗带来的民俗质变等问题。

当今世界，如何对待自然和文化遗产已经成为衡量一个国家文明程度的重要标志。在过去文化遗产保护的实践过程中，专家进行了多种保护方式的尝试，也积累了很多经验，而且随着探索中出现的各种问题的解决，理论研究也逐渐丰富。今后，在借鉴国内外文化遗产保护经验和理论总结的基础上，结合我国文化遗产的现状确立文化遗产保护、传承和利用的适宜原则、合理规划和科学举措成为未来探索的主要方向。

三、乡村物质文化遗产的内涵和类型

物质文化遗产和非物质文化遗产很大程度上是从文化遗产的外形特征来进行的分类，就像韩基灿指出的，那些具有固定的或静态化形态的文化遗产是物质文化遗产。因此，物质文化遗产又称"有形文化遗产"。所谓有形文化遗产，是指那些看得见、摸得着，具有具体形态的文化遗产。有形文化遗产又可分为小型可移动文化遗产以及大型不可移动文化遗产两大类。小到泥塑、雕刻、剪纸等诸多民间工艺品，大到民居、寺庙、村落、古镇甚至历史文化名城，均可纳入有形文化遗产的范畴。已列入联合国教科文组织《世界文化遗产名录》中的紫禁城、天坛、长城、颐和园、平遥古城、苏州古典园林、皖南西递及宏村古村落、孔府、孔庙、丽江古城、布达拉宫、大昭寺和罗布林卡等中国的世界文化遗产中，绝大多数都属于这种建筑类有形文化遗产（图5-8）。

图5-8　宏村

物质文化遗产是指具有历史、艺术和科学价值的文物。包括古遗址、古墓葬、古建筑、石窟寺、石刻、壁画、重要史迹及代表性建筑等不可移动文物。历史上各时代的重要实物、艺术品、文献、手稿、图书资料等可移动文物。以及在建筑式样、分布均匀或与环境景色结合方面具有突出普遍价值的历史文化名城（街区、村镇）。

乡村物质文化遗产是指分布在乡村地区的可移动和不可移动的、具有历史、艺术和科学价值的文物。还包括建筑样式突出、分布具有特色以及自然景观等方面具有普遍价值的历史文化名镇名村、古街等。除包含物质文化遗产的一般特性之外，其最明显的特征就是与"乡村性"的结合。由于受到我国几千年的传统农耕社会经济结构的影响，我国的乡村物质文化遗产带有明显的乡村性，而且相对于城市物质文化遗产来说，种类也更为丰富。

我国乡村物质文化遗产还包含了乡镇有价值（历史、艺术、科学）的物质历史遗存。普通乡镇的物质历史遗存类型还包括：分散在街坊中的标志物，如磨盘、老井、树林、空地、旧门楼或者街道的特殊走向等；乡村街道的格局以及尺度；农村的标志广场，作

为集体活动、村民大会、庙会举办的打谷场、晒台、学校操场等；能够代表不同年代特有的精神和农作水平的耕作、水利等设施（引水渠、引水闸）。随着城市化进程的加快，我国很多源于乡村地区的物质文化遗产，尤其是可移动的物质文化遗产被搬到城市的博物馆中进行专门收藏，这一方面使其得到了有效的、专业的保护，但另一方面也因为丧失了存在的土壤而在一定程度上降低了它们的记忆价值。而且在这一过程中，也难免泯灭了这些乡村物质文化遗产的个性和特性。

另外，由于受到我国文化遗产保护大环境的影响，分布在乡村地区的物质文化遗产的保护环境比城市里的保护环境更为脆弱，对乡村物质文化遗产的忽视或无视、法制不健全、社会力量参与保护的多种机制缺陷以及保护渠道的单一化等都为乡村物质文化遗产的保护提出了新的课题。

四、乡村物质文化遗产的保护和利用

我国的文化遗产保护走过了从树立保护观念到实践保护与利用模式的发展过程，虽然我们从危险中抢救了一大批文化遗产，可不少也在开发与建设中消失了，最让我们感到无能为力的是面对今天留存的各种类型的文化遗产，至今还不能找到恰当的途径去进行合理的保护与利用。文化遗产是全人类共同的财富，如何保护和利用不仅指遗产本身，还包括它的整体大环境。申遗不是保护的唯一目的，而是建立在尊重文化遗产基础上的发展的新开端。按照我国《文物保护法》中确立的"保护为主、抢救第一、合理利用、加强管理"的十六字方针，根据我国乡村发展的现实情况，把握新农村建设的契机，制定科学、合理、适宜的乡村物质文化遗产保护规划和措施，成为乡村文化遗产保护的关键因素，也是乡村文化传承和社会主义文化建设的重要内容。乡村物质文化遗产的保护和利用主要从可移动文物、不可移动文物和历史街区、历史文化名村三个方面进行分别论述。

（一）乡村可移动文物的保护

对于乡村可移动文物的保护遵守我国《文物保护法》的相关规定，即历史上各时代重要实物、艺术品、文献、手稿、图书资料、代表性实物等可移动文物进行等级划分，分为珍贵文物和一般文物；珍贵文物分为一级文物、二级文物、三级文物。一般来说，文物都要纳馆收藏。博物馆、图书馆和其他文物收藏单位对收藏的文物，必须区分文物等级，设置藏品档案，建立严格的管理制度，并报主管的文物行政部门备案。同时，文物收藏单位应当根据馆藏文物的保护需要，按照国家有关规定建立、健全管理制度，并报主管的文物行政部门备案。文物收藏单位应当充分发挥馆藏文物的作用，通过举办展览、科学研究等活动，加强对中华民族优秀历史文化和革命传统的宣传教育。除遗址博物馆之外，乡村生态博物馆将成为乡村可移动文物保护的一种重要方式。"生态博物馆"首先提出于法国，是指不移动文物的原始位置，而把文物、文化保持在其自然原生状态下的一种"博物馆"建设形式，与遗址博物馆有异曲同工之妙。这是一种很有市场前景的开发模式，打破了传统的集中收藏、静态展示的模式，其最大的意义就在于改变了以往博物馆遗址与展品相分离的局面，提高了文物的趣味性，体现了人性的要求。同时，对文物进行就地收藏，可以在还原历史背景的同时，增强文物对乡村经济、社会、文化等方面的影响力。

（二）乡村不可移动文化遗产的保护和利用

按照我国《文物保护法》的要求，首先是根据古文化遗址、古墓葬、古建筑、石窟寺、石刻、壁画、近代现代重要史迹和代表性建筑等不可移动文物的历史、艺术、科学价值，将其分别确定为全国重点文物保护单位、省级文物保护单位、市县级文物保护单位。

国有不可移动文物不得转让、抵押，由使用人负责修缮、保养，对不可移动文物进行修缮、保养、迁移，必须遵守不改变文物原状的原则。建立博物馆、保管所或者辟为参观游览场所的国有文物保护单位，不得作为企业资产经营。同时，文物保护单位的保护范围内不得进行其他建设工程或者爆破、钻探、挖掘等作业。但是，因特殊情况需要在文物保护单位的保护范围内进行其他建设工程或者爆破、钻探、挖掘等作业的，必须保证文物保护单位的安全，并经核定公布该文物保护单位的人民政府批准，在批准前应当征得上一级人民政府文物行政部门同意；在全国重点文物保护单位的保护范围内进行其他建设工程或者爆破、钻探、挖掘等作业的，必须经省、自治区、直辖市人民政府批准，在批准前应当征得国务院文物行政部门同意。

目前，我国不可移动文物的保护除通过等级评定进行专门保护外，以旅游的方式实现其经济、社会、文化价值的居多，很多不可移动文物已经开辟发展成为著名的旅游景点，如考古遗址博物馆、民俗村、军事堡垒、爱国主义教育基地等。同时，在旅游发展的过程中，会涌现出很多的问题，会对不可移动文物的保护提出新的挑战。因此，根据发展的现实情况制定新的保护措施，实行动态保护是乡村不可移动文物保护的必然要求。北京市周口店龙骨山山顶洞人遗址的保护和利用可以为我国乡村不可移动文物的保护提供借鉴。

八十多年前，北京城郊的周口店只是一个极不起眼的小村落，这里的村民以挖窑采煤为生。就在村子的西北部，有一座馒头似的小山，有人在山上采石时经常会发现古代动物的化石并做中药用，因中医称之为"龙骨"，故此山得名"龙骨山"。山顶洞遗址就坐落在龙骨山的东北坡，1933年、1934年发掘出土了大量古人类遗骸、石制品、装饰品和哺乳动物骨骼，考古学家将这里的人命名为"山顶洞人"，1970年建成了周口店遗址博物馆（图5-9），陈列着遗址各地点出土的重要化石和考古标本，成为展现山顶洞遗址丰富科学和文化内涵的窗口。但是，目前看来，博物馆已经非常陈旧了，亟待用现代布展手段展示遗址出土的遗物、遗迹和发现、发掘、研究过程，并用声、光、电技术生动形象地演示人类演化过程与古人类不同阶段的体质特点，使其更好地发挥科学普及的功能。现在，博物馆每年的游客仅仅维持在10万人次左右，以大中小学生和外国人为主，门票收益很低，每逢工作日，这里甚至可以用人迹罕至来形容。

图 5-9　周口店遗址博物馆

1987 年，周口店北京人遗址正式列入《世界遗产名录》，成为中国首批 6 处世界遗产地之一，并得到了如下评价：周口店北京人遗址不仅是一个亚洲大陆史前人类社会的遗存，而且阐述了进化的过程。正是这些不起眼的山洞，为我们留下了早期人类活动的珍贵印迹，成为了解人类成长历史最为重要的实物资料之一。但是，到 2002 年周口店遗址周边还有多家水泥厂，石灰厂、煤矿照常开采挖掘，烟囱的浓烟还经常随风把龙骨山笼罩起来，导致环境极度恶化，严重地危及遗址的保护。于是，2006 年，北京市政府颁布实施了《周口店遗址保护规划》，并重新划定遗址范围，保护范围由原来的 0.24 平方千米扩大到 4.8 平方千米，建设控制地带为 8.88 平方千米。事实上，遗址本身也存在很多问题，由于遗址主要是由石灰岩构成，质地坚硬而脆，易被酸性物质溶蚀，而且遗址自发掘以来一直处于露天状态，致使风化严重，这一问题还没有找到很好的解决办法。另外，遗址保护区附近还有大量居民区、水泥厂和矿山，日常产生的生活垃圾以及水泥厂、矿山等的污染都会对遗址保护产生影响；距离遗址门前百米左右还有一条铁路穿过，过往火车的震动有可能造成岩石滑落，产生塌方，破坏遗址本体。

北京市周口店山顶洞人遗址建设为我国不可移动文物的保护和利用提供了很多值得借鉴的经验，同时为我们提出了很多值得深思的问题。不可移动文物的等级确定和申遗并不是保护工作的终点，如何在保护的基础上实现文物价值、旅游价值和教育价值的统一，实现经济效益、社会效益和环境效益的协调才是文物保护的最终追求。而制定科学的规划并在规划的指导下展开保护和利用的相关工作，是乡村不可移动文物保护和利用的首要步骤和关键内容。值得一提的是，对不可移动文物的保护不能仅限于文物本身，文物周边的大环境建设也应该纳入文物保护的范围之中。

总之，遗址、遗迹类文化遗产的保护与开发、利用，是一项专业性强、社会利益广泛的社会工作，保护的观念、政策、途径、技术及运作的过程和模式等，都将影响到保护的效果和开发利用的方式及成效。这对于世界上任何一个有历史和文化传统的国家来说，都是一个需要不断研究和探索的课题，特别是在保护与开发、利用的技术上，更需要不断吸取和利用现代科技成就，以提高保护的效果和利用的成效，并产生更大的社会和经济效益，扩大受众面，让更多人受益。

（三）历史街区、历史文化名村的保护与开发

我国《文物保护法》指出：保存文物特别丰富并且具有重大历史价值或者革命纪念意义的城镇、街道、村庄，由省、自治区、直辖市人民政府核定公布为历史文化街区、村镇，并报国务院备案。历史文化名城和历史文化街区、村镇所在地的县级以上地方人民政府应当组织编制专门的历史文化名城和历史文化街区、村镇保护规划，并纳入城市总体规划。

1. 历史街区的保护与开发

"历史街区"的概念，源于 1933 年 8 月国际现代建筑学会在雅典通过的第一个获国际公认的城市规划纲领性文件——《雅典宪章》，在该宪章中提到，"对有历史价值的建筑和地区""均应妥为保存，不可加以破坏"。虽然这时保护的重点还在历史建筑方面，街区的概念还比较模糊，但毕竟历史街区已被作为保护的对象出现在了国际宪章中，这是一个崭新的开始。

1964 年，联合国教科文组织于威尼斯通过了著名的《国际古迹保护与修复宪章》，即通常所称的《威尼斯宪章》，提出了保护首先从文物建筑周围的环境开始的理念，并扩大了文物古迹的概念，"不仅包括单个建筑物，而且包括能够从中找出一种独特的文明、一种有意义的发展或一个历史事件见证的城市或乡村环境"。这表明从 20 世纪 60 年代开始，文物保护的对象就从个体的文物建筑扩大到了历史地段，并逐渐由"文物建筑所在地段"的保护向历史街区逐步扩展。

同时，在"注意到整个世界在扩展和现代化的借口之下，拆毁和不合理、不适当重建工程正给这一历史遗产（历史街区）带来严重的损害"的背景下，1976 年 11 月联合国教科文组织在肯尼亚内罗毕通过了《关于历史地区的保护及其当代作用的建议》，明确指出了保护历史街区在社会、历史和实用方面的普遍价值，即"历史地区是各地人类日常环境的组成部分，它们代表着形成其过去的生动见证，提供了与社会多样化相对应所需的生活背景的多样化，并且基于以上各点，它们获得了自身的价值，又得到了人性的一面"；"自古以来，历史地区为文化、宗教及社会活动的多样化和财富提供了最确切的见证"；"当存在建筑技术和建筑形式的日益普遍化所能造成整个世界的环境单一化的危险时，保护历史地区能对维护和发展每个国家的文化和社会价值做出突出贡献。这也有助于从建筑上丰富世界文化遗产"。文件还明确指出了在历史街区保护工作的立法及行政、技术、经济和社会等方面应采取的措施。

1987 年 10 月，国际古迹遗址理事会通过了《保护历史城镇与城区宪章》（《华盛顿宪章》），这是继《威尼斯宪章》之后的第二个国际性法规文件。这一法规提出"历史城区"的概念，并将其定义为："不论大小，包括城市、镇、历史中心区和居住区，也包括其自然和人造的环境"，"它们不仅可以作为历史的见证，而且体现了城镇传统文化的价值"。宪章不仅对历史街区的概念进行了详尽的解释，还提出要适应现代生活之需求，解决保护与现代生活方面等问题，指出"要寻求促进这一地区私人生活和社会生活的协调方法，并鼓励对这些文化财产的保护，这些文化财产无论其等级多低，均构成人类的

记忆"；"'保护历史城镇与地区'意味着对这种地区的保护、保存、修复、发展，以及和谐地适应现代生活所需采取的各种步骤"；"新的功能和作用应该与历史地区的特征相适应"。

我国对于历史文化遗产的保护大致经历了形成、发展和完善三个阶段，即：以文物保护为单一保护体系的形成时期，然后是以历史文化名城保护为重点的双层保护体系的发展时期，后来在此基础上增加了历史街区保护的内容，进入了以历史街区、历史地段为重心的多层保护体系的完善时期。

1985 年，我国建设部提出设立"历史性传统街区"，规定"对文物古迹比较集中，或能较完整地体现出某一历史时期传统风貌和民族地方特色的街区等予以保护"，核定公布为地方各级"历史文化保护区（历史街区）"，并指出了确定"历史文化保护区"的三个具体标准：第一，有较完善的历史风貌；第二，保存了较多的真实历史遗存，区内的房屋、街道、驳岸、桥梁、古井、院墙、古树等反映历史面貌的物质实体应是历史遗存的原物，不是仿古造假的；第三，要有一定的规模，视野所及范围内风貌基本一致。历史文化保护区研究技术路线图如图 5-10 所示。

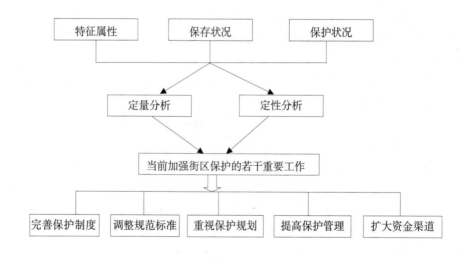

图 5-10　历史文化保护区研究技术路线图

1986 年，国务院公布第二批国家级历史文化名城时，针对历史文化名城保护工作中的不足和面对旧城改建的新高潮，正式提出"历史街区"的概念："对文物古迹比较集中，或者能完整地体现某一时期传统风貌和民族地方特色的街区、建筑群、小镇、村落等应予保护，可根据它的历史、科学、艺术价值确定为地方各级历史文化保护区（历史街区）。"至此，作为我国重要文化遗产的历史街区的保护工作进入了一个全新时期。

（1）历史街区的价值

首先表现在其历史文化价值，这也是历史街区最重要的价值。保护历史街区不仅是出于保护传统风貌的需要，更在于这些街区有着重要的历史文化价值。历史街区具有的历史的积累性、鲜明的时代性、文脉的继承性等特征，决定了它在历史文化传承中的不可替代性。保护历史街区的根本意义就是保护人类的历史文化信息及其载体，使之传于后世，为人类的文明与进步服务。历史街区较为浓缩而又形象真实地承载着一定历史时期政治、经济、文化、建筑艺术、居民生活条件和生活方式等多方面的信息，是宝贵的历史文化遗产。对于一座历史文化名城来说，拥有足以反映名城特色的历史街区，是至关重要的。

其次是它的经济价值。其经济价值主要体现在旅游开发价值上，文化旅游热潮的兴起，不但加强了人们对文物、古建筑本身的研究，而且加强了世界各国之间的文化交流。一些在当地人看来破旧不堪的街道，在外国人眼里却是一种全新的感受。文物、古建筑等文化遗产通过旅游业的沟通而真正成为全人类的财富，它的实际意义已远远超过了旅游业带给人们的经济效益。

（2）历史街区保护过程中存在的问题和整治方法

问题主要集中在：保护及开发资金短缺；保护意识、观念滞后，建设性破坏严重；房屋建筑破败，亟待修缮、改造；公共服务设施功能不全，陈旧老化；仿建之风盛行，房地产开发大范围扩张；居民被全部搬迁，缺少人的因素；缺乏科学的保护与整治规划。

整治的方法主要包括：考虑到居民的现实需要，保护外貌，整修内部；改善基础设施，提高居民生活质量，总的标准是不改变外观的情况下，让居民生活得更舒适；小规模、渐进式地逐步整治，切忌大拆大建；"修旧如故"，对整治的街巷进行详细的调查、研究，掌握第一手的真实资料，在此基础上对街巷中的建筑、史迹进行取舍，分级对待。例如，文物建筑要给予保存、维护或修复，传统民居和近代商铺建筑要在保持原有风貌的基础上，进行内部整修，对那些影响院落风貌、居民自己搭建的房屋，要改造甚至拆除，以保持这些街巷的历史"真实性和原真性"。

（3）历史街区保护与整治的原则

原真性原则。即历史街区对某一历史时期的社会、经济、文化特征应具有较高保真性，这是国际上公认的最重要的保护原则。1994年11月，在日本奈良通过了有关原真性的《奈良文件》，该文件指出，原真性不应被理解为文化遗产的价值本身，而是我们对文化遗产价值的理解取决于有关信息来源是否确凿有效。所有的文化和社会均扎根于由各种各样的历史遗产所构成的有形或无形的固有表现形式和手法之中，对此应给予充分的尊重。很显然，对历史街区的保护，不仅是物质形态的保护、景观风貌的保护、保护有形的历史建筑和街巷格局，还要保护与其相伴而生的社区文化，保留人的活动。原真性原则要求反映历史风貌的建筑、街道等必须是历史原物，一般情况下，历史街区中能体现传统风貌年代的历史建筑的数量或建筑面积占街区建筑总量的比例应达到50%左右。历史街区生活真实性有两个评判标准：一是原有居民的保有率；二是原有生活方式的保存度。

风貌完整性原则。文化遗产不是孤立存在的，而是依托一定的自然、社会环境，处于一定规模的区域范围之内的。这些自然、社会、文化等因素结合在一起，共同构成了以文化遗产为主体的特定区域。因此，文化遗产的保护，不仅要保护文化遗产本身，还要对相关的环境进行综合保护。作为人文历史遗产，老街老房的价值构成不仅仅在于建筑文化本身的传承，而且在于居住其中的人及其生活的特定历史气息。要使历史街区能够形成一种环境，使人从中感受到历史的气氛，就要有一定的规模，不仅要保护建筑物，还要保护道路、街巷、古树、小桥、院墙、河溪、驳岸等构成环境风貌的各个因素以及扎根于其中的社区文化。在历史街区中，应采取小规模的、有区别的、渐进式的整治方法，这样才能真正保护好历史街区的整体风貌。

保存、更新、延续相结合的原则。历史街区保护要遵循保存、更新、延续三大原则，有重要文物价值的不能动，要保存，有些价值不大的房子可以拆，马路可以开，但需要很好地设计，更新后要延续原来的风貌，原有的生活模式也应该延续。历史街区的保护，不能只保存不发展，不能只保护旧房子，要保护文化，要以人为本，要把保护与发展同时纳入视野。历史街区要保护的不仅是古老建筑本身，还包括其悠久的传统社区文化。保护历史街区同时要有特色，要先把现有的大量街区定性、定量，而后采取保存—更新—延续的方式。

适应现实需要的原则。居住环境恶劣是目前许多历史街区面临的问题，历史街区不同于其他历史文化遗产的一点就是——历史街区的根本属性是生活，它是现实生活的场所，与现代人的物质生活紧密联系。保护历史街区的目标是承认在改善使用功能的过程中有所变化更新，在此前提下尽量使其历史要素得到保存延续，同时要坚持社区利益原则和以人为本的理念，都要以不违背街区居民的利益和需求为基本准则。

公众参与原则。在历史街区的保护实践中，一个不可忽视的环节就是公众的参与。历史街区最大的特点就是人的参与性——实实在在的社区生活。街区居民长期生活在这里，对街区的情况他们最具有发言权，对自己传统文化的传承与保护会起到积极的作用，他们应当成为街区发展决策的一部分。同时，参与者通过自己的劳动让自己的后代也自觉投入到保护本地文化中来，从而使传统文化保持延续。唯其如此，历史街区才能表现出生命的动感和活力。历史街区的保护，不仅要保护其中的历史建筑，更重要的是保护其社区生活，在这一过程中，生活在此的居民的意识是极其重要的因素。

立法保护原则。法律的规范作用具有强制性，对许多领域来说，都是最具刚性的措施。文化遗产保护是一个不断发展的动态过程，需要不断更新的理念和科学的理论、方法来支撑。文化遗产保护过程中出现的很多问题也都源于立法的缺乏。因此，文化遗产的保护需要适时地创立、充实和完善法律体系。通过国家和地方立法体系来保护文化遗产的存在，是最根本的原则。

（4）历史街区保护与整治模式

保护。"保护"就是保护建筑的原有风貌，并在保护历史街区风貌完整性的基础上改善生活条件。"保护"是针对现状保存完好的、标志性的、对构成历史街区的风貌和主要空间界面有不可替代作用的、代表某种特定建筑类型的建筑物、构筑物，即建筑质量和建筑风貌都比较好的建筑。对于建筑的外立面，不可改变原来的特征与基本材料，必须按照原有特征、使用相同材料进行修复，修旧如故，以存其真；对于建筑的内部设施和空间布局，可以根据具体情况加以必要的变动，如增加卫生设备、灵活划分室内空间等，以改善生活条件。

整饬。即根据历史街区的风貌特征和要求，对建筑的立面和形体上不符合历史风貌的部分进行强制性的整饬，通过整饬恢复建筑的原有风貌或者减小它们与历史街区环境的冲突。整饬主要针对两类建筑，一类是局部改变但仍然保留部分原有风貌的传统建筑，对于这类建筑要严格保护、修缮其特征部分，并以其原有特征类型对其他改变了的部分进行整修、更新、更换和改造，同时重点对建筑内部加以调整改造，配备卫生设施，改善居民生活质量。另一类是对于可以通过整饬使建筑风貌与历史街区整体建筑风貌协调的新建筑，这类建筑一般在体量上与传统建筑区别不大，但是由于建筑的材料、色彩、形式等原因与街区的风貌不协调，如建筑立面贴瓷砖、色彩过于纯艳、平屋顶、铝合金门窗等，可以通过各种方法如更换建筑构件、加坡屋顶、降低层数等手段，使这些建筑符合整个历史街区的风貌要求。

更新。更新是历史街区发展、生生不息、充满活力的需要，必须在规划控制下，科学、有序、渐进、连续地进行。对历史街区的更新，一方面要更新旧建筑，这种更新既包括改造旧建筑的内部，使之适应现代生活的需要，也包括拆除危险简陋房屋，建造新房；另一方面是改造完善基础设施。这是保证历史街区充满活力的基本条件，也是满足人们现代生活需要的保证。

延续。历史街区的更新是有条件的更新，这个条件就是在更新中延续原有的风貌特征。所谓风貌特征，其实质就是时代风格。对历史街区的更新，就是要找到街区的历史背景，找到这种时代风格的特征并加以延续。

世界旅游组织在其公布的《关于旅游业的 21 世纪议程》中强调：如果我们保护文化遗产而不能使它们发挥应有的经济效益，那么，人们就会逐渐怀疑保护它们的重要性。因此，对历史街区的保护，必须改变保护和开发是一对矛盾的传统观念，通过有效的保护和周密的规划设计，进行合理的开发利用，在保护和开发利用之间找到一种平衡，使其既能延续历史文脉，又能使街区老百姓长期居住下去，使历史街区真正成为"活着"的历史街区。目前，以"政府主导、居民参与、公司运作、渐进发展"为原则的旅游社区发展成为历史街区开发利用的重要方式，其具体的管理与经营可以采用"公司＋业户"的模式，将公司的规模经营与业户的"作坊式生产（服务）"结合起来，使旅游社区的经营既能够规模化发展，又能保持社区生活的历史、民俗特色。

2. 历史文化名村的保护

村落是人类社会最初的聚落组织形式，具有悠久的发展历史。它不仅能够反映我国社会最基层文化的发展与变迁，也是了解当地民俗风情的重要窗口，在保护的基础上合理开发具有文化底蕴的村落，有助于我们更好地了解历史、认知文化和传承精神。中国历史文化名村，是由建设部和国家文物局共同组织评选的，保存文物特别丰富且具有重大历史价值或纪念意义的，能较完整地反映一些历史时期传统风貌和地方民族特色的村落，通常和中国历史文化名镇一起公布。一般说来，既有乡土民俗型、传统文化型、革命历史型，又有民族特色型、商贸交通型，基本反映了我国不同地域历史文化村镇的传统风貌。

陈乙文指出，目前我国古村落保护与利用普遍存在以下问题：一是现代生活方式与传统物质空间之间的矛盾；二是环境容量有限性与人口不断增加的矛盾；三是社会使用与经济基础的矛盾；四是商业化、空心化与原真性的矛盾；五是文化与经济的矛盾。同时，其针对浙江高迁古村提出了在保护的前提下合理利用的途径有：制定加强古村落保护的政策措施和完善古村落保护的相关措施；坚持科学发展观，编制古村落保护规划和旅游规划；正确处理好民居建筑景观保护与整治，明确不同范围的保护要求；努力改善古村落人居环境的基础设施；多渠道广泛筹集古村落的保护资金；鼓励社会公众积极参与古村落的保护；建立资源综合利用的生态循环链，有效控制污染；合理调控环境容量，建立生态防护体系。从规划的角度，韩海娟等指出了古村落保护系统规划的构成：节点——古村落空间的枢纽、重要标识物和转折点，是指对民居、街市等的保护；轴线——道路为人们组织生活的主要交通枢纽，亦是人们体验古村落风貌的主要通道；区域——指在空间构成、社会组织或经济活动等方面具有特色的地段或街区。

传统建筑和民居是历史文化名村文化的重要物质载体，在建筑的保护方面，蒙眷提出，首先，必须进行乡村建筑的普查与分类工作，为区别开发和保护打下基础；其次，进行乡土建筑的设计和策划工作，逐步规范、形成地方特色浓郁的建筑景观，如出台乡村古建、老屋的管理规范和保护条例，有计划、有步骤地进行古建筑的修缮和开发利用工作，进行本土化设计、本土化选材，做到修旧如旧；再次，通过对建筑里面活动的人的服饰提倡——服务人员服装本土化——来挖掘服饰文化，并进行本土服饰的制作与销售工作，这不仅能够解决部分农村劳动力的就业问题，而且通过不断研制，可以使传统服饰文化发扬光大。同时，实现建筑保护与人的一体化开发。另外，张淑肖等在以河北定州翟城村为例讨论乡村传统民居的出路时指出，乡村民居发展的根本策略包括：以保护和发展传统文化为前提；专业的设计人员参与，给居民一定指导；继承传统民居的传统形式和特色语汇；"以人文本"的指导思想——乡村住宅设计细节充分考虑农民的传统生活习惯和生产方式，并试图引导农民放弃一些不良生活习惯和生活方式；确定节能、节地、节约的原则；发掘本土的材料和建造技术；加强规划管理，完善基础设施。

乡村的房屋建筑作为乡村文化的物质载体，具有文化传承的重要意义。但是，居住在乡村里的人才是乡村的文化灵魂，才是乡村文化的真正继承者和传承者，他们是当地遗产过去、现在和未来的连接纽带，缔结着整个村落的文化关系。因此，在进行历史文化名村的保护和开发时，应将当地村民纳入开发建设的大环境中去，只有这样才能实现真正的可持续发展。对于历史文化名村的保护和开发最关键的是注重其整体性，将其作为一个不可分割的整体进行开发利用。

文化遗产被称为人类的记忆，人类保护遗产就是保护人类的记忆。人们到了文化遗产那儿，是应该能够唤起记忆的，如果唤不起记忆，那保护就失败了。不同的历史遗迹会唤起人们不同的历史记忆，所以保护就要保留住个性。现在的文化遗产保护热，其实是暗流涌动的，过分重视商业价值有两方面的危害性，一个是文物没有保护好，一个是文物的作用没有发挥出来，造成精神领域的传统的东西缺失，这种危害比过去不重视还要大。因此，今后在进行乡村物质文化遗产的保护、传承、利用时，既要保护好遗产本身的文物价值，又要充分发挥文物的影响作用，使之不断滋养人类的精神家园。

案例：数字敦煌突破保护困境

随着敦煌莫高窟（图5-11）旅游者不断增多，一方面，旅游者呼出的大量二氧化碳等有害气体使莫高窟壁画、彩塑褪色、起甲、空鼓，严重影响壁画的生命；另一方面，有限的洞窟空间无法一次性满足更多旅游者的参观需要，给旅游者的敦煌之旅留下遗憾。对此，有专家提出了"数字敦煌"的解决方案，目前已开始实施。"数字敦煌"，概括讲就是将数字技术引入敦煌莫高窟的保护，将敦煌的洞窟、壁画、彩塑及与敦煌相关的一些文物，以数字影像的方式记录下来，通过计算机虚拟漫游技术，使旅游者在数字影院中能身临其境般欣赏到洞窟场景，同时能全面了解敦煌文化的历史背景知识，让旅游者在大致浏览过洞窟后，再观赏那些精美的壁画，不仅能使旅游者更好地欣赏遗产文物，又能有效压缩旅游者在洞窟内的滞留时间，从而非强制性地达到减轻莫高窟人流负荷，延长莫高窟寿命的目的。

图5-11　敦煌莫高窟

五、中国历史文化名镇（村）评选办法

（一）评选目的

为更好地保护、继承和发扬我国优秀建筑历史文化遗产，弘扬民族传统和地方特色，建设部和国家文物局决定，在各省、自治区、直辖市核定公布的历史文化村镇的基础上，

评选中国历史文化名镇和中国历史文化名村。

（二）评选的基本条件与评价标准

1.历史价值与风貌特色。历史文化名镇（村）应当具备下列条件之一：在一定历史时期内对推动全国或某一地区的社会经济发展起过重要作用，具有全国或地区范围的影响；或系当地水陆交通中心，成为闻名遐迩的客流、货流、物流集散地；在一定历史时期内建设过重大工程，并对保障当地人民生命财产安全、保护和改善生态环境有过显著效益且延续至今；在革命历史上发生过重大事件，或曾为革命政权机关驻地而闻名于世；历史上发生过抗击外来侵略或经历过改变战局的重大战役以及曾为著名战役军事指挥机关驻地；能体现我国传统的选址和规划布局经典理论，或反映经典营造法式和精湛的建造技艺；或能集中反映某一地区特色和风情，民族特色传统建造技术。建筑遗产、文物古迹和传统文化比较集中，能较完整地反映某一历史时期的传统风貌、地方特色、民族风情，具有较高的历史、文化、艺术和科学价值，现存有清代以前建造或在中国革命历史中有重大影响的成片历史传统建筑群、纪念物、遗址等，基本风貌保持完好。

2.原状保存程度。镇（村）内历史传统建筑群、建筑物及其建筑细部乃至周边环境基本上原貌保存完好；或因年代久远，原建筑群、建筑物及其周边环境虽曾倒塌破坏，但已按原貌整修恢复；或原建筑群及其周边环境虽部分倒塌破坏，但"骨架"尚存，部分建筑细部亦保存完好，依据保存实物的结构、构造和样式可以整体修复原貌。

3.现状具有一定规模。凡符合上述（一）、（二）项条件，镇的总现存历史传统建筑的建筑面积须在 5 000 平方米以上，村的现存历史传统建筑的建筑面积须在 2 500 平方米以上。

4.已编制了科学合理的村镇总体规划；设置了有效的管理机构，配备了专业人员，有专门的保护资金

（三）评选办法

1.申报及评选程序

评选中国历史文化名镇（村）应在省（自治区、直辖市）人民政府公布的历史文化名镇（村）的基础上进行，由省级建设行政主管部门会同文物行政部门组织专家进行审查，符合条件的报建设部和国家文物局。建设部会同国家文物局组成专家委员会，根据评价标准对各地上报的材料进行评议，从中评选出符合条件的镇（村），通过实地考察后，对认定的镇（村）提出评议意见，报建设部和国家文物局组成的部际联席会议审定。

2.上报材料要求

（1）中国历史文化名镇（村）申报表。

（2）申请报告。报告除概述申报镇（村）的地理位置、环境条件、村镇规模、水陆交通以及社会经济和建设等状况外，应着重说明其历史传统建筑群及其环境的历史年代、原貌保存情况、现状规模、空间分布以及价值特色等情况。

（3）经省级建设行政主管部门批准的保护规划，包括规划文本及位置图、现状图、规划图（比例尺 1/500 至 1/2 000，视保护区面积大小及保护规划深度的具体需要确定）。

（4）保护措施。包括对原貌保存、古建筑的修缮、环境整治等方面所制定的规章制度及具体办法。

（5）能反映传统建筑群风貌的照片集、VCD或多媒体光盘、电子幻灯片等。电子幻灯片包括以下内容：1.概况及历史沿革；2.历史文化特色；3.能反映镇（村）古建筑群历史风貌的照片（不少于10张，要注明照片的名称）；4.保护规划及保护措施。

（四）称号的公布与撤销

1.称号的公布

中国历史文化名镇（村）的评选与公布工作，以不定期的方式进行。建设部和国家文物局以部际联席会议形式对专家委员会的评议意见进行审定后，以建设部、国家文物局的名义进行公布。

2.称号的撤销

中国历史文化名镇（村）实行动态管理。省级建设行政主管部门负责本省（自治区、直辖市）已获中国历史文化名镇（村）称号的村镇保护规划的实施情况进行监督，对违反保护规划进行建设的行为要及时查处。建设部会同国家文物局将不定期组织专家对已经取得中国历史文化名镇（村）称号的镇（村）进行检查。对于已经不具备条件者，将取消中国历史文化名镇（村）称号。

第三节　新农村非物质文化遗产的保护和传承

我国历史悠久，文化积淀深厚，在五千多年的文明发展过程中积累了无数的物质财富和精神财富，无一不体现着广大劳动人民的智慧和力量。非物质文化遗产作为精神财富不可或缺的一部分，对于我国优秀传统文化的继承和发扬有着举足轻重的作用。而且，随着近年来社会主义文化建设的深入和新农村建设的推进、城乡一体化的发展，非物质文化遗产的保护和传承受到全社会的重点关注。新农村非物质文化遗产是乡村劳动人民千百年来集体智慧的结晶，体现了我国劳动人民的凝聚力和创造力，对乡村地区集体精神的塑造和文化灵魂的诠释具有明显的推动意义。新农村非物质文化遗产的保护和传承既是我国文化遗产可持续发展的重要内容，又是我国乡村文化建设、实现农村全面发展的必要步骤。

一、新农村非物质文化遗产的内涵、特点和价值

新农村非物质文化遗产，是指诞生于、发展于、成熟于、存在于乡村地区的非物质文化遗产类型，具有明显的乡村地域性，受乡村经济、社会、文化、组织的影响较为深刻，是乡村地区重要的文化纽带和精神血脉。围绕新农村非物质文化遗产形成的特定的产业组织形态、独特的村容村貌景观以及典型的文化环境氛围等都在乡村发展史上占有至关重要的地位。新农村非物质文化遗产作为我国非物质文化遗产整体中的一个重要组

成部分，其内涵、特点和价值等既具有非物质文化遗产的一般特性，还有可能在某一特定方面受乡村地区个性的影响而带有自己明显的典型性。

（一）非物质文化遗产的概念和类型

联合国教科文组织在《保护非物质文化遗产公约》中对非物质文化遗产的定义是：被各群体、团体、有时为个人视为其文化遗产的各种实践、表演、表现形式、知识和技能及其有关的工具、实物、工艺品和文化场所。各个群体和团体随着其所处环境、与自然界的相互关系和历史条件的变化不断使这种代代相传的非物质文化遗产得到创新，同时使他们自己具有一种认同感和历史感，从而促进了文化多样性和人类的创造力。非物质文化遗产包括五方面的内容，一是口头传达和表达形式，包括作为非物质文化遗产媒介的语言；二是表演艺术；三是社会实践、礼仪、节庆活动；四是有关自然界和宇宙的知识和实践；五是传统手工艺。这一定义是我国目前使用最为广泛的定义。

日本的《文化财保护法》中将无形文化财定义为那些具有较高历史价值与艺术价值的传统戏剧、音乐、工艺技术及其他无形文化载体。因为无形文化财所具有的"无形"特征给指定工作带来了一定难度，因此，人们在指定无形文化财时也常常将这些无形文化财的传承人——表演艺术家或工艺美术家们一并指定。但他们本身并不叫"无形文化财"，而叫"人间国宝"，具有一定传统修复技能的文物修复家也常常被命名为"人间国宝"（图 5-12）。

图 5-12　人间国宝

同时，在进行民俗文化财的论述时也将其分为"有形文化财"和"无形文化财"两种，其中的无形民俗文化财是指与衣食住行、生产民俗、信仰、岁时年节等有关的风俗习惯和民间传统艺能。韩国则全盘接受了日本提出的"有形文化财""无形文化财""民俗文化财"等理念。

我国国务院办公厅在 2005 年《关于加强我国非物质文化遗产保护工作的意见》中，将其定义为：各族人民世代相承的、与群众生活密切相关的各种传统文化表现形式（如民俗活动、表演艺术、传统知识和技能，以及与之相关的器具、实物、手工制品等）和文化空间。非物质文化遗产的范围包括：口头传统，包括作为文化载体的语言；传统表演艺术；民俗活动、礼仪、节庆；有关自然界和宇宙的民间传统知识及实践；传统手工艺技能；与上述表现形式相关的文化空间。其内容的界定延续了联合国教科文组织的确定方法。

　　另外，还有很多关于非物质文化遗产的其他定义和内容分析。例如，张博认为，非物质文化遗产是指与传统文化、民俗，或者是与"地方"密切相连的、不需要复杂技术的伴随即可表演或开展的通俗文化形式，它与特定历史发展以及特定文化空间的生活、生产方式甚至信仰形式息息相关，是对这些生产生活内涵的表征与延伸。

　　顾军等认为，非物质文化遗产主要包括：民间文学、表演艺术、传统手工艺技能、传统节日与仪式活动、生产生活经验等（图5-13）。其中，民间文学是指产生并流传于民间社会的、最能反映民间社会情感与审美情趣的文学作品，大致可以分为散文体民间文学（神话、传说、故事、寓言、笑话等）和韵文体民间文学（史诗、叙事诗及民间歌谣）两种。表演艺术，泛指通过表演而完成的艺术形式，比较有代表性的有说唱、戏剧、歌舞、音乐、杂技等。传统手工艺技能是指产生并流传于民间、反映民间生活并高度体现民间审美习惯的工艺美术品制作技术，其包含的范围非常广泛，主要包括传统的绘画工艺、镂刻工艺、织造工艺、编织工艺、刺绣挑花工艺、印染工艺、彩扎工艺、雕塑工艺、制陶工艺、金属制作工艺等。传统节日与仪式密不可分，绝大多数节日均起源于原始宗教，宗教仪式一旦在时间上固定下来并形成相当规模，便很容易演化为节日。生产经验是指人类在生产实践中积累起来的生产知识与生产技能的总和，涵盖了农业生产、牧业生产、渔猎生产以及行业生产经验的各个方面。生活经验是指人们在日常生活中所发现并积累起来的有关衣食住行等生活方面的知识与技能。这一对于非物质文化遗产内容的界定则更为广泛、细致。

　　翟彦华指出，非物质的历史遗存最能代表乡镇精神，是乡镇最具有魅力的地方，广义地分为生活网络、文化技艺、风俗人情三类。

图 5-13　非物质文化遗产

（二）非物质文化遗产的特点

对于非物质文化遗产特点的一般性论述主要包含以下几种观点。

李世涛认为，非物质文化遗产的基本特点包括独特性、活态性（或无定形性）、传承性、变异性（亦称之为传播性、移植性或可借入性）、综合性、民族性、地域性，还包括群体性和历史积淀性。

韩基灿指出，非物质文化遗产的特点有：独特性、活态性、传承性、流变性、民族性、地域性、综合性等。

李昕认为，非物质文化遗产具有原创性，这就决定了其具有独特性和唯一性及其不可再生性、不可替代性和稀缺性。李昕还指出，非物质文化遗产还具有活态性、生态性、传承性和变异性等特征。

徐杰舜则认为，非物质文化遗产的特征有：本土性、民族性、整体性、传承性。

孙国学认为，非物质文化遗产的特征包含：差异性、传承性、神秘性和游移性等。

另外，从非物质文化遗产内容的某一方面，如语言、民间表演艺术、传统节日、文化空间等，还有关于其特点的论述。例如，从非物质文化遗产的文化空间角度，张博指出非物质文化遗产具有活态性、本土性和整体性特性。对此，吕倩等持相同的观点，也认为非物质文化遗产的空间特性主要有三方面：活态性、本土性和整体性（生态层面的整体性和文化整体性）。

关昕从民俗类非物质文化遗产的角度指出其特征包括：（1）某一地域或群体的标志性文化事象，即独特性和典型性；（2）以群体传承为主的综合性传承方式，群体传承有时候是指在一个文化区（圈）的范围内，有时候则是指在一个族群的范围内，众多的社会成员（群体）共同参与传承同一种非物质文化遗产门类或形式；（3）在具有核心象征的特定的文化空间里传承。

从民俗文化的角度，非物质文化遗产还具有动态的传承性、鲜明的地域性、独特的民族性、质朴的本真性以及文化的情趣性等。

总而言之，非物质文化遗产的主要特征包括：传承性与变异性的融合、广泛性与狭域性（地域性和唯一性）的结合、民族性与多样性的统合、稳定性与活态性的协和。具体到乡村非物质文化遗产，除具有以上所述的一般性特征之外，还具有明显的乡土性。

（三）非物质文化遗产的价值

陈天培指出，非物质文化遗产作为一种独特的文化遗产，具有多重价值，人们可以从多个不同的角度去认识和挖掘。但在众多的价值中，其最基本的价值应当是以下两个：一是文化价值，包括历史、艺术和科学价值，具有研究、观赏和教育的价值，这是核心的、主要的价值。二是经济价值，它与文化价值密不可分。非物质文化遗产的文化价值以及其他派生的政治、历史、宗教、艺术等价值都将最终服务于它的经济价值。

韩基灿认为，非物质文化遗产的价值包括：历史价值、文化价值、精神价值、科学价值、和谐价值、审美价值、教育价值和经济价值。

王德刚等指出，从非物质文化遗产的现实价值看，其除了文化和社会价值外，也具有经济价值。许多"非遗"原本就是人们赖以生存的经济手段，但由于现代科技的进步和文化传播方式的改变，"非遗"面临着现代文化、外来文化和市场经济的全面冲击，一些传统的文化技艺不再是年轻一代生存的必然选择。

另外，新农村非物质文化遗产还具有明显的旅游价值。非物质文化遗产蕴涵了几千年来人们的精神和智慧，并在历史的积淀中日渐完善和丰富，因此能够为旅游者带来艺术审美和精神享受，并能够为旅游目的地带来直接的经济效益。非物质文化遗产的旅游价值主要表现在以下几个方面：第一，给旅游者以美的享受。许多非物质文化遗产类型本身就具有较高的艺术性和极强的观赏性，旅游者在进行旅游的过程中，可以直接从中得到精神的愉悦，在追忆其文化背景的同时，使身心完全放松。第二，启迪智慧，丰富知识，震撼心灵。非物质文化遗产是时代、社会和文化的真实反映，又是几个世纪的精华和浓缩，经过了时空的历练，富含了深邃的文化意义，是旅游者增长见识、体悟文化的关键性环境要素。第三，是旅游目的地财政收入的重要组成部分。当前，很多非物质文化遗产类型已经被用作旅游开发的主体和核心，最明显的是对传统节庆的开发利用，这在一定程度上增加了当地的财政收入。随着非物质文化遗产的大普查，越来越多的非物质文化遗产类型不断被发掘出来，这不仅丰富了旅游活动的内容，也为旅游者的旅游消费提供了更加多样化的选择。

新农村非物质文化遗产的旅游价值更为明显，随着乡村旅游、生态旅游以及乡村生态旅游的飞速发展，乡村非物质文化遗产的旅游化开发成为其保护、传承和利用的一种重要形式，而且因其观赏性、知识性、参与性和娱乐性也使之成为旅游者旅游活动的重要内容。另外，新农村非物质文化遗产的乡土文化性是其最为典型的特性，因此，公正地看待它、合理地诠释它、持续地传承它、科学地利用它都必须围绕这一特性展开。

二、新农村非物质文化遗产保护的原则和意义

新农村非物质文化遗产作为我国非物质文化遗产的重要组成部分，其保护必须遵循一定的原则，而很多原则是与其他非物质文化遗产的保护原则相一致的，是通用的。新农村非物质文化遗产的保护不仅可以维护我国文化的多样性，而且是对整个人类精神财富传承的巨大贡献。

（一）非物质文化遗产保护与开发的原则

梁保尔等指出，非物质文化遗产保护应该从建立保护规约、实施保护工程、推动社会风气三个角度进行，利用则要从体现原真性、避免碎片化、宜于解读、有助于传承四个方面入手。因此，其保护的原则之一是"保护为主，抢救第一；合理利用，传承发展"，第二是"以充分完备的原真性传承下去"。

孙国学指出，开发非物质文化遗产需遵循的原则有三：一是在大保护概念的前提下进行。保护是基础、是立足点，开发与利用必须在有利于保护的前提下，科学有序地进行。但狭义的保护也是行不通的，首先是经济负担沉重，其次那样也只是形式上的保护，并不能从根本上形成传承发展的原动力。而只有后继有人，使其得以传承和发展，才是真正意义上的保护，保护和开发是相互促进的。二是走可持续发展的道路。可持续发展是人类社会发展的必由之路，也是非物质文化遗产保护的目标与归宿。无论是发展旅游业还是保护非物质文化遗产，最终目的都在于促进人与自然的永续和谐，推动社会和人的全面、协调和可持续发展。因此，要按照"保护为主，抢救第一，合理利用，传承发展"的方针，对有代表性的可以作为旅游资源的非物质文化遗产项目，坚持适度开发的原则，进行可行性研究，确定开发的合理阈值，统筹安排，合理利用，反对盲目无序过度地开发。三是政府主导与社会参与相结合。在非物质文化遗产保护的进程中，政府应发挥主导作用，但并不是政府包办一切，而是明确政府在非物质文化遗产保护上的职能，即组织有关部门开展挖掘、抢救、保护工作；组织专家、学者、受保护人共同研究确定保护范围；提供政策扶持、引导和资金支持，开展保护非物质文化遗产的宣传教育，依法进行行政管理。同时，非物质文化遗产根植于人民群众，必须有全社会和群众的参与才能真正收到实效，要通过有力的政策及措施，鼓励、引导、扶植和支持企业、民间组织、社会各界及广大群众积极投身于非物质文化遗产保护和开发利用工作。

李昕认为，非物质文化遗产保护的原则主要有：真实原则、生态原则、人本原则、发展原则。这是从非物质文化遗产的文化背景、特性、发展趋势等出发进行的原则制定，比较具有代表性和全面性。同时，关于非物质文化遗产的保护，要在开发利用中进行保护，即积极保护原则是其首要的原则。

世界旅游组织在其公布的《关于旅游业的 21 世纪议程》中指出，在文化遗产资源的保护过程中，必须积极"为资源创造经济价值，否则，这些资源的保护将被视为没有财政上的价值"而被忽视。非物质文化遗产的保护同样应该将之敞开式地展示给全社会，在形成文化自豪感的基础上，树立一种保护的责任意识。将保护和开发利用结合起来——在现实中为其理性生存与发展找到合理、有效的途径，并在文化领域和特定的经济领域，通过塑造文化形象、民族形象等，提高保护工作的层次性和有效性，在开发利用中实现价值保值和增值。

其次，效益性原则。转变和创新才是更好的生存之道，转变看问题的视角，创新发展思路，促使其转化为现实的要素资本和经济效益，将会带动或繁荣一个地方的经济发展，将会更有利于其自身的保护和传承，才能实现其价值所在。况且，保护和效益并不是对立的，创造效益必须建立在保护的基础上，有了效益才更有能力做到更好的保护。

再次，社区利益原则。人是文化的重要承载者，只有鼓励那些生于此、长于此、最具有发言权的当地人参与到保护中去，才能使文化的独特内涵维持其长久的吸引力和恒久的生命力。而且，非物质文化遗产本身就是源于民间、长于民间的，因此必须真正做到"以人为本"，将之放回民间，才会焕发生命力。所以，在进行保护的同时，必须将其发源地的社区利益考虑在内，包括文化利益——保持地域文化的传统性和独特性、经济利益——当地居民在非物质文化遗产资源利用中得到实惠（如增加就业机会、经营项目的优先权）等，也只有这样，才能增加保护的原动力，才能获得社会的广泛认同，充实保护的队伍，并由被动保护转向主动保护，即人们把对非物质文化遗产的保护与传承看作是一项应该主动承担的责任和义务。

最后，可持续性发展原则。任何一种资源的保护和开发都必须建立在可持续性发展的基础上，对于文化等不可再生性资源尤其如此。因此，要在实现非物质文化遗产保护的基础上维持其永续性，必须围绕生态、绿色的理念，在存在、发展、原生态三个层次上实现其可持续性发展。

另外，因为非物质文化遗产具有地域性、民族性、时代性、流变性等特点，因此还必须坚持因地制宜、因时制宜的原则，也只有坚定不移地坚持这一原则，才能更好地维护其多样性和本真性，将这一人类的共同财富原原本本地传承下去。值得一提的是，非物质文化遗产本身就具有非常丰富的艺术价值，因此在保护的过程中必须尊重其艺术性，要特别讲求艺术保护的原则。这一原则包含两方面的含义，一是所谓艺术性保护，并不是单纯地将其原封不动地展示出来，而是要塑造一种保护意识，形成心灵冲击；二是非物质文化遗产本身就是一种艺术形态，要尽到保护的责任、达到保护的成效，必须维持艺术的纯洁性和纯粹性。

（二）非物质文化遗产保护的意义

初步查明，我国非物质文化遗产资源总量共 87 万项，目前已建立了较为完善的国家、省、市、县四级非物质文化遗产名录体系。中央和省级财政已累计投入 17.89 亿元用于非物质文化遗产保护。在 2009 年 9 月 28 日至 10 月 2 日举行的联合国教科文组织保护非物质文化遗产政府间委员会第四次会议上，中国申报的端午节、中国书法、中国篆刻、中国剪纸、中国雕版印刷技艺、中国传统木结构营造技艺、中国传统桑蚕丝织技艺、龙泉青瓷传统烧制技艺、妈祖信俗、南音、南京云锦织造技艺、宣纸传统制作技艺、侗族大歌、粤剧、格萨（斯）尔、热贡艺术、藏戏、玛纳斯、花儿、西安鼓乐、中国朝鲜族农乐舞、呼麦等 22 个项目入选"人类非物质文化遗产代表作名录"，羌年、黎族传统纺染织绣技艺、中国木拱桥传统营造技艺等 3 个项目入选"急需保护的非物质文化遗产名录"。加上此前已入选的昆曲、古琴艺术、新疆木卡姆、蒙古长调 4 项"人类口头和非物质遗产代表作"，中国已有 29 个项目列入该名录，位居世界第一。可见，我国非物质文化遗产内容丰富，题材多样，民族性突出，能够反映一个地区、一段时期内人们的生活传统和风俗习惯，除了影响人们的物质世界和精神世界的塑造之外，还担负着文化宣传和传播的功能。

因此，保护非物质文化遗产，有利于保护我国传统文化和民族文化的多样性；有利于促进我国的文化创新和发展先进文化；有利于加速我国文化事业和文化产业的发展；有利于我国的和谐文化建设。

张庆善也认为，非物质文化遗产是人类文化多样性的生动体现，是人类创造力和智慧的结晶，是人类社会可持续发展的重要保证，是密切人与人之间的关系以及人们进行交流和了解的重要渠道。在经济全球化和社会转型进程中，非物质文化遗产面临损坏、消失和被破坏的严重威胁。联合国教科文组织倡导保护非物质文化遗产，就是为了保护人类文化的多样性。每一个民族都有自己的文化和传统，这是民族的身份证，是民族的基因，对于民族的认同和情感的凝聚具有十分重要的作用。

乡村非物质文化遗产作为民间文化艺术的典型，是乡村农民性格和智慧的体现，也是民众生活的重要内容。对乡村非物质文化遗产的保护和利用，有利于厘清我国乡村地区的文化和艺术发展历史，又可以作为独特的旅游资源满足旅游者的好奇心，不但会为当地带来直接的经济利益，加速乡村地区脱贫致富，而且可以加强不同地域之间的联系，沟通不同文化视野之下的人类意识。同时，以此为依托开发乡村生态旅游，不仅可以丰富旅游活动的内容，延长游客的滞留时间，还可以提高旅游目的地的品位和层次。这也是乡村文化建设和社会主义和谐社会建设不可或缺的内容。

三、新农村非物质文化遗产的保护和传承模式

北京师范大学教授王宁提出，非物质文化遗产保护应有重点地进行，如在局部再造遗产存在的环境，保护现存的技艺主角和培养高水平技艺的传承者，以记录、描写和转移为手段加快抢救各种遗产。荷兰莱顿大学教授威姆·冯·赞腾认为，联合国教科文组

织 2003 年通过的《保护非物质文化遗产公约》中着重强调了社区的作用：社区应该参与到保护他们自己文化的过程中，所以应充分发动社区的民众，使其参与到确认、重建、传播、改造和创立自己文化的过程中。瓦努阿图国家文化委员会和瓦努阿图文化中心主任拉尔夫·雷根瓦努认为，由于非物质文化遗产的关键特征是它的动态存在，即它是不断地由承载这一文化的人重复创造的，因此，应该由传承者自己来确立他们的文化当中什么是最值得保护的，并且积极参与保护措施的决策以及这些措施的实施。美国加州大学洛杉矶分校教授希格尔·安东尼则认为，非物质文化遗产受到传统的传承者、政府法规和商业活动的共同制约。在努力保护非物质文化遗产时必须考虑到以上三个方面，不能单方面强调传承者的作用，而不仔细检视地方和国家政府的政策法规以及商业作用。同样，乡村非物质文化遗产的保护也应该有重点地进行，将传承人保护和社区参与有机结合，充分发挥政府主导和企业支持的作用；同时在借鉴国外非物质文化遗产保护经验和总结我国非物质文化遗产保护教训的基础上，根据我国的现状确定科学适宜的保护和传承模式。

（一）国外非物质文化遗产保护的实践探索经验

1. 日本"无形文化遗产"的保护

（1）日本"无形文化遗产"理念的提出

在日本《文化财保护法》颁布之前，世界上还没有哪个国家对于本国的无形文化遗产给予过特别关注。1950 年《文化财保护法》的颁布，标志着日本对无形文化遗产保护时代的到来。这种大文化遗产理念的提出，在当时是十分超前的，它已经注意到了其他国家尚未注意到的如何保护无形文化遗产的问题。在这种大文化遗产理念的影响下，从 1955 年起，日本即开始了对戏剧、音乐等古典表演艺术及传统工艺技术等"重要无形文化财"（含相关艺人）的指定工作。同时，日本文化财的两分法，即将文化财划分为"有形文化财"与"无形文化财"的做法，对世界文化遗产保护工作产生了积极影响，拓展了文化遗产保护空间，为人类另一部分遗产——"看不见""摸不着"的无形文化遗产的保护与弘扬树立了典范。联合国教科文组织在文化遗产的划分问题上采用了日本的两分法。

（2）对无形文化遗产传承人的高度关注

在日本《文化财保护法》中，政府将艺能表演艺术家、工艺美术家的认定提到了一个相当高的地位。从认定的对象上看，《文化财保护法》的认定对象主要包括个别认定、综合认定和保护团体认定三种形式。所谓个别认定就是指对于某个技艺传承者的个人资格认定。在国家指定的重要无形文化财中，明确地将那些具有高超技能，能够传承某项文化财的人命名为"人间国宝"，政府每年还要给这些艺术家以一定资助。而所谓综合认定，是指对那些具有多重文化事项之民俗活动的综合性认定。所谓保护团体认定则是指对那些由一个以上的文化财持有者组成的集团的认定。

在日本，对于无形文化遗产的传承从政府到民间都给予了高度重视。在经费的划拨上，除国家给予必要的资助外，社会团体、地方政府也都给予一定程度的赞助。除经济资助之外，还赋予传承者相当高的社会地位，以激励他们在工艺方面的创新和技艺方面的提高。

（3）对文化遗产保护技术的高度关注

在日本，人们对文化遗产的关注已不仅局限于文化遗产本身，文化遗产保护技术这一特殊的无形文化遗产，也已经进入了文化遗产的保护视野。对文化遗产保存技术的再保护包括工具的制作、修理技术的传承等多方面内容。虽然这些方面不属于文化遗产本身，但对文化遗产的保护至关重要，所以习惯上也将其一并指定为无形文化遗产，并受到法律保护。

（4）重视文化遗产的活用

日本对文化财的态度并非仅仅停留在简单的"保护"上，他们希望通过自己的努力，充分发挥出文化财的多方面作用。即在妥善保管的同时，通过公开展示等手段，最大限度地发挥出这些文化财的认知作用和教育作用。

2. 韩国对无形文化遗产的保护

（1）对无形文化遗产传承人的高度关注

韩国人对于无形文化遗产的关注是有目共睹的。在韩国的《文化财保护法》中明文规定，"国家为继承和发展传统文化，而保护、培养重要无形文化财"。并据此授予了韩国文化财厅长官这样的权力："文化财厅厅长为继承、保存重要无形文化财，可命令该重要无形文化财的持有者传授其所持有的技艺"，并为此特别规定："传统教育所需经费，在预算范围内者，应由国家负担"，"文化财厅厅长对接受传统教育者应发给奖学金"。作为无形文化财传承者，除可获得必要的生活补贴和崇高的荣誉外，还有义务将他们的技艺或艺能传授他人，这也是获得"重要无形文化财持有者"荣誉称号的基本条件。为保证传统文化后继有人，韩国政府还特设奖学金，以资助那些有志于学习无形文化遗产的年轻人，这些人被统称为"传授奖学生"。

同时，为保护无形文化遗产，韩国各地都成立了由民间艺人、工匠或热心人士组成的相关社团组织。

（2）韩国非物质文化遗产的记录形式

韩国非物质文化遗产的记录主要有三类：一是通过非物质文化遗产的指定调查制作的文字报告和调查过程中获得的音像及相片资料，二是以指定非物质文化遗产的现状调查及记录工作为基础制作的调查报告书、记录书籍和纪录电影；三是在全国范围对民俗文化进行调查后整理的综合报告书。具体内容见表5-8。

表5-8　韩国非物质文化遗产记录方式及主要内容

记录方式	主要内容
文字类资料	无形文化财调查报告书、文化财大观之无形文化财篇与重要无形文化财解释；重要无形文化财记录图书；无形文化财调查报告书；韩国民俗综合调查报告书；各领域民俗调查报告书；传统技艺调查；民俗文献资料集成

记录方式	主要内容
音源记录	卷轴带音源；磁带音源；密纹版及光盘音源
相片记录	有关民俗调查的相片；有关非物质文化遗产调查的相片；重要无形文化财的记录相片；有关传统技艺调查的相片
影像记录	16mm 电影胶卷记录；重要无形文化财的记录工程；有关传统技艺调查的影像；其他录像带

3. 联合国教科文组织在非物质文化遗产保护中的职能

联合国教科文组织 2003 年颁布的《保护无形文化遗产公约》认为，在国家一级保护无形文化遗产这个问题上，缔约国的作用就是"采取必要措施，确保其领土上的无形文化遗产受到保护"，同时"由各群体、团体和有关非政府组织参与确认和确定其领土上的各种无形文化遗产"。"为使其领土上的无形文化遗产得到确认并得以保护，各缔约国应根据本国国情拟定一份或数份关于这类遗产的清单，并定期加以更新"。具体的保护措施还包括：第一，制定一项总政策，使无形文化遗产在社会中发挥应有的作用，并将遗产保护纳入工作规划；第二，指定或建立一个或数个主管保护其领土上的无形文化遗产的机构；第三，鼓励开展有效保护无形文化遗产，特别是保护那些濒危无形文化遗产的科学、技术、艺术与方法论的研究；第四，通过采用法律、技术、行政及财政等手段，加强无形文化遗产培训及管理机构的建设，通过提供活动与表现场所和空间的方式促进该文化遗产的传承。在确保无形文化遗产享用权的同时，应对享用这种文化遗产的特殊习俗予以尊重，建立无形文化遗产文献机构并创造条件促进对它们的利用。此外，通过教育、宣传，使无形文化遗产在社会中得到认同、尊重与弘扬。

由此可见，国外对于非物质文化遗产保护的经验主要体现在法律法规的健全、对传承人的重视、深入的普查等。具体说来，登录制度是国外传承非物质文化遗产的重要举措，法国、日本、韩国等非物质文化遗产保护较好的国家都对非物质文化遗产进行了较全面的普查记录，为非物质文化遗产的传承打下了良好的基础。法国在 20 世纪 60 年代现代化发展的高潮时期，开展了"大到教堂，小到汤匙"的文化遗产大普查，对文化遗产进行了详细登记。关于立法保护，1960 年，韩国政府就颁布了《无形文化财产保护法》，利用法律手段严格保护文化遗产。在公众参与方面，法国在 1984 年首创了"文化遗产日"，人们在每年 9 月的第三个周末举家出动参观历史文化遗产，增强保护意识。在法国的影响下，1991 年欧洲理事会将该日确立为"欧洲文化遗产日"。在结合我国乡村发展的现状前提下，这些经验都应成为我国乡村非物质文化遗产保护的重要借鉴。

（二）我国非物质文化遗产保护的历程和现状

1. 我国无形文化遗产保护史回顾

我国对于无形文化遗产的保护与民俗学家的努力密不可分，这是因为广义民俗学所研究的对象，实际上就包括无形文化遗产。我国对非物质文化遗产的保护工作最初集中在收集、整理民间谣谚及普通百姓衣食住行、婚丧嫁娶诸民俗事项；后来在深入田野的同时，收集、记录了大量的民间无形文化遗产，例如民众生活与信仰习俗。20 世纪 50 年代，在对民族民间文化遗产实施调研的基础上，在记录、整理各种流派和各种体裁的传统剧目、曲目、唱腔、表演艺术、脸谱、服装、道具的同时，开始了对著名老艺人独特的表演技术、经验以及相关史料的初步调研。后来，少数民族史诗、少数民族古籍以及区域性传统节庆进入了无形文化遗产普查和保护的范围。2005 年，我国进行了无形文化遗产的全面普查工作，并确立了非物质文化遗产分级保护制度，同时建立了国家级、省、市、县各级非物质文化遗产代表作名录体系。我国的无形文化遗产保护逐渐走上组织化、正规化、有序化发展的轨道。

2000 年，云南省出台了《云南省民族民间传统文化保护条例》，成为全国第一个对非物质文化遗产制定保护条例的省份。

2. 我国非物质文化遗产保护的现状

经过过去对非物质文化遗产保护的尝试、探索和实践、创新，我国的非物质文化遗产保护也积累了很多成功的经验，同时发现了很多存在的问题和误区，这都成为今后我国非物质文化遗产保护的重要参考和依据。

（1）我国非物质文化遗产的生存和保护工作

目前，我国大量非物质文化遗产尚留存在农村，由于受到新的文化理念、娱乐方式、生活方式的冲击，许多优秀的民间文化有可能被外来文化取代或者异化。同时，随着经济观念的更新，广大农民，尤其是农村青年价值观的改变和对文化的追求发生变化，对传统文化越来越陌生，不愿意成为老一辈艺人的传承人。随着老一辈艺人的离去，农村非物质文化遗产中的民间工艺、民间口头文学、民间音乐美术等随时面临失传危险。

再如非物质文化遗产中的语言——本土语言或方言，随着大量的人口流动，逐渐在退化和消亡，很多"言子儿"已经退出了历史舞台。因此，首先应该进行相关的普查和整理工作，把语言传承作为旅游开发的一个重要方面，借旅游开发的东风来推动传统语言、文字的保护。这一点在云南丽江的旅游开发中收到了良好的效果。

我国从 2003 年至今已经颁布了众多的政策与法规，并从 2005 年开始建立了非物质文化遗产保护名录体系。与此同时，我国的昆曲、古琴、南京云锦、端午节等先后入选联合国教科文组织颁布的"世界人类非物质遗产名录"。目前，国内对非物质文化遗产的保护主要采取的措施有分级保护、加大宣传力度、制定保护规划并分步实施、完善立法、品牌产业化等。在保护形式方面，主要的载体是博物馆、博览园和各类展览、展示以及表演活动等。

我国针对非物质文化遗产的保护，已经做了如下工作并取得一定成效：开展全国非物质文化遗产普查工作；建立非物质文化遗产名录体系；认定代表性传承人；建设文化生态保护区；加快建设非物质文化遗产博物馆、传习所等基础设施；合理利用非物质文化遗产资源，促进非物质文化遗产传承和发展；积极参与国际交流与合作；积极开展理论研究；加强宣传教育。非物质文化遗产全国普查工作至2008年底全面结束，文化部已将非物质文化遗产普查成果《中国非物质文化遗产分布图集》的出版规划列入工作日程，并初步完成了非物质文化遗产数据库（"数字博物馆"）的建设。商业老字号中蕴涵的文化内涵、中华民族传统医药得到重点关注，能够增强海内外华人凝聚力的非物质文化遗产项目得到了充分保护。同时，许多针对"文化遗产日"的非物质文化保护专题展览、展演、论坛、表彰和宣传活动等在全国各地广泛展开。

目前，我国的博物馆工作整体上相对滞后，现在全国才有2 000个左右，应该提倡建设有特色的、专题的博物馆，由政府、民间、个人共同参与这项事业，形成博物馆的集群。在工业文明快速发展的今天，非物质文化遗产每天都在大量流失，各地必须提高对抢救非物质文化遗产的重要性、紧迫性的认识，提高全社会的保护意识，避免"重申报、轻保护"现象，促进非物质文化遗产的保护。

（2）我国非物质文化遗产保护存在的误区、问题和相关措施

刘海燕指出了我国非物质文化遗产保护的几个误区：第一，非遗都是精华，都应发扬光大；第二，非遗都处于濒危状态；第三，非遗均属民间文化遗产；第四，发展中国家非遗很丰富，发达国家不丰富。

赵万民等指出，非物质文化遗产的保护由于人们认识水平、重视程度、保护方法等的欠缺，存在诸多问题，如传承后续乏人，保护呈碎片式，过度的旅游开发等。

孙国学认为，在非物质文化遗产旅游开发的过程中还存在如下问题：一是同化问题。即外来文化被游客带入，强势文化对地域文化产生冲击，地域文化、价值观有被同化的危险，同时，当地居民对外来文化的内容、形式产生兴趣，自发模仿。二是民风改变。受旅游开发的影响，商品意识和货币观念深入人心，这本来是社会变迁和文化变迁的正常情况，有的地方却走上了极端，在一定程度上人性也发生了变化。三是文化扭曲。许多民族民间艺术表演和民间礼仪习俗、节庆等，由于盲目开发和复制而丧失了祖先传续的原始韵味和文化底蕴，变成了平淡的商业表演。不少地方还出现了旅游场所及内容雷同和粗制滥造的趋势，不仅对旅客产生了文化认识上的误导和扭曲，更对有价值的非物质文化遗产造成了生态平衡的破坏、原生状态的破坏和正常传承的破坏。四是孤岛效应。原有文化的地理环境、社会背景消失了，就失去了存在的社会基础，非物质文化遗产就会变成大海中的一个个孤岛。因此，非物质文化遗产抢救与保护迫在眉睫，抢救保护的核心是传承发展，开发利用是传承发展的必由之路。

还有很多从区域非物质文化遗产保护的实践出发的问题的阐述，如张弘讨论了四川省非物质文化遗产保护存在的问题有：保护的速度落后于消亡的速度；非物质文化遗产整体原生态破坏严重；非物质文化遗产的传承速度退化；专业保护和人才匮乏。同时一并提出了加强非物质文化遗产的宣传，提高民众的文化自觉；制定保护与开发的法律法规，实行分级协调保护制度以及拓展复合式保护的新途径——建立电子档案数据库，即平面保护；进一步将一部分文化事项用录音录像、多媒体制作电视片、卡通片，进行现代的立体保护等方式。

同时，赵丽丽等指出了成都"非遗保护"存在的问题和不足有：第一，在保护意识方面，基层政府保护责任意识不强，公众参与不够；第二，保护定位不准确，资金偏少，方法落后；第三，在保护管理方面，缺乏专项规划和资金、人才、科技、信息等的支撑，监管不够，创新性差；第四，在保护对策方面，缺乏行之有效的措施和继承人保护机制；第五，在保护实践中，力度不够，宣传滞后；第六，涉及成都非物质文化遗产保护的文献数量少，理念陈旧。同时，其在此基础上，指出了今后保护的相关举措。例如，编制非物质文化遗产保护规划，制定非物质文化遗产保护制度、立法保护制度，健全管理机构，实行群众参与、培训教育、奖惩激励制度等。具体到各个层次和部门，则提出：政府方面，围绕"申报与保护并重"的原则，加大非物质文化遗产保护专项资金的投入；建立资金保障制度并加强财务监管，拓展宣传渠道。在继承人方面，首先做好非物质文化遗产民间艺人的选拔、培育、保护、培训和管理等工作，提高继承人的自身素质，尤其是技艺和技能；其次是积极配合政府组织的宣传工作和各类表演、展览活动等，扩大非物质文化遗产在群众中的影响力，从而为实现全民保护非物质文化遗产打下良好基础。在研究人员方面，加强专业人才的培养力度，提高研究者的非物质文化遗产保护素养，完善自身理论框架。在民众方面，努力提升遗产保护素养和修养，加强非物质文化遗产理论学习，树立自觉保护非物质文化遗产的意识，建立强烈的责任感和使命感。

我国非物质文化遗产保护的问题还包括模式上的缺陷。我国已经命名了闽南、徽州、热贡、羌族等四个国家级文化生态保护实验区，从目前已经制定出来的保护规划和实践来看，这四个文化生态保护区基本上都是秉承同一保护模式，简单地说就是：以政府为主导，以项目为基础，全面推进。主要分为三类：一是按照民族特点分类，即基于少数民族文化的多样性及差异性，建立少数民族文化生态保护区。二是按照民族文化遗产特点分类，即根据各具特色的文化遗产分布空间，建立突出不同文化遗产特色的文化生态保护区。三是以生态环境分类，即根据生态环境的多样性造成的文化多样性建设不同生态环境的民族文化生态保护区。但是，由于缺乏具体的、连续性的、可操作性的措施而普遍流于形式，并没有取得实质意义上的保护效果。

今后，我国对非物质文化遗产的整体性保护，即空间保护战略将是主要方向。主要内容包含：一是追求文化生产的可持续再生模式；二是基于当地社区的生活范式的保护策略；三是以整体保护代替局部保护的保护方法；四是通过空间转化实现景观特色的重塑。

另外，李映波等提出了非物质文化遗产保护的措施与设想：一是充分发挥政府的作用，提高保护工作的质量与效益，加大经费投入。二是进行管理创新，变输血式保护为造血式保护。三是正确处理原真性保护与商业开发的关系。四是正确运用旅游手段。刘芳等指出，非物质文化遗产的保护与传承必须做到以下几点：完善资金保障，设立专项基金，确定非物质文化遗产从业人员的社会保障资金；实现人才保障，做好专业学者队伍、从业人员队伍培养，并在大学设立专门学科培养和培训从事非物质文化遗产保护工作的人才；进行市场化运作，完善法律法规，充分实现其保障作用。关昕则针对民俗类非物质文化遗产的保护提出了如下策略：从文化整体中切分主干文化环节，确定关键继承人；保护主体文化示范引导与民众自发传承相结合。针对非物质文化遗产图书馆模式的保护对策，姚世言指出：要提高对非物质文化遗产整理和保护工作重要性的认识；形成强有力的领导力量；建立图书馆、档案馆、博物馆的联动工作机制；在资金上对非物质文化遗产保护有所倾斜；加强与非物质文化遗产保护中心合作；建立科学有效的保护制度是今后非物质文化遗产保护的要求和趋势。汪向明认为，要积极参与非物质文化遗产的搜集整理；加强信息资源的数字化存贮研究；建立合理的开发利用体系，如建立传承档案，通过存录传承信息，进一步发掘非物质文化遗产的历史价值、社会价值；充分发挥文化教育传播职能。

　　总之，对非物质文化遗产的保护和传承已经成为全人类的共识，从上述的相关问题也可以看出其保护工作依然任重而道远。今后，应该从政策性措施、导向性措施、差异性措施以及传承性措施等几个方面，结合乡村发展和乡村建设的现状，加强对新农村非物质文化遗产的保护和传承。例如，利用行政力量实现积极引导，利用舆论力量强化监督，对有利于新农村非物质文化遗产保护和传承的行为、投资等给予相当的优惠措施；大力倡导乡村文化和乡村非物质文化遗产的保护意识，使当地居民产生对域内文化的认同感和自豪感，同时发挥教育的力量，加强自觉保护；将新农村非物质文化遗产的保护和开发结合起来，促进合理传承，提高其保护和参与的趣味性，促使人们树立新农村非物质文化遗产的自觉传承意识。另外，还要建立专项保护基金，设立预警机制，进行动态监测，在维持其本真性的基础上实现开发创新，鼓励其与现代生活相结合。

　　在政府行为之外，还应该扩大新农村非物质文化遗产保护的社会参与范围，根据联合国教科文组织《保护民间创作建议案》中"在跨学科基础上建立各有关团体均有代表参加的全国民间创作委员会或类似的协调机构"，促进其多元保护。实际上，很多民间组织、研究机构等往往就是新农村非物质文化遗产利益的代言人，发挥他们在研究、呼吁、行动等方面的作用，将更有利于新农村非物质文化遗产保护工作的实际推动与有效实施。

（三）新农村非物质文化遗产保护和传承模式

　　新农村非物质文化遗产，由于受非物质文化遗产保护的大环境影响，其保护和传承也主要有以下几种模式。

　　1.图书馆及数字化模式

　　图书馆在保护非物质文化遗产方面的优势有：图书馆是传承人类历史文明的主体；图书馆有丰富的资源体系、系统的理论方法研究机制、成熟稳定的信息资源管理机制。图书馆是最重要的保存人类知识、传承人类文明的资料保存与服务机构，大量的第一手资料将为后人研究历史提供凭据。这也是一直以来图书馆作为我国非物质文化遗产保护的主要模式的重要原因，这种保护模式稳定性较强，但相对原始。随着信息科技的发展，数字化保护逐渐登上保护的舞台。非物质文化遗产数字化最大的益处是可以保存和记录文物的信息，并利用这些信息在不动用文化遗产的情况下进行虚拟环境的展示和传播，还可以通过网络技术实现进一步的资源整合，使其最大限度地共享共用，同时发挥其独有的文化、经济价值。数字化图书馆在非物质文化遗产保护中的地位将会越来越重要。

2. 政府供养—社会参与—传承人传承模式

这也是很多国家非物质文化遗产保护的成功经验之一。人作为"非遗"的载体，保护载体——传承人成为最有效的途径之一。在"非遗"保护工作中，政府起着主导作用，尤其是在其他社会力量还未介入遗产保护中来的时候，政府的资金支持就显得尤为重要。多数"非遗"传承人生活在民间社会的底层，他们自己作为非物质文化的载体，同时通过带徒授业的方式默默传承着传统文化和民间技艺。把这些"师傅"们"供养"起来，从国家财政中每月发给补贴或工资，这样就可以让生活困难的传承人不再为生活所困，专心致志搞创作，发展和传承自己的事业。过去的传承人是广义的传承人，现在的则是狭义的，是指被确定了特殊身份的一个小的群体，被赋予了特殊的含义，受到官方的认可。人是非物质文化遗产的核心载体，任何关于非物质文化遗产的保护理念和实施手段，都不应该离开对人的关注和重视。随着保护工作的深化和资金、人力的积累，社会参与尤其是有实力的大企业的参与、有理论研究基底的专业团体的参与、社会上广大保护志愿者的参与都成为非物质文化遗产保护和传承的推动力量。目前，我国就活跃着很多非物质文化遗产保护的社团，人们依靠社团的力量，进行着非物质文化遗产的保护、宣传和传承工作，对其进行了更有针对性和更专业的保护。

3. 原生态保护模式

原生态保护，是指通过复原"非遗""原始生存的状态"，来达到保护"非遗"目的的一种模式，其强调"非遗"的"原汁原味"。这种模式试图将具有悠久历史、依然鲜活地存在于日常生活中的民俗文化从日常生活的语境中抽离出来加以保护和保存。

4. 教育传承模式

"教育传承"是联合国教科文组织极力倡导的一种模式。在1972年颁布的《保护世界文化和自然遗产公约》第27条中明确指出："应通过一切适当手段，特别是教育和宣传计划，努力增强本国人民对文化和自然遗产的赞赏和尊重。"2001年联合国教科文组织通过的《世界文化多样性宣言》指出：每个人都有权接受充分尊重其文化特性的优质教育和培训；应该通过教育，培养对文化多样性的积极意义的认识，并为此改进教学计划的制订和师资队伍的培训。2003年联合国教科文组织通过的《保护无形文化遗产公约》第14条同样指出：各缔约国应竭力采取措施，通过向公众，尤其是向青年进行宣传和传播信息的教育计划，使"非遗"在社会中得到确认、尊重和弘扬。

但是，这样的教育应该如何进行，需要讨论和厘清以下问题：一是中国的非物质文化遗产的知识体系问题；二是明晰直接参与实践和体验是研习非物质文化遗产的一个非常重要的特点，基于这样的特点，才有可能进行真正意义上的非物质文化遗产教学的问题讨论；三是包括传统手工艺在内的非物质文化遗产的教学，要有关于技能训练的前修课程。目前高校非物质文化遗产的教学应当在高等级的层面上进行，如果要在本科阶段实施，则在进行非物质文化遗产知识教育的同时，还要安排对非物质文化遗产进行调查、记录、保护的相关课程。

5. 旅游利用模式

旅游利用模式是将非物质文化遗产的文化优势转化为产业优势进行保护的一种重要手段。即将"非遗"作为一种旅游资源进行有效利用，开发成可供游客游览、体验、学习和购买的旅游产品，使"非遗"在现代社会中以一种新的方式实现生存和发展的模式。

孙国学指出，目前非物质文化遗产旅游开发的形式主要有：

（1）原生态展示——将非物质文化遗产本身所固有的或原有的各方面内容和特点，不加修饰、原汁原味真实地展示出来，供游客参观欣赏。

（2）舞台化表演——将适宜开发利用的非物质文化遗产搬上舞台，通过表演形式展示给游客。

（3）手工艺制作—民族工艺历史悠久，构思巧妙，技艺高超，制作过程多系手工操作，观赏性、收藏性强，特别能激发游客的兴趣和购买欲望。手工艺人用传统的工艺方法进行现场制作，将制作过程完整地展现在游客面前，游客既可以购买产品，更能够亲眼观赏其制作过程，还可以亲手参与制作。

非物质文化遗产的旅游利用模式是结合历史发展和时代变迁的一种保护方式和手段，是符合社会主义市场经济发展要求的。因此，对其进行市场化运作，将之推向市场接受价值规律的检验，在一定程度上，可以提高其市场竞争力和可持续发展能力，也可以扩大其知名度，实现多元利益共享和多种效益和谐。目前，我国非物质文化遗产旅游模式的具体体现包括：以传统技艺为主题的大型节庆活动和为主体的产业园区；以某种或某项非物质文化遗产为核心的生态博物馆（生态示范区）、主题公园、民俗馆、风情园等；依托物质载体如集市、商铺等的有形展示、技艺传承和商品销售；结合我国传统岁时节令进行的非物质文化遗产保护宣传推广等。

总之，在进行非物质文化遗产保护和利用的时候，必须在尊重其本真性的基础上，坚持发展的理念，以质取胜；同时，注重其文化内涵的深度阐释，实现优势互补，突出典型特色，并最终实现经济效益、社会效益和环境效益的最大化。

四、新农村非物质文化遗产的旅游化生存

（一）旅游模式的特点

目前，许多国家都把利用和开发"非遗"的经济价值作为推动"非遗"保护和传承的手段，使"旅游化生存"成为"非遗"保护、传承的一种重要模式，这是由这种模式本身的特点所致。

一是时代性。任何事物的生存和发展，都必须符合当代社会的需要。有些"非遗"在今天之所以逐步走向衰落甚至消亡，就是因为其在现实社会中失去了生存的土壤。因此，对"非遗"的保护无法脱离时代特征，需要根据时代所提供的客观基础，寻找它在当代社会生存和发展的可能性，也只有将文化遗产融入现代生活，为它找到一种新的生存方式，"非遗"才能真正避免走向没落。旅游开发正是顺应社会和时代发展的需要而出现的"非遗"保护和传承模式。在被誉为"汉族民歌第一村"的湖北武当山吕家河村，

传唱民歌在这里本来是成风成俗、习以为常的，但近二十年来，这一习俗已逐渐淡化，原有的文化生态已经支离破碎。后来，这里被民间文艺家所发现，经各种媒体报道誉满全国，随后成为当地旅游品牌之一，实现了"民歌村"向旅游景点的转型。旅游开发赋予了民歌新的生存土壤，吕家河民歌和一批民歌歌手名扬四方，大量民歌从居民的口头被记录下来，传唱民歌的风气在新形势下得到了强化。同时，旅游开发带来了乡村建设的进步和居民生活状况的改善，吕家河村和其民歌在新形势下焕然一新。

二是经济性。从"非遗"的现实价值看，其除了文化和社会价值外，也具有经济价值。许多"非遗"原本就是人们赖以生存的经济手段，但由于现代科技的进步和文化传播方式的改变，"非遗"面临着现代文化、外来文化和市场经济的全面冲击，一些传统的文化技艺不再是年青一代生存的必然选择。因此，经济问题成为"非遗"能否生存下去的关键性因素，而寻找市场出路也往往成为"非遗"保护的主要途径。另外，偏远贫困地区常常是"非遗"十分丰富且保存较为完好的区域，丰富的民族文化资源和贫困落后的物质生活，经常是交织在一起的，成为一对互相制约的矛盾。面对日新月异的外部世界，这些地区的人们也充满了对新生活的渴望。对他们来讲，摆脱贫困才是当务之急。事实上，蕴藏于民间的传统文化是一笔巨大的物质和精神财富，在不破坏文化遗产的发展方向、文化内涵的前提下，利用"非遗"进行旅游开发，通过发展旅游业来摆脱贫困和促进文化传承，就成为一种积极有效的方法。近几年来因旅游业的拉动，不少地区的文化遗产保护获得了积极进展，很多民间艺人在经营活动中提高了生活水平，社会地位也得到了很大的提高。

三是进步性。随着社会环境的变化，"非遗"要么发展，要么自生自灭。"非遗"具有活态流变的基本特性，它不可避免地会在与自然、社会、历史的互动中发生变异。这种变异往往有正负两个方向：其负向为畸变——走向扭曲变形，导致自身基因谱系的损伤以至断裂，市场炒作下出现的"伪民俗"即属于传统文化的变异；其正向便是创新，它是"非遗"自身生命在面对新的生存环境时，吐故纳新、顺应同化、自我调节变革的结果，是传统价值观与现代理念交合转化的新生态，尽管外形已有所不同，其内在始终保持着基因谱系的连续性。这种积极创新，使得保护对象得以应时而变，推陈出新，生生不息。保护"非遗"的目的，不是要固化某些文化现象，而是要使传统文化在新的文化环境中继续生存和发展。适度、合理的旅游开发就是在不改变其按内在规律自然衍变的生长过程、不影响其未来发展方向的前提下，实现"非遗"传承和发展的和谐互动。它不仅使一些失去生存土壤和环境、即将消逝的传统文化得以保护和传承，还能够激发传统文化的创新性提升，使传统文化这棵根植于农耕社会土壤的"老树"在现代文明的环境中发出"新芽"。

总之，文化展示与旅游业发展有着内在的联系：游客想参观色彩斑斓的民族服装和丰富多样的风俗习惯，地方的人们既想赚钱又想展示他们引以为豪的文化。因此，民族特色作为一项商品通过服饰、舞蹈、歌曲以及节日获得了新生命。具体来讲，非物质文化的旅游化生存模式具有两种形态，一是舞台化生存——景区旅游模式；二是生活化生存——社区旅游模式。

（二）舞台化生存——景区旅游模式

舞台化生存，是在旅游景区内部，以舞台表演的形式展示非物质文化的形态和内容。在这一过程中，许多优秀的民族民俗文化被搬上了景区的舞台，如澳大利亚剪羊毛表演，我国著名导演张艺谋的《印象·刘三姐》等大型实景山水舞台剧，都是"非遗"转型为旅游产品的成功范例。张艺谋的"印象系列"大型实景舞台剧的成功运作，具有极大的市场示范效应，不仅给景区带来了丰厚的经济效益，还带来了巨大的社会效益，极大地提升了旅游景区的品位、知名度和综合竞争力，更为"非遗"的保护提供了一种成功的模式。虽然也有学者对此提出了批评，认为舞台化表演丧失了文化的"本真性"，特别是在一些模拟民俗村里，缺乏实地背景的依托，完全通过舞台艺术和民族装扮来展演民族文化。但并不能因为部分案例操作过程的失误而完全否定模式本身的合理性。为保持文化的真实性，在舞台化的过程中应尽可能表现文化中最有特色、最本质的部分。表演者不应该是专业演员，而应该是这些文化遗产的继承人，"表演"是他们新的生存方式，并成为他们赖以生存的职业，但表演的内容本身并不虚假，而是他们现实生活的一部分。旅游开发中舞台化的操作，就是把当地居民生活中的一部分内容放到前台加以展示，而对后台基本采取封闭的做法。这样，在后台，他们避开游客的注视，仍旧过着充满意义的传统生活。而在前台，他们为游客表演的活动是在有限的范围内，这就制造了为游客消费的主体文化。

（三）生活化生存——社区旅游模式

"非遗"是存在于生活过程中的，是不脱离生活的"生活文化"，对其保护首先要立足于恢复它生活样式的本色。而在此基础上发展社区旅游，就成为"非遗"生活化生存的一种模式，不仅保护了"非遗"的自身及其外在形态，更保护了它们所依赖的生存环境，成为这个环境中的"活文化"。同时，从现代发展理念出发，更应该尊重这些传统社区里的居民对现代生活的追求，即不应该牺牲创造和传承"非遗"的主体——原住民追求幸福生活的权利。既要从整个人类的角度考虑世界文化的多样性发展、民族文化的建设和传统文化遗产的保护，同时要考虑到作为文化遗产传承人的民众个体的切身利益，他们要求发展，要求享受现代物质文明。社区旅游，既促进了"非遗"的延续和传承，也满足了当代旅游者对文化真实性的追求。更为重要的是，它能够使传统地区的社区居民实现生活富裕，享受到现代物质文明所带来的幸福生活。非物质文化基本是"活态"的，保护非物质文化，不能停留在"记忆工程"和收藏实物的层面上，最重要的是能够创造一种非物质文化的现代生存方式，使其能够通过自己的方式生存、发展下去，而不是只依靠政府和社会的救济、供养才能够存活。靠救济、供养生存实际上是一种消极的保护方式，而创造一种新的生存方式让其能够自己生存和发展才是真正意义上的积极保护，才能够起到根本性保护的目的。相比之下，"旅游化生存"实际上就是一种能够从根本上解决"非遗"生存方式的保护、传承模式。

潍坊市杨家埠木版年画民俗旅游就是一个非常成功的积极保护案例。木版年画是一种产生于中国农耕社会的民俗艺术，它作为一种吉祥、祈福、辟邪的象征物，贴在农舍的大门上（门神）、装饰在新人的洞房里（早生贵子）等。而今农村的房子从建筑样式到内部装饰都发生了巨大变化，单层老屋变成了楼房，内墙贴上了五颜六色的壁纸，即使需要一点装饰也是挂上国际影视明星的招贴画，"土得掉渣"的年画在"新农村"里已经派不上用场了，年画本身也就失去了生存的土壤。潍坊杨家埠作为中国四大木版年画基地（分别为潍坊杨家埠、天津杨柳青、苏州桃花坞、四川绵竹）之一，其木版年画刻板印制和风筝扎制工艺自明初至今已有 600 多年的历史。然而，到了 20 世纪 80 年代，在现代物质文明的冲击下，这种曾经作为杨家埠人生存之本的传统工艺却开始衰落了。年轻人不愿再研习这种浸透了他们祖先智慧和灵魂的传统工艺，一些老艺人虽有满身技艺却找不到可以传承的对象，只能面对这个日新月异的社会发出无声的叹息。历史总是在不断前进变化的，能够适应这种变化才是人类的根本生存之道。20 世纪 80 年代，在山东省旅游局的扶持下，杨家埠开始了以旅游复兴传统文化的探索，开展以"年画作坊""民俗家庭"为接待主体的"入户"式民俗旅游——游客走进民居作坊、拜访民间艺人、学习印制年画和扎制风筝，使沉寂了多年的民间作坊又兴旺起来，老艺人们重操旧业，古老的民间艺术因为旅游者的到来而获得了新生。在旅游者们的惊叹中，村民们逐渐意识到传统文化的珍贵和潜在的经济价值，开始重新认识这种古老的艺术，开始重操刻板、印画、扎风筝等行将抛弃的传统行业。年画艺术新的传人出现了，而且他们能够秉承传统，结合时代，推陈出新，实现了传统文化的艺术流变，创造出了现代大众喜闻乐见而又不失古风遗韵的新作品。如今，杨家埠民俗村每年接待几十万人次的中外游客，大大小小的年画店、风筝店以"前店后坊"的形式列满大街小巷，仅民俗旅游给全村带来的收入每年就达 2000 万元以上，历史上"家家善丹青，户户印年画"的景象得以再现。著名老艺人杨洛书先生还于 2001 年被联合国教科文组织授予了"国际民间工艺美术大师"的称号。木版年画这门传统的民间艺术在旅游业的推动下，不仅获得了重生，而且跨出了国门、走向了世界。杨家埠的年画艺术之所以没有随社会的转型和农耕文明的远去而日渐式微，正是因为其借助了旅游开发的外部动力。是旅游业复兴了传统文化，使濒临失传的民间艺术获得了新生，又使当地居民在经营文化遗产的过程中获得了经济上的实惠，发展和繁荣了地方经济，形成了文化与经济的双赢局面。最关键的是，旅游业成为"非遗"的一种现实的生存方式。

　　旅游化生存作为一种"非遗"传承和满足社会发展需求的双赢模式，具有其他模式无法比拟的优势。首先，在由于时代变迁使"非遗"生存环境受到严重威胁的情况下，旅游开发为"非遗"创造了良好的生存环境和条件。例如，杨家埠民俗旅游的开发使得年画这项濒临失传的古老技艺重新找到了生存和繁衍的"土壤"。其次，旅游创新了"非遗"的一种新的保护模式。对待"非遗"很容易出现两种极端，要么限制开发，要么简单开放。前者会导致"非遗"的灭亡，后者会因短视行为破坏文化的原生态环境。而通过统筹规划、合理开发的旅游活动则为"非遗"的保护和传承找到了一个新途径。最后，旅游为"非遗"提供了融资渠道。抢救与保护"非遗"是一项庞大的系统工程，需要耗费大量的人力、物力和财力，在国家和地方财政投入不足的情况下，需要多种渠道来筹措资金，旅游开发不失为一种很好的方式。

第四节　以旅游业发展为核心的新农村文化建设

乡村新鲜的空气和宜人的风景对于城镇工业人口有着潜在的吸引力，因为乡村可以使他们暂时摆脱拥挤、嘈杂、污染的城市；公众的时尚品位对早期乡村的旅游模式产生影响，同时对人们广泛参与乡村休闲消遣娱乐产生影响。交通对乡村休闲消遣娱乐的发展有着重要的影响，因为交通的发展使得城镇人口到乡村休闲成为可能。目前，在我国乡村生态旅游发展的过程中，很多乡村的文化建设刚刚起步，乡村文化建设的相关理念正处于探索阶段，农民在乡村文化建设中的主导作用和积极作用逐渐受到重视。政府通过政策引导、倡导各种精神文化活动、加强公共文化设施投资等具体行动促进了乡村特色文化的发展。但是，很多乡村距社会主义新农村建设的"文明示范村"尚有一定差距。因此，如何在旅游业的带动下，把握乡村生态旅游发展的契机，进行乡村文化建设仍是社会主义新农村建设的重要问题。

一、乡村文化氛围的营造

乡村文化氛围既是开展乡村生态旅游的重要吸引物，又是维系乡村文化建设的重要纽带。主要包括：乡村传统文化资源（既有物质文化资源，又有非物质文化遗产）；乡村的村容村貌以及公共文化设施；乡民的精神风貌和田园般的生活方式（包括地方典型文化活动）等。

乡村的村容村貌是乡村文化建设的重要因素。随着我国城乡经济一体化发展的加快，城乡二元结构逐渐被打破，城乡差别逐渐缩小，乡村生活城市化成为富裕后的乡村发展的一个趋势。建设现代乡村社区，塑造乡土特色突出的乡村风貌不仅成为乡村文化建设的中心，也是乡村生态旅游发展不可或缺的内容。现代乡村社区的主要功能包括：彻底改善乡村居住环境、提供乡村社区便捷完备的服务功能、现代社会文明和都市文明传播的承接地以及传统文化的传承地、乡村产业经济活动的中心、乡村区域景观与形象的标志。因此，在村容村貌的建设过程中，应秉承可持续发展原则，继承乡村区域景观特点，融自然、社会、文化传统于一体；同时坚持城镇建筑景观的历史性与现代性的统一，坚持农村主题房产与当地建筑景观风格的统一，坚持乡村景观的生态化与实用性的统一，坚持建筑景观内部现代性与外部乡村化的统一，坚持传承与创新、创造和创意的统一，坚持局部文化风格和整体文化氛围的统一。具体包含乡村农业（渔业）文化景观塑造、乡村文化小品塑造以及乡村人居环境建设等。

另外，随着"三农"工作各项优惠政策的落实，农村经济社会发展呈现出群众收入逐年增加、生活逐步改善、精神文明活动日益丰富的良好局面，但城乡之间享受公共服务的差距依然很大。尤其是在很多乡村，公共文化设施的建设还相对落后和单一。"中国生态第一村"滕头村就非常重视文化设施建设，先后投资 6 300 多万元兴建了滕头小学、村史展览室、多功能文化中心、图书馆等科教文设施。同时，滕头村成立了体育协会、老年协会等群众组织，经常开展活动，群众参与率达到 85%。1989 年，村里设立了"育才教育基金"，每年对"好学生、好老师、好家长"进行表彰，并对考入大学、考上研究生的村民子女给予不同程度的奖励。村民普遍受到良好教育，生活方式健康，品行良好，邻里和谐，有致富本领，全村形成了文明、进步的新风尚。2005 年，滕头村荣获了全国首批文明村称号。

乡村旅游是乡村传统产业（农业、渔业）和旅游业融合的产物，从旅游流向上看，呈现出"城市客源——乡村资源"单向度流动特征，这也是与我国的现代化——城市化运动相对应的，因此旅游活动主要是以城市人口到乡村的旅游为主。

乡村的旅游消费模式主要是"住农家院、吃农家饭、干农家活、学农家艺、享农家乐"。积极引导和吸引农民参与旅游接待服务，使其成为市场经营主体，既可以增加农民就业岗位，为转化农村富余劳动力找到新途径，又能够增加当地农民收入，逐步缩小城乡差距，实现城乡统筹。而且，乡村旅游将沿着与生态旅游、文化旅游紧密结合的方向发展，乡村旅游的生态内涵和文化内涵必然得到进一步发掘，本土化是实现乡村旅游可持续发展的关键因素。乡村旅游对乡土民俗文化、乡土地域特征强烈的依附关系决定了其发展最终离不开当地居民的积极参与，这就需要纯朴的民风来创造一个对旅游者具有亲和力和吸引力的氛围才能使乡村旅游具有生命力。

二、以旅游六要素为核心的乡村文化体系建设

林秩从吃、住、行、游、购、娱六要素角度提出了乡村旅游可持续发展中生态和文化结合的思路，即吃——讲求绿色、环保，突出乡野特色，大力挖掘乡村饮食文化；住——建设有地域特色的农家旅馆，体现乡村住宿文化；行——在交通工具和交通道路上尽量体现乡村特色；游——无论在旅游资源的开发还是旅游线路的组织上，都要讲求与生态和文化相融合，实现传统文化的保护和继承；购——在旅游商品的开发方面，更应与文化相结合，做到土香土色，富有特色；娱——开展丰富多彩的娱乐活动，走出游览观光的狭窄道路，多举办具有乡土风情的参与性娱乐节目，使这些娱乐节目既能展现乡村特色，又能使众多的传统乡村娱乐项目得到继承和发展。

三、以旅游空间为核心的乡村文化体系建设

乡村旅游目的地是供旅游者感受乡村文化以及游览、娱乐的地方，随着乡村中那些过分依赖自然资源的"传统"农村产业的逐渐衰退，乡村地区的经济、环境和社会等各方面都在发生着变化，发展以"田园风情""乡土特色"和"绿色生态"为内容的乡村生态旅游成为众多农村地区经济可持续发展的重要手段。乡村旅游业通过"就地销售农产品、就地解决农民就业和就地增加农民收入"，在一定程度上解决了农村的困难，而且

"保存了农村传统风貌、改变了农村落后面貌"，而农村中原有的传统文化和现有的现代文明又恰恰成为乡村旅游业开展的文化精髓，保证了乡村旅游业的持续发展。

享受田园风光、感受乡村乐趣、领略乡村质朴的文化魅力成为乡村旅游业发展的主要着眼点。在进行旅游开发的过程中，必须将乡村旅游业发展与乡村文化建设结合起来，并将其整合到整个乡村发展规划中去，这样才能维持乡村的全面发展。

人文资源的可持续发展要在充分保护人类文化遗产完整性的前提下，对人文资源进行合理的开发利用，并使当地的优秀传统和文化得到恢复和发扬。城乡文化的差别，在一定程度上阻碍了乡村文化的发展。乡村文化如果一味地向城市文化看齐、效仿，丧失了自己特有的乡村特色，也就丧失了对城市游客的吸引力。一些具有浓郁乡村风格的建筑被现代化的建筑代替，一些独特的民族风情和民俗活动被淡化，使乡村文化失去了它的民族性、艺术性、神秘性、特殊性、传统性和地方性，成为千篇一律的大众化的文化，这样的文化不可能吸引来自四面八方的游客。要实现乡村旅游中文化资源的可持续发展，一方面各地在进行旅游开发时要进行有效的宣传，使游客了解当地的风土人情，民风民俗，并充分尊重其风俗习惯；另一方面，乡村旅游接待地的居民也要对自己独特的地方文化有认同感和自豪感，不能因为它与城市文化反差太大而极力地去摒弃它。所以，无论是接待地的居民还是游客，在乡村旅游中都要以自然资源、人文资源的和谐统一为原则，以市场为导向，充分尊重当地人文资源的独特性，不断挖掘当地独具特色的人文资源，让更多的人了解和享受丰富多彩的乡村民族文化，才能使人文资源在乡村旅游活动中达到可持续发展。

结合我国目前乡村文化建设现状、乡村地区旅游业发展的特征和社会主义新农村建设的要求，以旅游业发展为核心的乡村文化建设共包含三级体系。

（一）社区文化体系建设

乡村社会学家杨懋春指出：乡村社区是以家庭为单位，以村为中坚，以集镇为范围的开放空间。乡村社区能够代表一个地理范围内的文化特征（包括传统、风尚、特色等），也能够体现乡村的群体合作，而群体合作是文化精神的重要表现。乡村社区文化建设的发展离不开整个社区的参与。乡村旅游的社区参与是指在开展乡村旅游的地区，社区群众全面而有效地参与到旅游开发中来，不仅参与旅游决策和规划，还参与旅游地环境保护、旅游地社会文化维护等多个方面。在这个过程中，主要是通过恢复或重建乡村历史文化遗迹和乡村文化传统突出历史特色和文化特色，通过生活环境和村容村貌改善展现乡村特色，通过塑造社区居民的整体形象和举办社区文化活动形成社区核心价值体系，并最终发挥社区文化的凝聚作用。

村落中的交往空间往往是村民自发形成的，如河岸井旁、村口树下、巷道宅前等。自发形成的交往空间的分布有其合理性，河岸和水井边的交往行为是源于共用设施产生的；而村口是村落对外的出入口，是村民和外来人员经过的地方，人气较旺，且往往在村口种植有大树，具有乘凉的条件；巷道、宅前的交往行为常常是因日常生活行为而随机发生的。而且，村落的标志物常常能唤起村民灵魂深处某种情感，是维系文化认同感的载体，往往在村落布局上有统领全局的作用。村落的标志物可以是人工标志物也可以是自然标志物，可以有实际使用功能，如寺庙、鼓楼等，也可以是纯象征性标志物，如古树、牌坊、图腾柱等，其精神寄托的功能常大于其使用功能。

村落文化景观也是乡村社区的重要组成部分。乡村聚落的文化景观是指凝结于聚落建筑、经济空间和社会空间的有形和无形文化形式，包括文化、艺术、语言、服饰、民俗、民情、思想、价值观等，是一种生态文化。

此外，乡村旅游发展中的"游"包括两个方面，一方面是指在乡村内的游览，乡村内有一些可供旅游者游览的地方，如博物馆、民俗车间、各种农艺园等；另一方面是指在乡村周围景区的游览。这两者都包含在社区文化的氛围之中，旅游者在进行游览的过程中，时时处处都能感受到社区的文化建设。因此，在进行旅游项目的设计、安排的时候应特别注重以下几点：村庄规划和人居环境治理要体现"人本"理念，生活环境和村容村貌要突出乡村特色、地方特色和民族特色；与旅游活动结合起来，定期举办合理的乡村社区性民俗活动，包括各种地方风俗、民间礼仪、民间节庆、民间演艺、宗教以及民间健身活动、赛事活动、庙会等；既要让村民在家门口感受到地方文化的凝聚作用，又要让旅游者感受到地方文化的吸引力和当地村民对本村文化的自豪感和荣誉感。

（二）庭院文化体系建设

中国传统文化是乡村文化，乡村文化就是家园文化。乡村文化庭院，是在乡村旅游开发过程中根据乡镇自然村庄的布局结构选择的、能够代表乡村典型文化的农户及其庭院，目的在于通过其示范辐射作用带动整个村庄的精神文明建设。这既有利于对具有特殊价值的特定区域进行动态性保护，又能够逐步建立科学有效的民族民间文化传承机制。庭院文化建设要求充分挖掘乡村价值观、特色产业及生产生活民俗等，并结合营造旅游文化氛围，在保护乡村传统的同时加快旅游发展，主要模式有主题院落、寄宿农庄和家庭旅馆等的建设。

主题院落的设计，可采用寄宿农庄的方式，对农家小院的环境进行改造，并赋予一定的主题，如结合乡村特色，突出吉祥文化、喜庆文化等。家庭旅馆是农户将自己家中闲置的房屋出租给旅游者，恢复农村的真实生活状态以及场景，并提供特色农家菜，使其能更好地了解乡村生活和风俗民情，感受乡村居民的纯朴好客。同时，乡村地区的民俗博物馆是旅游发展中结合乡村特有的生活民俗、生产民俗等开展乡村旅游文化建设的重要展示形式。另外，娱乐对于乡村旅游来讲尤其重要，因为它不同于一般的观光旅游，更多的是一种体验，体验乡村的生活、乡村的文化、乡村的悠闲，因此文化庭院是旅游者体验的最佳之地。

（三）特色个体文化体系建设

乡村特色个体，即存在于广大农村之中并拥有特色、特殊专长的文化个体（人）。通过突出个体的独特性，可以有效传承特有文化（包括特有手工艺、特有专长等），加强对农村优秀民族民间文化资源的系统发掘、整理和保护，丰富旅游活动内容、增强旅游吸引力。农民是乡村文化的真正代言人，当地村民是传统文化和现代文明的见证者，因此要制定优惠政策，提高民间艺人的积极性，强化民间艺人的稳定性，实现民间艺术的丰富性，并通过乡村旅游的发展拓宽传播渠道，最终完善乡村文化体系的建设。

因此，在进行特色个体文化建设时，可以采用多种方式，如授予秉承传统、技艺精湛的民间艺人"民间艺术大师""民间工艺大师"等称号，开展"民间艺术之乡""特色艺术之乡"等命名活动；积极开发具有民族传统和地域特色的剪纸、绘画、陶瓷、泥塑、雕刻、编织等民间工艺项目，戏曲、杂技、花灯、龙舟、舞狮舞龙等民间艺术和民俗表演项目；实施特色文化品牌战略，培育一批文化名镇、名村、名园、名人、名品。另外，购物在乡村旅游中占有比较突出的地位，而乡村旅游者的主要购物对象是农副产品、土特产品和农村手工艺品等。因此，富含当地文化特色、乡土特色的旅游商品开发必不可少。

以文化建设为核心的乡村建设，意在通过多种形式的文化交往和文化活动来提高农民的主观福利感，从而使村庄生活富有意义，也就是说农民对自己生活的满足不仅是在消费过程中实现的，也是在人与人的交往和文化娱乐过程中实现的。乡村旅游业的合理发展能大力促进社会主义新农村建设，乡村旅游文化作为乡村旅游的灵魂，是乡村旅游可持续发展的原动力。正确认识乡村文化在旅游发展中的特点和作用，并规划乡村旅游文化发展的策略，也是社会主义新农村建设的关键。因此，在乡村旅游业发展和乡村文化建设的过程中，必须强化乡村文化的保护与传承：保护与继承乡村文化，建立健全乡村文化保护与传承机制，保证其真实性、完整性、延续性与稳定性；防止乡村旅游的过度商业化，规避乡村旅游产品的庸俗化、舞台化，保持"乡村性"和"本地化"；加强乡村旅游质量控制，保证和提高乡村旅游者的满意度，避免对社会文化造成负面影响。

我国绝大部分国土都属于农村地区，农村中传统文化、乡土文化和民俗文化等文化资源都是新农村建设的依据，而这些文化资源可以以低成本、小开支、高速度转化为经济收益，成为新农村建设的软实力。乡村旅游是实现这些转化的有效手段，也是乡村文化建设的重要内容，对加快农村经济发展、缩小城乡差距和建设社会主义新农村具有重大的战略意义。文化是旅游的灵魂，旅游是文化的载体，乡村文化的可持续发展是乡村旅游可持续发展的重要保障。

案例：山东省乳山市乡村文化建设

每到夜幕降临，山东省乳山市冯家镇北汉村的广场上就热闹起来，村民们聚集在一起载歌载舞，愉悦身心，抒发豪情。这样的火热场面，在另外的很多村同时上演着。它从一个侧面说明了群众参与文化活动热情的高涨。

近年来，山东省乳山市委、市政府高度重视农村文化建设，不断强化机制、增加投入，健全市镇村三级文化网络。一座座靓丽的乡村文化舞台，一场场乡土气息浓郁的演出，一声声发自内心的赞叹，见证着乳山市农村文化阵地建设取得的成果。

强化基础设施建设。2007 年，乳山市投资 70 多万元，建起了文化信息资源共享工程乳山市支中心，终端微机达到 20 台。徐家和夏村等成为示范镇，改造吴家屯村等为示范村。2008年全面完成镇共享工程服务站点改造提升，使60%的村成为规范化站点。同时，乳山市文化局对徐家、夏村、冯家、崖子、大孤山、南黄、白沙滩等7个镇综合文化站建设做出规划，并成立专门班子，加强业务指导，使其达到山东省的标准要求。2008年确定将150个村作为文化大院建设的重点村，新建农家书屋10个。为鼓励上档升级，乳山市规定，获评威海市级优秀文化大院，将奖励1万元。与此同时，乳山市新华书店还在海阳所、冯家、南黄、诸往等镇，建设了免费借阅的"农家书屋"，受到农民群众的欢迎。

深入开展"文化下乡"。2007年，乳山市共组织送戏下乡120余场次，观众达10万多人次；2008年在继续这一活动的同时，又开展了送电影下乡活动。成立了农村公益电影管理中心，组成了16支放映队，并对放映人员进行技术培训，同时颁发资格证书。乳山市还为各镇（街道）文化站配备了数字放映机，统一订购、调度适合农村群众观看的数字影片，保证每村每月放映一场。自2008年5月启动以来，已下乡放映1 900多场，观众达30多万人次。

激活内部动力。白沙滩镇孔家庄组织了秧歌队，全村妇女踊跃加入，年龄最大的70多岁，几乎每天晚上组织排练。像这样的基层秧歌队、舞蹈队、庄户剧团，如今在乳山市不断涌现。群众以此为纽带，自编自演、自娱自乐、自我教育蔚然成风。文化部门大力培养农村文化骨干，让优秀文化真正融入农民的生活。在此基础上，通过从农村文化中挖掘优秀传统文化，使广大农民群众成为积极参与者和推动者，激活了农村文化建设的内部动力。目前，全市大部分村建起了自己的文艺队伍。剪纸、琴书等珍贵的民间文化艺术得到传承和发扬，并涌现出了一批农民书画家。

第六章　三秦文化——马嵬驿民俗文化村旅游开发规划

马嵬驿民俗文化体验园，简称"马嵬驿"。是古丝绸之路西出长安第一个驿站。马嵬驿民俗文化体验园位于陕西兴平市马嵬镇李家坡村南，地理位置优越、交通便利，距西安市 60 千米。由陕西兴平黄山宫民俗文化休闲观光有限公司投资 1.6 亿元开发建设，景区占地 15.53 公顷。合理利用了自然的台塬地势、沟壑地形、李家坡村民废弃的窑洞院落，以黄山宫道教文化为底蕴，以杨贵妃与唐明皇凄美爱情故事为依托，是一个集古驿站文化展示、文化交流、原生态餐饮、民俗文化体验、休闲娱乐、生态观光、环境保护于一体的新概念体验园。于 2012 年 9 月 28 日正式动工建设，2013 年 10 月 1 日开园。开园至今，单日最高接待游客量达 28 万人次，年接待游客流量在 600 万人次左右。2015 年荣获国家 AAAA 级旅游景区。

第一节　马嵬驿民俗文化村区域位置、交通及自然气候条件

一、区域位置及交通

兴平市古称"犬丘"，位于陕西关中平原腹地，咸阳市西部，渭河北岸。地势西北高东南低，总面积 496 平方千米。西邻武功县，南傍渭河与周至、户县相望，北依莽山，与礼泉、乾县接壤，东接咸阳市秦都区，是一个以大中城市为依托的"卫星城"（图 6-1）。

图 6-1　兴平市地图

马嵬驿，地处在陕西省兴平市西马嵬镇李家坡村。是近几年依托著名的汉武帝刘彻的陵寝茂陵、杨贵妃的贵妃墓、咸阳市现存规模较大的道教场所黄山宫，这三个景区为

背景建起来的。马嵬驿距西安 56.5 千米，是古丝绸之路、唐蕃古道、秦蜀古道的官方重要驿站，是长安通往丝绸之路的第一个驿站（图 6-2）。

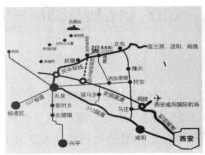

图 6-2　马嵬驿平面图

马嵬驿在历史上小有名气，将马嵬驿民俗文化村建在杨贵妃墓以东本身就是一个绝妙之处。2009 年经国务院批复通过"关天经济区"为中华文明发源地，其中包括羲皇故里天水等文明发祥地、十三朝古都西安、炎帝故里——青铜器之乡宝鸡。其战略地位十分重要，多条管线、航线、公路与铁路在此地汇集，同时也是连通亚欧大陆的重要通道。马嵬驿地处地区是"关天经济区"的重要交通要道，西边通往杨凌、宝鸡、天水，东边通往咸阳、西安、渭南。马嵬驿紧邻西宝北线，交通便利，车流人流量大，是一个吸收容纳周边地区非物质文化遗产的聚集地，一个传播周边地区非物质文化遗产的重要场所。

二、马嵬驿的自然条件

兴平市地势西北高而东南低。地貌可分为南部渭河阶地区，海拔 390 米 ~ 460 米；北部黄土台塬区，海拔 460 米 ~ 541.8 米。境内从北向南呈阶梯状倾向渭河，覆盖物全是第四纪冲积、风积物。

马嵬驿地区由于地理环境半干旱的独特性，孕育了窑洞与关中民居形式的建筑，但是随着历史的发展，马嵬驿李家坡人因地质原因随着村落搬迁，重新选择新址另建新村，放弃了窑洞。这里长期杳无人烟，狐狸、野兔等野生动物常在附近出没。《大唐贵妃园旅游区规划》这一政策文件的拟定与颁布，将马嵬驿地处北塬的边坡地段划到文化旅游资源的范畴之内。自然的台塬地势、沟壑不平的地形、相对低廉的土地使用成本，再加上原始村落的旧窑洞院落，反倒成了旅游区的优势（图 6-3）。

图 6-3　马嵬驿现场景观图

三、马嵬驿的气候条件

兴平市四季分明，春季多有西风带移动性槽脊活动，回暖速度相对较快，雨水量较大。因为冷空气的侵入，极易出现大风、霜冻以及寒潮等天气，春旱时有发生，浮尘较多。在热带高压气候的影响之下，夏季多大风、雷阵雨等天气，气温较高，极端最高气温达 42.2℃，是关中高温区之一，常有程度不同的夏旱或伏旱出现。秋季副热带高压开始南撤，此时北方冷空气开始向南移动，由于受秦岭山脉阻挡，南下迟缓，因此渭河平原往往秋雨连绵，是兴平市气候特征之一。年平均相对湿度 70% 左右，年平均风速 1.8 m/s，全年盛行风向为东北风。

第二节　马嵬驿民俗文化村景观资源发掘、特色及分类

一、历史遗迹景观特色

历史遗迹是人类社会发展历程所留存下来的活动遗址、遗迹、遗物及遗风等，具有特殊的历史文化价值意义。历史遗迹形成于历史发展阶段之中，是人类活动的产物，也是历史真实的客观表现，凝聚着人类智慧，昭示着特定的历史特征，成为重要的旅游资源。历史文化的发展衍生出现代文化，理解现代文化必须了解历史文化。这是因为人类文化具有继承性和异化性。历史遗迹忠实地记录了历史的文化状况和基本特征，是人类历史文化演变的集中凝聚，是理解地域文化特征的理想媒介物。马嵬镇的现存历史遗迹有贵妃墓、黄山宫等，它们作为马嵬镇特有的地域文化遗迹，记载了关于马嵬镇丰富的历史故事与历史信息。

（一）贵妃香冢

"古冢留香，诗碑放彩"的杨贵妃墓，位于马嵬镇西 500 米处马嵬坡，是唐代第七个皇帝玄宗李隆基的妃子杨玉环之墓。距今已有 1 200 多年，以其独特魅力而驰名海内外。杨贵妃墓原是一个土冢，相传墓上封土香气宜人，游女纷纷拾取，使得封土被大量带走，为保护墓葬而砌成风格独特的青砖冢。冢呈半球形，冢高 3 米，整座墓冢都用青砖包砌，墓后有一座高约 6 米的杨贵妃大理石塑像。在墓葬的东西两侧为清代风格的碑廊，陈列着唐以后达官贵人，文人学士题写的珍贵诗词刻石三十八通。这些碑石中既有唐僖宗、李商隐、贾岛等唐代著名人物的作品，又有近代林则徐、赵长龄、于右任等的题咏，珍贵的碑刻字体不同，风格各异，各抒己见，不一而足。历代文人骚客的题咏与唐明皇的爱情故事，使杨贵妃墓闻名于世（图 6-4）。

图 6-4　马嵬镇贵妃墓

　　中国古代四大美女之一的杨玉环受宠于唐玄宗，公元 745 年册立为贵妃，756 年安禄山攻占长安城，随唐玄宗出逃。马嵬坡兵变中，大将军陈玄礼等胁迫唐玄宗赐杨玉环自缢。唐代白居易的《长恨歌》中写道"马嵬坡前泥土中，不见玉颜空死处"。

　　由于历史上对杨玉环的评价褒贬不一，又传说其为绝世美女，因而从古至今流传下来的典故很多，这也是吸引游客们前来踏访的重要原因之一。贵妃墓周围的建筑及陈设的文物古迹均体现了盛唐时期的文化，是人们了解唐文化的重要景点。陈鸿《长恨歌传》："安禄山引兵向阙，以讨杨氏为词。潼关不守，翠华南幸，出咸阳，道次马嵬亭。六军徘徊，持戟不进。从官郎吏伏上马前，请诛晁错以谢天下。国忠奉氂缨盘水，死于道周。左右意未快。上问之。当时敢言者，请以贵妃塞天下怨。上知不免，而不忍见其死，反袂掩面，使牵之而去，仓皇辗转，竟就死于尺组之下"。《过马嵬》："西走仓惶过马嵬，缘何虎旅逼杨妃。白绫一缕香魂杳，大限来时恩爱非。休怪佳人能误国，莫论好色只心违。徒闻仙岛太真梦，长恨歌悲泪满衣。"

（二）道教黄山宫

　　黄山宫是咸阳市现存规模较大的道观。兴平道教历史悠久，源远流长，著名的道教圣地黄山宫，位于西汉皇家黄山苑处。最初就山势凿洞建庙宇，供老子，成为道教早期活动场所，后汉孝惠帝来这里观光狩猎，这才再次拨款修建规模宏大的黄山宫。公元前 138 年汉武帝刘彻微服私行此宫游览，传说武帝很孝，其母有病，他曾在老子洞为母要过药。同时还倡导臣民孝敬老人，专赐该宫设"孝子祠"。到了唐代，唐太宗李世民因与老子同姓，自认是老子的后裔，改"黄山宫"为"老子祠"，大加修葺，并倡导道教。明、清两代多有修建，规模宏大，香火旺盛。从坡下建前殿，沿台阶而上，庙庙相通，直到中间黄山宫之东西两侧亦有小庙，曲径通幽，林荫遮地，清净秀丽。

　　黄山宫与楼观台隔渭河南北相望，史称"北台"，每年香客先朝楼观台，后朝黄山宫。清同治元年（1861）陕西回民起义攻打兴平，黄山宫被回民义军放火烧毁。同治十二年（1873）兴平群众捐款修复东西两侧大殿。光绪三十年（1904）兴平、乾县、武功周围群众大量捐款重修，建有山门、二门、钟楼、鼓楼、卷棚、玉皇殿、三清殿、老君洞，靠山崖半圆形排列十六孔窑洞，各塑神像。1954年拆除，大部分届殿移盖学校。1980年后有一魏姓道人居住，在众多善果信女的捐助下，把前后大殿、左右偏殿老子祠和六孔窑洞依原貌修茸一新。其景观宜人，游人逐年骤增（图6-5）。

图6-5　黄山宫

（三）马嵬八景

马嵬八景是集历史文化及地方特色于一身的独特景观，作为中国传统景观，常被记录于历史与地理的地方志集中，且是浓厚的地方色彩和个性文化特质的表现。其以园林为基础，将自然与人文统一起来，充分反映了景观对文化意味的追求，借助诗文绘画，表达地域的审美情趣。对比今天越来越城市化、人工化、唯美化、贵族化的景观趋势，八景的艺术化、自然化和天人合一观念更值得我们提倡和赞美。马嵬八景中含有丰富的乡土地理信息，丰富的民俗资料，可为乡村景观的设计与规划提供历史的依据。同时马嵬八景包含了几乎所有地域景观的造景手法，对其文化内涵和景观价值进行必要的分析有着深远的意义。

书画《马嵬八景》源自我国明四家之一沈周笔下。沈周是吴门画派的创始人，明四家之一，生于明宣德二年，卒于明正德四年，享年82周岁。

沈周不应科举，专事诗文、书画，是明代中期文人画"吴派"的开创者，与文徵明、唐寅、仇英并称"明四家"。传世作品有《庐山高图》《秋林话旧图》《沧州趣图》等。沈周的绘画融南入北，弘扬了文人画的传统。他的粗笔山水用笔融进了浙派的力感和硬度，将南宋的苍茫浑厚与北宋之壮丽清润融为一体，其抒发的情感也由清寂冷逸而变为宏阔平和。他还将书法的运腕、运笔之法运用于绘画之中。沈周同时还是一个诗人，至老年"踔厉顿挫，浓郁苍老"。他把这种诗风与画格相结合，使所作之画更具有诗情画意。

《马嵬八景》由杨妃荒冢、马嵬故垒、地涌双泉、园栽丛韭、金城古迹、宝寺晨钟、北原春意、南亩秋成八景以及《马嵬景诗序》组成。"八景"以马嵬为中心，而胪列四周的景观，既各属异地，独立成名，又浑然一体，共同构建马嵬及周边地域的景观系统。古人在如何布置景观，使自然、人文的要素达到统一和谐方面堪称榜样。在马嵬镇景观设计规划中，我们可以借鉴古人的经验，做到古为今用（图6-6）。

图6-6 马嵬八景

1.马嵬八景之杨妃荒冢

"孤冢空埋彼美姬骨，因不从业王师，贪欢待宴凭谁心，云鬟花颜到此危地，只遗千古恨，芳草清明节断，凄苍烟细雨时。"部分重构马嵬驿的历史画卷，包含与表露了对杨贵妃之死的怜悯与惋惜。杨贵妃之死，使马嵬驿事件流传千古。

2.马嵬八景之马嵬故垒

"难曾求土筑城，昔年新月照孤营。时移美泪相传验，身死长留不朽名。睥睨倾颓春草编，鸟移飞散暮云平。"

3.马嵬八景之地涌双泉

"初冬坡下有灵渊，陆羽茶经第几泉，一脉今流宰厚土，雉飞虹影，喷涌涓到，池铺练番，白溅石跳，珠颗圆，不独围下资灌溉洗心，终日爱清妍。"从八景所描述的景观可以看出，没有任何一处景观可以脱离山水而独立成景。这与中国传统文化的五行风水有很大的关系。"地涌双泉"包含了对泉水本身的描绘与周围环境的描写。泉水多出现在山脉的坡角，因此山所具有的景色也是泉所具有的特征，景点中包含了山体元素在其中。

4.马嵬八景之园栽丛韭

"未数瓜哇与芋田，园栽丛韭已多年，食斋并简胜野蕨，市易锱铢供酒钱，泉到好尝当夜雨，春来酱簇蕃初莲，也知民俗归，勤俭韵遂遗风似究然。"古代以农业活动为主要经济来源，园栽丛韭是对农事场景的描写，也可以从中得出，马嵬地区在古代盛产韭菜。对农事活动的描摹，表现出人们生活悠然自得的情景，体现了文人的艳羡之情以及生活的美好。

5.马嵬八景之金城古迹

"闻将崖迹问田更，叶草寒烟绕严城，禅院都随尘劫书，唐宫久落野云倾，菜畦日暖飞黄蝶，花香风微语多飞，马面供琅琊，曾种柳攀，枝惆怅不胜情。"

金城公主所创禅院遗址尚存。

6. 马嵬八景之宝寺晨钟

以一物代一景，以小见大。以"钟"为例，俗话说"名刹不可无钟"，佛钟、道钟大都与名胜古迹或名山大川有缘，几乎每个钟指代的都是佛教、道教景观。

7. 马嵬八景之北原春意

"春来芳草满高原，至此无涯亦流连，细雨和煦青掩冉，孤烟入城翠绵芊，依林只会承花落，近水何堪籍柳，霁月光风周茂树。"北原春意是对马嵬春景的描述，春回大地之时，万象更新，北原呈现一派苍翠的生机勃勃的景象。

8. 马嵬八景之南亩秋成

"境乘黄云一望田，村村社鼓昭年丰。叶邦周颂归今日，七月幽情香古风。"从纷繁幻化的景物中，捉住主景，摄取最鲜明的部分和最令人着迷的一刹那加以突出渲染，构成画面。田地、丰收和谐入画，展现人民秋收的生活场景。不同地域生活习惯不同，南亩秋成正是这些历史的见证，表现了富有地方情韵的日常生活景观。

二、人文传说景观风貌

民间传说流传于人民的生活之中，表达着民众淳朴的情感。传说中所流传的地名、地方风物、人文景观、自然景观等都是民间传说传承的物质载体，即民间传说的空间传承性。民众非常乐于把民间传说与当地风物相结合，用传说解释地方风物，不仅可以丰富民间传统文化，而且可以使当地的民间文化更具可信性，推进民间文化的世代传承。挖掘、整理民间故事传说，提炼出具有美学价值的设计元素，将其融入现代景观设计，并自觉把现代设计意识同传统艺术集聚、碰撞，激发出新的创意灵感，从中寻找出一种传统艺术与现代生活相关联的艺术形式。这一过程将带来不同的空间体验与心理认知，唤起不同的情景图式及"记忆"片断。将民间故事传说与现代生活需求相结合是其再生的重要途径。一方面可以丰富景观作品彰显的文化内涵，让民众在休闲游想的过程中感受到传统文化的艺术魅力；另一方面也可以体现地域特色，让景观更具生命力与吸引力。植根于民间、来源于生活、极具丰富内涵的民间故事传说以其独具特色的本土性与大众性契合了现代景观设计发展的这一需求。通过查阅文献资料，并且对马嵬当地人民进行走访，从当地老者口中传述有关马嵬镇所流传的传说，是了解和认识马嵬镇地域文化非常重要的一部分。

（一）梨花四郎传说

梨花仙子与四郎的爱情传说。四郎偶遇梨花仙子，二人互生爱慕之心，坠入爱河。可谓："仙女多情，四郎心专，风流难道，天上人间。"因王母阻挠，四郎悲愤流泪化作清泉，称四郎泉。泉边一颗梨树，梨花戴露，含羞低垂，人们说她是梨花仙子。四郎与梨花仙子相会的地方人们称之为"会仙台"。梨花仙子与四郎的传说，也引出了马嵬镇曾有的景观资源：会仙台、四郎泉、梨花树。

（二）大唐金城故迹

公元 710 年以前，兴平，叫作始平县，后来改为金城县，缘由是一段汉藏通婚故事。

唐中宗神龙元年，吐蕃赞普因讨伐叛逆战死，吐蕃派使臣远道来长安报丧，中宗皇帝亲自接见来使，深表痛惜，并传旨废朝一日，以示悼念。赞普的祖母可敦为了答谢唐王朝的深情厚谊，进一步巩固与唐王朝的亲密关系，很快派大臣悉薰然为使，贡献骏马千匹、黄金千两，还满怀热情地为松赞干布五世孙尺带朱丹请婚，中宗接见吐蕃使臣后决定把自己所养雍王李守礼的女儿金城公主嫁给吐蕃（图6-7）。

图6-7　金城公主嫁给吐蕃送亲图

　　景龙四年二月，中宗选定吉日，命左卫大将军杨矩为送嫁特使，并亲自带领王公宰相等人为公主送行。送嫁队伍由京都长安出发，一直送到始平县（今兴平市）马嵬驿南面。当时由于河流变迁，河床冲刷，马嵬驿南低洼处形成一个占地百顷的水泊。在百顷泊侧设立黄色大帐，引王公宰相及吐蕃使节入宴，一巡酒后，中宗为了纪念金城公主嫁吐蕃至此地而别，特赦始平县减民赋一年，改其地为凤池乡怆别里，又改称始平县为金城县，县治移至马嵬驿。金城县建县44年后，由于郭子仪率兴平军高举"兴唐平叛"大旗，曾在此驻扎整顿，后取得赫赫战绩。为纪念其事，故把金城县改称兴平市，县治移至今兴平址。金城公主入蕃三十年，力促唐蕃和盟，为两地文化交流贡献良多。此间唐、蕃虽曾有过多次战争，但双方使臣往来频繁，仍以和好为主。十二年（公元733年），唐、蕃在赤岭定下界碑，互不侵扰，唐、蕃会盟的成功，金城公主功不可没。

　　（三）御史来献
　　吉举人拾银奇遇的故事在兴平马嵬、冉庄、赵村一带广泛传颂着。御史吉来献的父亲吉体仁为明正德庚午年举人，曾著"平西夏赋""北原赋"，家境十分贫寒。"吉举人晚居兴平马嵬镇北黄山宫下半坡处，训徒课子，种莲、养鱼以自娱。"他为人忠厚，乐于助人，以"乡贤"享誉乡里。至今马嵬驿还流传着"吉举人拾金不昧"与"吉御史终有善报，造福地方百姓"的故事。

吉举人拾金不昧，遗失者为了感谢吉举人，经协商帮助抚养吉来献，并请名师教诲。吉来献发奋努力，嘉靖年间考中三甲进士，曾任湖广省按察使佥事，官吏御史，荣耀无比。他为官清廉，爱护百姓，颇有政绩。吉御史死后安葬在黄山宫坡沿，这里至今保留着吉御史和吉家亭子泉的遗迹，后人曾为吉家父子修庙立碑，以示纪念。

（四）张嫣："梳妆台""北宫"

环谷抱泉、景色秀丽的黄山宫以东有宽阔高大的土岭，南端原有一处土质坚硬而平坦的高台，是汉惠帝刘盈的皇后张嫣居住的宫殿和梳妆台遗址。因位于马嵬坡北黄山宫，故称"北宫"。《汉宫春色》中写道："张氏名嫣，字孟英，小字淑君。"《史记·外戚世家第十九》："吕后长女为宣平侯张敖妻，敖女为孝惠皇后"。据《汉书·地理志》记载：汉惠帝四年（公元前191年）吕后为了控制皇后，挟持皇帝，以防大权旁落，便让鲁元公主的小女张嫣嫁与汉惠帝。婚后三年，惠帝过世，汉文帝执政。张嫣此后被迁入"北宫"，这里有皇后梳妆台。名为梳妆台，实则是懒于梳妆，常静坐台上凭窗瞭望长安，哀思自己的不幸。汉文帝后元年（公元前163年）春三月，张嫣去世。至于张嫣皇后的陵冢位置始终是个历史谜案。据近日《华商报》载：经考古工作者多次钻探研究，终于在汉惠帝安陵西北不远处找到了孝惠皇后张嫣的陵墓。其陵上有巨大的墓冢，为后世所堆砌。后人可怜她的不幸，感叹她的白璧无瑕，尊她为花神，还在梳妆台后为她立庙享祭，称为"花神庙"。

"北宫""梳妆台"承载了历史记忆，路旁高台孤零寂立在黄山宫南部，梳妆台历史文化保护区禁止破坏性建设活动，拟复建"花神庙"以纪念"花神张嫣"，并于"梳妆台"周边沿淑君溪形成百花谷——花海之特色产业。一方面维护"梳妆台"历史区域的生态环境，另一方面形成特色景观，并与历史文化记忆相融合。同时可发展花卉精油加工产业，带动地方经济发展，游客亦可参与体验花卉采摘与精油提取之过程，增添游览趣味性。

（五）"群仙岗""群仙洞"的传说

在黄山宫西侧的广福寺，原有沟壑纵横、人迹罕至的"群仙岗"。进入岗下窑洞三丈余，便见蓝天白云，洞内坐北朝南并排着三孔窑洞。中间是王母洞，后人通称群仙洞。在群仙洞的西侧，有一极其神秘的窑洞，称"闭关""坐宫"。据说此洞内有洞上洞下洞，洞左洞右洞，洞洞有天窗，处处有气眼，洞内有卧室，洞外有通道……因不少人在此坐化成仙，故又称此地为"洞天福地"（图6-8）。

图6-8　群仙洞

（六）神奇古朴的"太上槐"

据史料及明代状元康海撰写碑文载：唐天宝十五年（756年）"马嵬兵变"后，杨贵妃被缢死，唐明皇悲愤交加，从山门古槐上折了根树枝，拄着登上黄山宫，把槐树枝插在老君殿前地上，然后恭拜老君说，若大唐复兴，槐枝成活。"安史之乱"平息后，唐明皇从四川返回长安，路过马嵬祭奠贵妃，果然看到槐树成活了。于是唐肃宗李亨即位后，便封槐树为"太上皇槐"，后人称为"太上槐"。

如今的"太上槐"历经1 240年，尽管残躯仅剩厚皮空充，但其主茎依然苍劲古朴，盘根错节，其状酷似龙蛇，歪歪曲曲，前立后卧，伏于院内，昂首挺胸，东望长安（图6-9）。

图6-9　神奇古朴的"太上槐"

三、自然生态环境景观

与城市相比，乡村往往具有更为丰富的山水资源。山川、丘陵、平原、河流、溪水、植被等自然资源用其强大的力量影响着人们的生活。古人常用诗词对自然山水进行讴歌，唤起人们对自然蕴藏的深切情感。而中国古代山水画则常以"小桥、流水、人家"为画面的构图元素，表达出朴实淡雅的乡村生活情调。乡村景观作为乡村的重要构成要素，是乡村村民日常生活、交流的重要场所，也是乡村文化的重要载体。以山水文化中的哲学思想和生态理念为基础，将山水诗画艺术贯穿到乡村景观建设当中，强调返璞归真、自然野趣，主张效法天地、遵循自然的建设方式，对马嵬镇的景观建设具有重要意义。山水文化是人与自然环境相互作用的结晶，是蕴含在山水之中的文化沉积，其"天人合一"的哲学思想、艺术观念和生态理念与我国"十一五"期间提出的"美丽乡村"建设，实现人与自然和谐共融的理念相契合。马嵬镇山水景观资源及良好的山水格局，为其"美丽乡村"景观建设打下了良好的基础（图6-10）。

图6-10　马嵬镇景观

古代的黄麓山（今为北邙山）崇山峻岭，峰险壑奇，松青柏翠，清泉环绕，繁花似锦，天然形成一座东西绵延三十余千米的绿色长廊。黄麓山偏西段亦称黄山，黄山地域曾经是汉代黄山宫和黄山苑所在地，这里拥有秀美、巍峨、壮观和神秘的景色。地处兴平地段的北邙山地层断裂带中心沿坡，因地下水受地质构造和断裂活动而自溢流出的古泉有30多处，其中黄山苑地段就占8处。据旧《长安志》记载："马嵬荥周数十步，深西尺，流入白渠。"此处又有四郎泉、吉家亭子泉、圣母泉、龙王泉，圣母泉、龙王泉至今喷水尤畅。另有庞家泉、安家贵妃泉依然喷涌。近年还在史村、羊圈交界新涌一泉，称史泉村。据旧县志记载和地质部门检测：上述泉水水质良好，用途广泛，其中有矿泉水、温泉水、医用泉水、硫磺氮肥水。人们称马嵬黄山苑为"古泉之乡"，其中贵妃泉驰名中外（图6-11）。

图6-11　马嵬黄山苑"古泉之乡"

古代马嵬黄山沿坡，有山势险峻、沟壑神奇的九沟十八弯，松柏果树遍及山坡原野，山中除黄山宫外曾有宝丰寺、后大寺、关帝庙、药王庙、神仙洞等胜迹。这里最驰名的要数西汉皇家黄山苑。史载：黄山苑北依黄山，南濒渭水。此苑从属周至上林苑，苑内有生禽猛兽，奇花异草，楼台亭阁，规模极其观。相传，汉惠帝、汉武帝、唐太宗等都曾涉足此地游览观光。唐玄宗曾于某年立春日，率文武大臣游春于此。诗人王维以："黄山旧绕汉宫斜"的诗句赞美黄山宫的景色。《关中胜迹图志》载："大将军霍光子霍云常私出猎黄山苑中。"时至如今，黄山苑依然为山川秀丽、人文景观罕见的群体。

四、非物质形态传统习俗

地方久远的历史、独有的地域特征以及人文资源造就了丰富的民俗文化活动，相对于那些静止、沉默的文物、建筑物来说，这些传统民俗是活的历史，是一种行为传承方式。在节庆或庙会时节，民众借助上香祭拜等方式，既可以表达自身对民间传说中历史人物或神灵的崇敬、信仰，又可以保持民间传说在人们生活中的长久流传，是极具价值的非物质文化遗产，是历史文化资源的重要组成部分，同时仍然可以整合进当今的民俗和旅游商业活动中去。民间风俗是一个国家或民族中人民所创造、享用和传承的生活文化。民俗是人民群众在社会生活中世代传承、相沿习成的生活模式，它是一个社会群体在语言、行为和心理上的集体习惯。民俗的内容包括物质生产民俗、物质生活民俗、社会组织民俗、岁时节日民俗、人生仪礼、民间信仰、民间科学技术、民间口头文学、民间语言、民间艺术、民间游戏娱乐等。

马嵬的民俗主要是庙会及集会，农村古会频繁，镇区主要有：二月初九马嵬街山门会；二月十二日财神会；二月十五黄山宫庙会等。

（一）马嵬庙会

庙会是中国民间广为流传的一种传统民俗活动。民俗是一个国家或民族中被广大民众所创造、享用和传承的生活文化，庙会就是这种生活文化的一个有机组成部分，它的产生、存在和演变都与老百姓的生活息息相关。至今这里每年一度农历二月十五的黄山宫庙会有1 300多年的历史，以其历史悠久、庙会兴盛闻名遐迩，络绎不绝，最多时达万人（图6-12）。

图 6-12 马嵬庙会

1. 黄山宫庙会

马嵬黄山宫庙会以其历史悠久，庙会兴盛而闻名。黄山宫庙会的由来，与道教始祖老子息息相关。据《史记·老子传》载：老子者，楚苦县励乡曲里人也，姓李名耳，字聃，周守藏之史也，老子是别号。史云：母怀八十一岁而生，故号老子，也有解释为对老年学者的敬称。历史上老子的形象是"童颜鹤发，神采奕奕，经常骑着青牛的老者"。老子精通图书典籍，学识渊博、声闻遐迩。他是我国道家学派的创立者，著有《道德经》等。老子在我国哲学史上的重要地位和影响，仅次于儒家创立人孔子。

相传公元十世纪的周康王时，老子带徒来黄山宫处传教、炼丹、授徒，后因老子的母亲害怕渭水暴涨，彻夜不能安眠，为了母亲的健康，老子就带着母亲和徒弟迁至渭河以南，即如今的楼观台处。后人因黄山宫与楼观台南北遥相对峙，便把黄山宫称北台，把楼观台称南台。在兴平和周至，人们自古就有朝了南台（庙会为农历二月初十）朝北台（庙会为农历二月十五）之说。

老子在马嵬地区的影响流传甚广。相传，老子去马嵬坡东北十里处讲经布道，众徒弟听得如醉如痴，当老子讲经期满要回楼观台时，人们含泪恭送老子离去，众弟子和村人皆叹"难留"，遂把该村叫成"难留村"。后人把"难"改"南"，成为现在的南留村。据说，马嵬镇的礼道村，也是因老子在那里大讲"礼仪""道德"而得名。后人只知老子的诞生之日是农历二月十五，黄山宫庙会就是为祭祀老子的诞生之日而自发形成的，至今已延续了 1 300 多年。

2. 张爷庙会

在兴平市马嵬镇张村，每年农历三月初三是张爷庙会，俗称"疯子张"庙会。张全是内家拳的创始人，他擅长奇门异术，乐于助人。母亲去世后，张全离家云游，经常来往宝鸡金台观，扶风景福宫，兴平张村无量庙之间。因他斋食流浪，行动怪异，仪表疏漏，人称"疯子张"。明宪宗成化初年，张全施计梁姓将军讨贼谋略，使得叛贼投降，遂后梁将军同张全一起在此修道。张村人为纪念此事，曾在无量庙东修盖了"张爷爷庙"、"梁爷庙"。因开光唱戏祝贺之日是农历三月初三，"疯子张"庙会就这样流传至今，而张村的来历，也可能因纪念张全而得名。

（二）马嵬集会

赶集，一种民间风俗，也有"赶山"之称。集市是指定期聚集进行的商品交易活动形式，又称市集。赶集是劳动人民生活中必不可少的一项活动。马嵬镇农历二、六、九逢集，赶集人数众多，一般情况下可达到3 000人。

五、马嵬驿民俗文化园

马嵬驿民俗文化园已初具规模，在区域内已经形成一定的品牌效应，是马嵬镇景区发展的先天优势。马嵬驿民俗文化村是以"古驿站文化"为主，融合"农耕文化和民俗文化"的乡村景观旅游区，位于马嵬镇李家坡村，地处杨贵妃墓—黄山宫景区向西一公里处，依托黄山宫独特的资源顺势而建，为马嵬构筑起一道美丽的风景线。马嵬驿是唐时西行的第一驿站，民俗文化村建在原址范围内。马嵬驿民俗文化体验园是马嵬历史、社会、文化特征的集中体现。园区建筑错落有致、古朴素雅；环境绿树成荫、鸟语花香；布局有山水瀑布、雕塑小品、亭台楼阁、石雕碑刻等景观；建成4条民居仿古街：民俗小吃街、民俗作坊街、大唐文化街、民俗文化展示街；配套马嵬驿文化广场、百果园、雕塑艺术馆、驿栅城、珍禽园、戏楼、茶楼、城门楼观景台、农具展示馆、娱乐园、祈福殿等景点。马嵬驿能够满足市民及旅游者食、住、行、游、购、娱的需求以及参与农事体验与民俗文化活动，是感受大自然情趣的一种新型旅游形式。民俗文化体验园是马嵬历史文化特征的集中体现，也是关中地方民俗文化的精华部分（图6-13）。

图6-13　马嵬驿民俗文化体验园

"寻势而掘景"，在保护发展现有风景资源的同时，还要探索发掘新的风景资源。风景资源对于景区来说，是必不可少的重要资源，它关乎景区的整体品质，也关乎地方城镇建设的空间质量。对游客的体验与本地居民的宜居性来说都是重要的方面。风景资源有现状既有的，也有历史上曾经有过的，在对地方传统文化挖掘与梳理的基础上，对现存以及曾经存在过的景观资源进行分类评价，从而提炼出最具地域特色的景观资源进行乡村景观规划。

六、马嵬镇风景资源分类特色评价

为了保证马嵬镇独特的景观资源朝着有利的方向发展利用，而不是破坏或降低景观质量，在规划设计之前要对现有的景观资源进行分类评价。景观特征评价是通过调查、评估马嵬镇的风景景观资源，进行景观特征分析以及划分景观特征类型，确定使用适宜的方法保护景观资源，恢复和发展地域文化景观。同时辅助政策决策，对景观规划设计起到引导作用。景观特征评价的侧重点在于景观本土性的保护。通过对地域景观特征的分类、评价、了解景观特征，能够很好地帮助指导设计，给现有的景观资源进行定位，保证必要的改变能够符合整体景观特征。

（一）区域旅游资源背景

陕西是中国文物特大省份。文物景点多达近 3 600 处，其中国家重点文物保护单位 89 处，省级重点文物保护单位 307 处，收藏各种文物 200 万件以上，文化旅游资源特别丰富。改革开放以来，陕西省将旅游业作为支柱产业来抓，目前已经形成了独立的产业体系和经营规模。2000 年以后，全省旅游涉外酒店超过 120 家，旅行社超过 200 家，数十万人直接或间接从事旅游产业。目前全省开发旅游资源 100 多处，初步形成了以西安为中心向四面辐射的多条旅游热点线路，点线结合形成了不同文化内涵，不同产品风格的十大旅游区，在全国旅游业中占有举足轻重的地位。陕西省 5A 级景区 3 处，4A 级景区 18 处，3A 级景区 31 处，2A 级景区 23 处，1A 级景区 6 处。

高度密集的历史文化旅游资源使得陕西省旅游发展拥有极高的集群效应、规模效应和协同效应。马嵬驿位于西安西线旅游的重要地段，且拥有多处国家级宣点风景名胜，配合西线游密集的文化旅游资源，在陕西省内具有一定的发展潜力。陕西省文化旅游资源丰富，相关旅游产品的开发、旅游服务能力的提升、旅游资源的进一步整合，是陕西省旅游产业发展的重要突破点和核心问题。休闲型旅游、文化型旅游以及民俗型旅游仍然具有很大的发展空间。基于此，结合马嵬镇的核心发展定位，积极推动其弥补陕西省旅游产业发展的空白和缺陷是马嵬镇景区旅游发展的突破口。

（二）景观资源总结

马嵬镇历史悠久，文化资源丰厚，道教始祖老子曾传经布道的黄山宫，"古柏参天，泉水哗哗，果林遍野，山川秀丽，风景郁然"。唐明皇幸蜀祈灵于黄山宫手植的"太上槐"，如今仍枝叶葱茂，状如龙蛇伏于院内；还有"马嵬兵变"杨玉环曾被草葬这里，使马嵬从此成为举世闻名的旅游胜地。此外，马嵬镇有着丰富的历史文化传说，可以作为打造文化旅游产业的重要资源。

通过对马嵬地方相关历史文献的挖掘与研读，经过现场的踏勘调研，整理提炼得出马嵬镇存在的主要景观要素，包括以下几类。

1. 文化遗迹

贵妃墓、鳌盖、吉御史墓、黄山宫、太上槐、马嵬坡、新石器遗址、张嫣梳妆台

（北宫）、宝丰寺、会仙台、皇城遗址、打架坡、贺氏洞、广福寺（洞天福地）、郭子仪练兵处（今废）、六将冢（今废）、群仙岗、龙凤穴（今废）、马嵬驿亭（今废）、古槐遗迹（今废）、姚兴兴兵处等。具有较高的历史文化与旅游价值，是景区的核心亮点。

2. 水景

圣母泉、四郎泉；龙王泉旧址仍在，具有开发潜力；高干渠水（季节性）；马嵬驿水池、吉家亭子泉、凤池乡怆别里（今废）、马嵬泉（今废）8 处。

古泉五处：龙王泉、圣母泉、马嵬泉、吉家亭子泉、四郎泉，其中龙王泉、圣母泉、马嵬泉今已干涸，四郎泉与吉家亭子泉仍有少量泉水。

3. 地景

景区位于渭河流域三级台塬上，具有典型的黄土沟壑地貌特征，景区范围内有沟壑3 条，分别为：龙王沟、安沟、鸿沟。

4. 自然生态资源

台塬地貌：马嵬位于关中地区，为渭河、泾河、漠西河三流并围所形成的台塬区域，马嵬镇北部系黄土台塬区，中部为塬坡地带，南部属渭河二级阶地，北部和南部地势相对较为平坦。台塬是北部黄土高原地区与关中平原的生态缓冲区，可谓是生态战略要地。同时，独特的台塬地貌也构成了地域大地景观脉络，形成别具魅力的地景风貌。也正是由于该台塬地区的存在，才能避免翻越山脉，从而使古丝绸之路选择从塬上穿行而过。

5. 文化建筑设施（图 6-14）

图 6-14　马嵬镇文化建筑景观

现有窑洞、黄山宫塔、贵妃塔、太真阁、黄山宫十八洞（孝子洞、忏悔洞）、贵妃墓碑、毛主席手书碑、贵妃墓石马、石人、贵妃白玉雕像等建筑和设施，当地关中民俗文化浓郁。这些文化建筑设施大都分布在黄山宫与贵妃墓景区内部，可与景区的保护开发同步。

6. 生态文化资源

马嵬的历史文化遗迹众多，生态景观资源丰富，基本分布在黄麓山一线。黄麓山是马嵬景区的核心。

（三）马嵬历史文化要素景观总结

表6-1　历史文化要素景观表

情感文化	杨妃香冢、鳖盖、梨花仙子、四郎泉、会仙台、张嫣梳妆台
黄山宫道教文化	打架坡、南留村
传统美德文化	礼道村、吉御史墓、吉家亭子泉、六将冢、群仙园、孝子洞
地方特色文化	凤池乡怆别里、马嵬驿亭、龙王泉、鸟兽群聚龙王沟、龙凤穴、古槐遗迹、黄山遗址、广福寺、李敢墓、张爷庙、贺氏洞

（四）景观要素的分类分析

马嵬景区是以台塬地貌与历史人文遗迹为中心，包括周围风光旖旎的农田风光以及乡土人情，整体构成了一个以塬、泉、田、沟壑等乡土景观为基底，以休闲养生、乡土与驿站文化体验为核心的风景区。在进行马嵬地域文化保护规划设计前，对马嵬镇的风景资源按照《风景名胜区规划规范》进行分类分析，景区分为两大类、八种类、四十三小类（表6-2）。

表6-2　马嵬景区风景资源类型表

大　类	中　类	小　类	名　称
自然景观	天　景	日月星光	
		红霞昼景	
		风雨阴晴	
		气候景象	北塬春意、南亩秋成
		自然声象	
		云雾景观	
		冰雪霜露	
		其他天景	
	地　景	大尺度山地	渭水前横、黄山北枕、南望楼观
		山　景	台塬地貌
		奇　峰	
		峡　谷	龙王沟、安沟鸿沟
		洞　府	广福寺

大 类	中 类	小 类	名 称
自然景观	地 景	石林石景	
		沙漠景观	
		火山熔岩	
		蚀余景观	
		洲岛屿礁	
		海岸景观	
		海底地形	
		地质珍迹	
		其他地景	
	水 景	泉 井	龙王泉（旧迹）、圣母泉（旧迹）、马嵬泉（旧迹）、吉家亭子泉、四郎泉
		溪 流	高干渠
	水 景	江 河	
		湖 泊	
		潭 池	马嵬池、凤池（旧迹）、月眉湖（规划）
		瀑布跌水	
		沼泽滩涂	
		海湾海域	
		冰雪冰川	
		其他水景	
	生物景	深林	台塬林地
		草地草原	
		古树古木	太上槐
		珍稀生物	
		植物生态类群	龙王沟芦苇丛
		动物群栖息地	
		物候季相景观	
		其他生物景观	

大　类	中　类	小　类	名　称
人文景观	园　景	历史名园	
		现代公园	
		植物园	
		动物园	

（五）风景资源评价

风景资源的评价是风景区规划分析和设计的基础。马嵬镇景观规划要以对景区资源评价为前提，确定风景资源中各类景观的价值及重要性，以此为基础衡量各景点的潜力与恢复开发的选择性，从而提出合理的风景区保护与发展规划。对马嵬镇的乡村景观采取的风景资源评价遵循以下几方面原则：首先，以现场踏勘，亲身感受为风景资源评价依据，并结合文献综述和座谈走访，力求实事求是。其次，风景资源评价采取定性概括与定量分析的方法，综合评价景源特色。最后，依据风景资源的类别及其组合特点，选择适当的评价单元和评价指标。

马嵬镇的景观资源特征可按《风景名胜区规划规范》的分级标准，将已调查景点分为下列五级：特级景点——具有珍贵、独特、世界遗产价值和意义，有世界奇迹般的吸引力；一级景点——具有名贵、罕见、国家重点保护价值和国家代表性特征，在国内外著名和有国际吸引力；二级景点——具有重要、特殊、省级重点保护价值和地方代表性特征，在省内外闻名和有省际吸引力；三级景点——具有一定价值和游线辅助作用，有市县级保护价值或当地的吸引力；四级景点——具有一般价值和构景作用，有本风景区或当地的吸引力（表6-3）。

表6-3　旅游资源分级表

一　级	贵妃墓、黄山宫
二　级	驿站文化、太上槐、马嵬驿民俗文化园、黄山遗址、贵妃白玉雕像、黄山宫庙会
三　级	地貌、南亩秋成、渭水——黄山区域山水、龙王沟、广福寺、龙王泉、圣母泉、马嵬泉、吉家亭子泉、四郎泉、凤池、北宫遗址（梳妆台）、贺化洞、血社火、皇城遗址、梨花仙子、吉御史传奇、郭子仪传说
四　级	安沟、鸿沟、高干渠、马嵬池、月眉湖、台塬林地、龙王沟芦苇植物群落、吉御史祠、六将冢、祈雨仪式、打架坡传说、群仙岗传说、刘瑾入宫传说、龙凤穴传说、黄龙坠死黄山宫传说

其中人文景观包括：驿站文化、凤池、鸿沟、贵妃墓、吉御史祠、马嵬驿民俗文化园、吉御史祠、六将冢、祈雨仪式、打架坡传说、群仙岗传说、刘瑾入宫传说、龙凤穴

传说、黄龙坠死黄山宫传说、黄山宫、黄山遗址、贵妃白玉雕像、黄山宫庙会、鳌盖、贺狮洞、血社火、皇城遗址、梨花仙子、吉御史传奇、郭子仪传说。马嵬的人文景观资源占 59.5%，自然景观资源占 40.5%。

马嵬并不具备建设目的地式旅游景区的禀赋资源与条件，在规划设计中必须独辟蹊径，结合马嵬独特的保持完好的关中乡野小镇风貌的特质，充分挖掘地方历史文化资源，提炼总结地方特色文化，提升旅游景区人们的家园感。

七、马嵬特色景观资源提炼

（一）弥经岁月、千年沧桑的长安丝路名驿

马嵬历史悠久，弥经岁月沧桑。因马嵬坡是古代从长安通往西域的必经之路，唐代设甲级驿站，称马嵬驿。驿站是中国历代兼具军政职能的交通运输组织，是中国古代社会中央集权体制发展的需要和重要体现之一。历史中的"马嵬曾是古代长安通往西域的必经之路，也是西出长安之丝路的第一站，具有重要历史地位"。清乾隆元年（1736 年）又在这里设立铺递，形成店铺林立、经济繁荣的集镇。改革开放以后，马嵬正式设镇，仍然发挥着其交通枢纽的作用，为兴平以西兴、武、乾、礼四个县市的农贸交易集散之重镇。

（二）黄山北枕，渭水前横的关中山水胜境

马嵬镇区所在，正是台塬与平野接邻地带，是黄土高原逐渐没入关中平原的交接之处。其中，"黄山"尤为突显，是马嵬在过往曾经被视为"高巍"之处的重要凭证。在此，黄土裂展，田野逶迤，站立台塬高处，除了可以感受北邙台塬独特的莽然气息外，更可前望辽阔的关中，让西安城市与马嵬对面的终南山脉尽入眼帘，是一得天独厚的塬莽前望之处。且根据卫星地图的分析，俗称"北楼观"的黄山宫与秦岭终南山的"楼观台"位于同一纬度，可谓区域地景轴线的典范。

（三）霓裳尺组，长恨相思的贵妃香魂离所

贵妃墓为马嵬驿生色增辉，马嵬驿原来地处偏僻又甚荒凉，很少为人知。自从杨贵妃赐死埋葬此处以来就蜚声天下，世人皆晓，成为名胜，游人必到。正所谓"直得玉妃一身死，至今人识马嵬坡"。贵妃墓是马嵬镇景区知名度最高的景点，是景区内重要的历史文物，故规划将其重点打造为景区内唯一目的式旅游景点，并辅助以相关产业配套，使之成为景区内最具影响力的展示型旅游文化园。

（四）老子布道，群仙汇聚的道教洞天福地

莽塬连绵的马嵬镇区，系道派仙家的汇聚之地。占据镇区中轴主位的黄山宫，相传为老子从对面终南山楼观台前来驻息之地。一旁的广福宫以及曾经存在过的后天寺、关帝庙、药王庙等，亦是道教胜迹。不论老子日夜往返之说是否属实，道观纷立倒是此处真实的写照，黄山宫便是所谓的"洞天福地"。除了道观中驻有神仙外，邻近还有八仙、王母、梨花仙子、龙王、虎、狐狸等神鬼精灵活动，以及诸如群仙岗、群仙洞、会仙台、贺氏洞、龙王沟之类的传说。这是一处想象中神灵聚集之地，其中，尤以黄山宫所在黄山为最。

黄山宫景区的主题为道教文化，规划面积 59 公顷。主要景点包括黄山宫、太上槐、九宫十八洞、梳妆台、鳌盖、新石器遗址等，每一个景点都有其深刻的含义。同时，考虑将景区跨越高干渠的桥梁设计为文化桥，篆刻反映当地人文历史和自然景观的名诗名句。黄山宫是马嵬镇重要的历史文化遗产，具有巨大的文化价值、宗教价值和旅游开发价值。在保护历史文化遗产原真性的同时，开发建设黄山宫道教文化养生产业园，将黄山宫周边包括张嫣梳妆台、贺氏洞、宝丰寺、刘景诳驾遗址、广福寺、洞天福地、会仙台等古迹遗址纳入景区内，形成以历史文化遗产为主要构成要素的景点集群构建集参观、展示、休闲、文化体验于一体的综合型文化景观园区。

（五）南亩秋成，园栽丛韭的农耕田畴沃野

历史上的马嵬生态环境优越，土壤肥沃，农耕文化的历史十分悠久，明代沈周所绘《马嵬八景图》中，就有对马嵬农耕文化的记载。

今天马嵬镇的经济支柱产业仍然是以农业为主，全镇农业以粮食、蔬菜为主，兼有苹果、杂果、养殖。农业为马嵬镇的经济总量贡献了百分之七十以上，马嵬农业的蓬勃发展，为规划发展生态观光农业的目标奠定了基础。

（六）马嵬故垒，忠武兴唐的历代军事要区

马嵬坡，古时即为军事之要地，历史上也多有关于马嵬兴兵的相关记载。马嵬正南三里有村庄名为李村，相传"飞将军"李广之子李敢的墓亦在此地。东北塬上传说亦有"六将冢"之遗迹，还有"姚兴马嵬弑苻登"的旧址及传说，这些都印证了马嵬作为历代军事要区的历史地位。

（七）凤池怆别，民族融合的大唐金城故迹

昔日"凤池乡怆别里"，今旧址已无存，但是这段故事关系到马嵬乃至兴平市的历史沿革，是兴平与马嵬发展历史中重要的节点。同时金城公主的故事关乎当时大唐之国运，为国家民族的外交政策做出了巨大的贡献，同时促进边界和平，推动地区文化的交流。因此，无论是从文化旅游的多样性角度，还是从民族历史文化与地区发展史的角度，金城公主的故事应该得到传承。凤池乡怆别里的遗迹应该在规划中予以体现，规划利用马嵬东南部现状地势较为低洼的农田，恢复历史胜境，标树地区文化，同时美化环境，且具有灌溉农田的实用价值。

（八）泉水环绕，鸟兽群聚的西汉皇家林苑

黄麓山在县北附郭，又名黄山。张衡赋云："绕黄山而款牛首。"名黄岩，又名北邙岩，其实平原也。故汉时号始平原，西衔武功东原，东接咸阳毕陌，横亘县北六十余里。

马嵬坡：县西 15 公里，即黄山之麓。马嵬坡北依黄山，南滨渭水，曾经是西汉建黄山宫、黄山苑所在地。最初山势凿洞建道观，供老子传道休憩。孝惠帝、汉武帝、唐太宗都先后涉足此地观光狩猎，并多次维护修建黄山宫。王维的诗中曾经这样描述"黄山旧绕汉宫斜"。

"黄山宫在兴平市西三十里，武帝微行，西至黄山宫，其殿宇寺庙繁多，松柏参天，泉水环绕，山川秀美。"

由此我们得到这些信息：松柏参天、泉水环绕是旧时马嵬坡的生态原貌；黄山植被茂密，泉水沿着沟壑顺势而下，在马嵬入口处形成水门中出的历史胜景，且在旧时黄山宫北部塬顶部有亭台、山门等历史旧迹。

马嵬泉：县西15公里出黄山之麓，迤近又有数泉曰：四郎庙泉、吉家亭子泉、圣母泉、龙王泉、惟圣母泉水犹畅，灌溉菜蔬，利倍他泉。

（九）拾银不昧，御史来献的地方美德传承

从旅游的角度来说，据吉氏族谱等相关资料记载，吉姓在中国历史上一共有41位进士，马嵬的吉来献御史便是其中之一。因此，吉氏亭子泉历史文化区，可谓是吉氏重要的发源地之一；规划拟通过对吉家亭子泉的生态恢复、吉氏宗祠的修复，一方面弘扬中华传统美德，宣传马嵬道德文化的内涵；另一方面从旅游角度，塑造寻根的根祖文化。

（十）梳妆北宫，梨花四郎的爱情文化圣域

"北宫""梳妆台"承载了太多的历史记忆，路旁的高台，孤零寂寞地立在黄山宫南部，似乎也在感伤张嫣的遭遇。规划划定梳妆台历史文化保护区，禁止破坏性建设活动，拟复建"花神庙"以纪念"花神张嫣"，并于"梳妆台"周边沿淑君溪形成百花谷——花海之特色产业。一方面维护"梳妆台"历史区域的生态环境，另一方面形成特色景观，并与历史文化记忆相融合。同时可发展花卉精油加工产业，带动地方经济发展，游客亦可参与体验花卉采摘与精油提取之过程，增添游览趣味性。

第三节   马嵬驿乡村景观总体规划

马嵬镇作为具有丰富历史的乡镇，其中蕴含着丰富的文化遗产，体现了传统地域的文化精神。在新的时代背景下，对于传统村镇地域文化的保护与传承迫在眉睫。通过对马嵬镇文化的挖掘整理，提炼出地域特色，并进一步通过规划，使之融入村镇空间，融入地方人民的生活，使之得到长久的保护与传承，并赋予新的生命力。在保护文物资源和生态环境的前提下，逐步开发建设旅游区，发展旅游活动，使其成为兴平市及马嵬镇新的经济增长点。带动周边其他旅游区和旅游产业的快速发展，为使旅游业成为市、区经济的支柱产业奠定基础。通过加强绿化和环境保护的相关内容，落实生态环境建设的具体目标。针对旅游区目前存在和有可能在开发中产生的环境问题，制定具体科学的规划对策，使开发和保护并重，以开发促保护，以保护求发展。使区内生态环境系统整体优化，生态平衡良性发展，生态质量不断提高，景观形态和旅游氛围美化，达到旅游资源永续利用、旅游产业持续发展，旅游区环境良好的目标。

一、规划策略

地域文化景观是地域区域文化现象的综合体，是地域景观地方性和特色性的体现。对地域文化的保护和发展，首先要保护历史文化景观要素，其次要传承地域优秀文化，

并结合时代要求加以开拓和创新，重塑具有现代性与时代感的乡村景观。地域景观是地球表层自然景观与人文景观相互作用形成的一种具有特殊空间概念、特殊意义的产业活动和地域居民生活习性的特殊地域景观，与城市景观和原始自然景观共同构成区域景观格局。包括地域聚落景观、地域建筑景观和地域土地利用景观。在现代旅游业的迅速发展中，盲目的开发建设，对文化景观的忽略，已经不能满足游客的精神需求。这些景观不但没有吸引游客，反而破坏了原有的景观面貌。对马嵬镇地域文化的保护与发展，首先要保护历史文化遗产，在此基础上，根据对景观资源的分类评价来恢复发展历史上曾有的景观；其次要更新区域发展结构，提升乡村景观的内涵；最后要凸显马嵬的地域特色。

（一）保护历史文化遗产

马嵬镇的历史文化遗产资源较为丰富，但实际作为旅游资源的利用率极低，其主要原因是缺乏对历史遗迹的保护。在新的时代背景下，对于传统村镇地域文化的保护与传承迫在眉睫，通过对乡土文化的挖掘整理，提炼出地区特色，并进一步通过规划使之融入村镇空间，融入地方人民的生活，使之得到长久的保护与传承，并赋予新的生命力。

对马嵬镇的保护内容分自然环境、人文环境和生活环境三部分。自然环境是指自然地貌特征和山水景观，包括地理条件和气候。人文环境包括各个镇域的文物保护单位、文物保护点、具有纪念意义的建筑物和构筑物，如贵妃墓，黄山宫等。生活环境是人们生活状态的体现，包括社会生产方式、生活习俗、文化艺术、宗教礼仪等方面。保护重点主要是贵妃墓、黄山宫、皇城遗址（明）、梳妆台等现存历史文化遗产。根据马嵬镇景区历史文化遗产分布的具体情况，设置核心保护区、建设控制地带及环境协调区。划定文物保护单位的保护范围和建设控制地带，在文物保护单位的保护范围内不得进行其他建设工程；在文物保护单位的建设控制地带内进行建设工程，不得破坏文物保护单位的历史风貌；在文物保护单位的保护范围和建设控制地带内，不得建设污染文物及其环境的建设，不得进行可能影响文物安全及其环境的活动，对已造成文物及其环境污染的设施，应当限期治理。

1. 核心保护区

历史文化街区是指保存文物特别丰富、历史建筑集中成片、能够较完整和真实地体现传统格局和历史风貌，并有一定规模的区域。马嵬镇景区核心保护区主要指各历史遗产及其周边整体环境。通过划定核心保护区，使得马嵬镇政府、兴平市文物部门以及上级相关管理部门明确马嵬镇保护的重点区域，加强保护力度，便于工作的开展。选取场地内有典型乡土文化景观以及传统历史文化遗迹作为源头：其中包括贵妃墓、金城旧迹、北宫、黄山宫等具有代表性的文化遗产及旧迹。通过对文献的研读，来确定传统历史文化遗迹的位置并划定建设控制范围。分析乡土文化遗迹保护格局，场地内众多的文化遗产遗迹沿着景区道路形成文化遗产保护的网络。

2. 建设控制区

建设控制区指在文物保护单位的保护范围外，为保护文物保护单位的安全、环境、历史风貌，对建设项目加以限制的区域。历史文化建设控制区的建设行为，区内建筑的整治须严格按照建筑整治规划的内容执行。新建建筑其高度须严格参照建筑高度规划的相关内容。新建建筑的色彩须以黑色、灰色、白色作为主色调。材料以砖石为主，建议以青砖作为建筑材料，或者使用砖石贴面亦可。建筑屋顶建议以坡屋顶为主，平顶亦可。建筑形式严禁出现欧式或美式风格。

3.环境协调区

环境协调区指该区的建设行为须尊重古镇的传统风貌，建筑在形式、尺度、风格上应反映关中地域特色。马嵬镇环境协调区指马嵬镇景区大范围环境协调区内不得进行高密度开发，建筑高度应遵照控制规划的相关内容，形式宜反映地区特色，以灰墙坡顶为宜。确定灰色、白色为区内建筑主色调，区内已建成的红色屋顶房屋可不用改造。通过划定核心保护区，使得马嵬镇政府、兴平市文物部门以及上级相关管理部门明确马嵬镇保护的重点区域，加强保护力度，便于工作的开展。

（二）恢复发展人文景观

运用保留性设计，改造再生性和再利用设计的综合方法，提炼地域文化中的特殊景观要素，实现人们可利用的景观空间，来达到保护自然与人文双重价值的作用。千年古驿站文化，丝路漫漫，悠远而又繁华。老子讲道、群仙荟萃、贵妃文化、贵妃香魂、张嫣梳妆，充满情怀与眷恋的记忆。纯朴而崇高的地方精神传承，金城故迹、御史成才。地方景观艺术，梨花仙子、园栽丛非。军事文化，子仪练兵、姚兴干戈、刘谨诳驾、李敢之死。这些都是具有地域特色的景观文化，在规划中可以改造加以利用。

1.打造马嵬驿民俗文化园

打造体验地区文化、民俗文化、休闲玩乐于一体的传统风貌民俗文化村。规模约16公顷，位于马嵬镇景区东北隅，是马嵬镇景区旅游发展的发动机和孵化器。未来马嵬镇景区可依托马嵬驿民俗文化园的产业优势，开发相关旅游项目，以达到协同发展的目的。建议尽快编制马嵬驿民俗文化体验园修建性详细规划，以便于未来马嵬驿民俗文化体验园的发展建设。

2.黄山宫道教文化养生产业园

黄山宫是马嵬镇重要的历史文化遗产，具有巨大的文化价值、宗教价值和旅游开发价值。在保护历史文化遗产原真性的同时，开发建设黄山宫道教文化养生产业园，将黄山宫周边包括张嫣梳妆台、贺狮子洞、宝丰寺、刘景诳驾遗址、广福寺、洞天福地、会仙台等古迹遗址纳入至景区内，形成以历史文化遗产为主要构成要素的景点集群，构建集参观、展示、休闲、文化体验于一体的综合型文化景观园区。

3.贵妃文化园

贵妃墓是马嵬镇景区知名度最高的景点，是景区内重要的历史文物，故规划将其重点打造为景区内唯一目的式旅游景点，并辅助以相关产业配套，使之成为景区内最具影响力的展示型旅游文化园。

4.恢复马嵬八景

马嵬镇八景，包括北塬春意、南亩秋成、金城故迹、马嵬故垒、地涌双泉、宝寺晨钟、贵妃荒冢、园栽丛韭。规划恢复此八景，并结合用地布局形成低密度旅游景观区，以丰富和提升马嵬镇景区的景观品质。

（三）乡土旅游产业

结合镇区开发土产贸易区、特色商贸等体现小镇民俗生活风情的旅游项目，将基本经济部类与非基本经济部类相结合，塑造具有地域特征的微观旅游项目，使当地居民可在马嵬镇景区旅游产业的发展过程中直接收益，自主创业。

（四）提升乡村景观内涵

通过改变乡村景观被多元文化冲击带来的混乱现状，转变生活生产方式和思想观念，提高环境质量和景观品质。马嵬镇景区产业发展要摆脱传统单一的旅游产业发展模式，将镇区商业服务与旅游服务相结合，构建参与者与服务者一体化的旅游发展模式。将古朴传统的生活方式作为旅游展示的重要组成部分，塑造复合化、多元化的旅游发展模式。首先，利用多元文化的叠合，将马嵬驿民俗文化园、黄山宫道教文化养生产业园、贵妃文化园三大旅游产业主园区整合，使之成为马嵬镇景区文化旅游的核心板块，构建一体化的服务设施、一体化的游赏线路，以及一体化的经营模式，使游客可以在单一时间维度感受多元维度的文化体验。其次，使生活与产业相结合，利用马嵬镇作为传统小镇的地区特色，将马嵬镇居民的日常生活与景点展示结合，通过"村民自营商业街""彩色农业展示区""村民自营农庄"等相互结合与模块化经营，构建马嵬镇景区乡土文化旅游板块。最后，运用模块化的规划手段，结合马嵬镇景区的自身特点，将规划用地细碎化、模块化，使之能够与景区实际的旅游发展工程项目相一致，便于当地政府管理经营。

（五）突显马嵬地域特色

景区形象定位的目的是通过媒体在广大游客心目中树立起个性鲜明的产品感知形象，以达到促销的目的。通过挖掘马嵬景区的文化内涵和景观资源，结合市场环境的需求大势，根据开发思路凝练出主题形象理念：纵横捭阖马嵬驿，九曲萦回梨花溪，四池五泉传胜境，清渠溢香满洞天。最终可以总结马嵬景区的主题为：丝路古驿，道家福地；贵妃香冢，金城胜迹！

二、马嵬景区布局规划

马嵬镇具有深厚的历史文化底蕴和非常宜人的生态环境。贵妃墓与黄山宫是不可移动的历史文化遗产，又是珍贵的旅游资源。在旅游景观设计的过程中，注重对地域文化景观的保护与利用，以文脉传承、生态平衡等原则为旅游景观设计的根本原则。突出马嵬镇"深厚的文化""独特的风俗""优美的风景"。在文化、景观与旅游的三元关系中，以文化为基础，以旅游为目标，打造宜人的乡村旅游景观。马嵬镇是传统文化景观和自然风貌的共同载体，是包括建筑、环境、空间格局以及人类活动等在内的统一整体，在旅游景观设计中不能把这些元素彼此割裂，要从整体上考虑它们之间的关系，保持村落风貌的完整性。

规划是开发的依据，旅游开发要创新，要突出特色，从最开始的旅游景区总体规划就应该将反映该景区突出特色的内容包括进去。在旅游业竞争日益激烈的今天，没有特色，必定流于平淡和平庸。为了景区的突破和长远发展，特色是旅游景区总体规划应当强调和突出的重点。另一方面，旅游市场的需求也日新月异，基本层次的观光旅游越来越无法满足现代游客的旅游需求，为了吸引更多的游客和提高景区的重游率，突出特色也是必由之路。特色可以有两种理解：一种是强化，强化突出马嵬地方特色，马嵬驿景区、黄山宫景区、贵妃墓景区，这三者作为马嵬主要的景观旅游区域，规划必须要突出马嵬文化内涵；一种是开发，开发自然保护区中原来没有的旅游项目。溢香渠景观带、梨花街景观带可作为新的观光带。由于旅游景区性质、类型的差异，在规划中应相应突出特色，即特色组件在总体规划中应占有一席之地。

因此，对马嵬镇的总体规划采用"一心一轴，两带三区六板块"的模式。

一心：镇区综合服务中心；

一轴：迎宾大道主轴线；

两带：溢香渠（高干渠）景观带、梨花街景观带（104省道）；

三区：马嵬驿景区、黄山宫景区、贵妃墓景区；

六板块：李家坡、冯家坡、前北铁、马嵬村、东街村五个居住社区板块与中心花卉产业板块。

三、马嵬镇景区植被规划

（一）马嵬历史文化植物要素提炼（表6-4）

表6-4　历史文化植物要素表

历史人文	植物
"杨柳依依水拍堤,春晴茅屋燕争泥。海棠正好东风恶,狼藉残红衬马蹄。"《马嵬坡》杜佺	杨柳、海棠
"太液芙蓉未央柳"白居易《长恨歌》	芙蓉、柳
梨花仙子幻化为梨花，贵妃缢死梨树，张嫣封为花神	梨花
"马嵬杨柳绿依依,又见銮舆幸蜀归。泉下阿环应有语,这回休更罪杨妃。"《幸蜀经马嵬》唐僖宗	杨柳、泉
"吉举人种莲养鱼，怡然自得之生活场景"	莲
马尾松之地方传说	马尾松
"黄山宫在兴平市西三十里，武帝微行，西至黄山宫，其殿宇寺庙繁多，松柏参天，泉水环绕，山川秀美"《三辅黄图》	松柏

（二）马嵬镇景区植被规划

在规划时首先要遵循乡土性原则，因为乡土植物是土生土长的自然原生态植物，完全适应了当地温度、湿度等气候条件。乡土植物是最符合生态、环保要求的植物群落，也是最能体现绿化宗旨的自然绿地。其次，要尊重场地现状，根据不同区域的场地性质和环境特点，选择适合的植物种类。最后，按照不同植物的季相、林相特点，结合植物群落，满足不同季节景观营造的要求（表6-5、表6-6、表6-7）。

表6-5　水生植物表

植物分类	植物名称
浮水植物	睡莲、中华萍蓬草、浮萍、槐叶萍、芡实、眼子菜
挺水植物	芦苇、黄菖蒲、石菖蒲、金钱菖蒲、香蒲、泽泻、水鬼蕉、水芹、千屈菜、野茭白、菰、水仙、海竽、野竽、姜花、三百草、水毛花、野荸荠、砖子苗、灯芯草、席草、水葱、垂穗莎草、芦竹
沉水植物	金鱼藻、五针金鱼藻、狐尾藻、尖叶眼子菜、小茨藻、黑藻、苦草
耐水湿乔木林	旱柳、垂柳、湿地松、池杉、枫杨、水杉、落羽杉、银叶柳
水生作物	茭白、慈姑、荸荠、莲藕

表6-6　湿生植物表

植被类型	植被亚型	群系	伴生植物
高草湿地类型	禾草高原湿地类型	芦苇群落	香蒲、荻、水葱
		荻群落	芦苇、菰、空心莲子草、水鳖、水芹、羊蹄
		芦竹群落	芦竹、海三菱、藤草
		菰群落	郝杆

表6-7　陆生植物表

树种分类	树种名称
常绿阔叶林	紫楠、石栎、桂花、广玉兰、冬青、木荷、石楠
落叶阔叶	银杏、枫香、无患子、栾树、七叶树、黄连木、珊瑚礁、鸡爪槭、紫叶李
树	红枫、朴树、杂交鹅掌楸、糙叶树、川榆、麻栎、白栎
针叶树	马尾松、金钱松、黑松、雪松、柳杉、水杉、池杉、刺柏、落羽杉
灌木	马银花、满山红、山矾、川山矾、毛瑞香、乌饭树、水蜡树、南天竹、火棘、海桐、珊瑚树、金珊瑚、黄杨、石楠、赤楠、崖花、海桐

树种分类	树种名称
花灌木	丁香、碧桃、海棠、樱花、山茶、杜鹃、月季、紫薇、山玉兰、木笔、木绣球、金丝桃、棣棠、石榴、钟花
藤　本	紫藤、鸡麻藤、木香胶、东卫、矛地、锦木通、三叶木通、蓬莱葛
竹　类	毛竹、刚竹、箬竹、苦竹、大叶苦竹、菲白竹、凤尾竹
地被类	紫露草、中国石竹、常夏石竹、美国石竹、兰花、三七、多花筋骨草、爬地毛茛、醉蝶花、书带草、阔叶麦冬、窄叶麦冬、二月兰、石蒜、金丝桃、萱草、葱兰、吉祥草、红花酢浆草、韭兰
旱地作物	玉米、油菜、豆类

第七章　生土文化——窑洞文化与生态旅游开发、保护

　　生土建筑是人类从原始进入文明的最具有代表性的特征之一，是中华民族历史文明的佐证与瑰宝，也是祖先留给我们丰富遗产中一个重要的内容。生土建筑发源于中国的中西部地区，该地区干燥少雨，丰富的黄土层成为华夏文明初期的天然建筑材料。生土建筑结构体系大概经历了掩土结构体系（穴居、窑洞）、夯土结构体系及土坯结构体系三个阶段。

第一节　黄土高原传统窑居聚落概述

一、黄土高原自然地理风貌概况

　　世界上黄土基本分布在较干燥寒冷的中纬度地带。中国黄土的分布主要在我国北方，即北纬33°～47°之间。我国黄河中游，东起太行山，西至乌鞘岭，秦岭以北直抵古长城所分布的黄土，在世界上最为典型。它地跨甘肃、陕西、山西、河南等省，海拔在1 000米以上，构成极为广阔的黄土高原，面积为63万平方千米。这里的黄土层地质均匀，连续延展分布，构成完整统一的地表覆盖层，垂直结构良好。

　　黄土塬：是平坦的古地面经黄土覆盖而形成，它是黄土高原经过现代沟谷分割后留下来的高原面，是侵蚀轻微而平坦的黄土平台，是高原面保留较完整的部分。塬面边缘坡度较大，以破碎塬为主（图7-1）。

图 7-1　黄土塬

　　位于西北的黄土高原，虽然没有西南地区的山地地势复杂多变，但是也因地处黄土高原的千沟万壑地貌而形成了极具特色的穴居结构。掘土而居的这种居住形式可以上溯

到原始社会，其历史非常古老，窑洞住宅是我国最具特色的居住形式之一。虽然窑洞建筑建造简便且坚固耐用，但受地形和气候的限制，只有在干旱少雨且土质细密、均匀的黄土堆积层中挖的窑洞才能长期居住。无论从黄土的厚度、发育的完整性到地貌的多样性来说，对于挖地取窑的这一民居建筑形式都具有强大的挑战性（图7-2）。

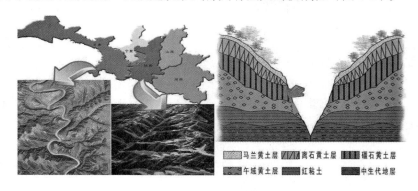

图7-2　黄土高原地貌与窑洞选址土层示例

因此，可以看出窑洞民居的形成与黄土地形的性质有着密切相关的联系，着重表现在以下四个方面。

第一，从黄土的形成过程来看，黄土是在风的作用下，经过一层层沉积而形成的堆积物。黄土颗粒细腻、质地均一，其孔隙度越小，密实度和干容量就越大，强度也就越高。窑洞的选址大多是在半山腰和山脚下，这些地方多是老黄土的沉积层，利用其深度造成的高强度，来开凿靠山式窑洞。

第二，从黄土的物理性质上来说，黄土的孔隙较多且较大，抗蚀性较弱。黄土遇水后强度会变弱，体积收缩，裂缝变大，出现空隙、裂纹以至崩塌，这就是黄土的湿陷性。再加上黄土的垂直节理的特性，就使得窑洞的选址具有较高的要求，多选在排水通畅和地下水活动的地表层面。

第三，从黄土的受剪力性能来看，黄土的礓石层的古土壤其抗压、抗剪强度要比其他的土质更高，窑洞的结构安全主要是由土拱的肩剪力来控制的。如果窑洞开凿在礓石层下，会大大提高窑洞的坚实程度，有的窑洞内还加了木结构，更增加了它的承重性。

第四，从黄土的分层来看，黄土生成的地质年代与其抗剪强度成正比，与黄土堆积的深度成正比。这是因为黄土生成的历史越悠久堆积层越深，则土质就更加密实，其黏聚力也就越大，强度越强。因此，挖掘窑洞的理想土层是离石黄土层和马兰黄土层的下部。

窑洞按地形的适应性不同可以分为三大类，即：靠崖式窑洞、独立式窑洞和下沉式窑洞。这三种窑洞形式有着许多共同的适应性优点。

1.山坡上的村落——靠崖式窑洞

原始社会最早出现的穴居形式是竖穴，后来逐渐发展成横穴，因此靠崖式窑洞的历史是相当古老的，也是最为人们所熟悉的窑洞形式。靠崖式窑洞又称为靠山窑，顾名思义，靠山窑就是在黄土坡边缘，向内横向挖掘出的洞穴（图7-3）。

图7-3　靠崖式窑洞图例

　　靠崖式窑洞的选址相当重要。首先要选择横向纹理的土体分布层，这样才能有较强地支撑性；此外还要避开地震带和裂缝及蚁穴等地段，同时还要选择较干的黄土层，因为**渗**水是造成窑洞塌陷的主要原因；最重要的是，在山坡和黄土崖壁上开掘的窑洞，**窑口要高于洪水最高上涨线**。最具代表性的靠崖窑洞区为河南和陕西两省。

　　由于靠崖式窑洞选址讲究，一旦有适合挖窑洞的地形，都要挖掘出很多窑洞。在外部，可以是平行或垂直布置；在内部有单眼窑洞，也有横向和上下连通的窑洞，其组合形式非常灵活。在大的崖壁上，从上到下，通常开掘出很多的窑洞，有的还以此形成村落，其场面蔚为壮观，但也出现了窑洞排列与上下通路的问题。在这种由众多窑洞组成的居住地，窑洞大致有两种排列形式：折线型和等高线型。折线型适用于窑洞不规则排列的地区，公共道路成"之"字形或"S"形，将各户窑洞连在一起。等高线型适用于**窑**洞排列较整齐的地区，各地区的窑洞大多按层分布，整个窑洞区就如同一层层升高的阶梯（图7-4）。

图7-4　靠崖式窑洞公共道路排列图例

　　靠崖式窑洞也可以建成合院形式，一些财力雄厚的家庭，或崖壁曲折的地方，可以在两面挖窑形成曲尺形，甚至三面挖窑，形成合院形式。靠崖式窑洞还可以与普通的木架结构房屋相互搭配，形成大规模的院落。例如，陕西米脂县姜氏庄园，位于**陕西省米**

脂县城东 15 千米桥河岔乡刘家峁村，是陕北大财主姜耀祖于清光绪年间投巨资历时 16
年亲自监修的私宅。庄园占地约 2.67 公顷，由下院、中院、上院和寨墙、井楼等部分组
成。主体建筑为陕西地区最高等级的"明五暗四六厢窑"式窑洞院落。庄园三院暗道相
通，四周寨墙高耸，对内相互通联，对外严于防患，整个建筑设计奇妙，工艺精湛，布
局合理，浑然一体，是全国最大的城堡式窑洞庄园。姜氏庄园由山脚至山顶分三部分组
成。第一层是下院，院前以块石砌垒，高达 9.5 米的挡土墙，上部筑女儿墙，外观犹若
如城垣。道路从沟壑底部盘旋而上，路面宽 4 米，穿寨门过涵洞即到达下院管家院，其
建筑为三孔石窑，坐西北向东南，两厢各有三孔石窑，倒座是木屋架、石板铺顶的房屋。
寨墙最高处砌有炮台，形若马面，用来扼守寨门。可谓"一夫当关，万夫莫开"。正面窑
洞北侧设通往上院的暗道直达大院主房（图 7-5）。

图 7-5　陕西米脂县姜氏庄园

2. 人工坡地——独立式窑洞

　　靠崖式窑洞也有几个局限性：首先，对地形要求极其严格，而且适合开挖窑洞的地
方可能离农田和水源较远，不利于人们的日常生活；其次，靠崖式窑洞受地形限制，无
法大规模的增建，当崖壁上窑洞数量不能再增加时，只能另寻其他地址开挖。靠崖式窑
洞还有一个缺点，就是春秋较潮湿。而作为改进型窑洞的形式，独立式窑洞就产生了。

　　独立式窑洞又称为锢窑，是一种人工建造的窑洞形式。独立式窑洞就是以土坯或砖
石砌成拱券式，再在其上覆土的窑洞形式，多做成平顶作为日常晒粮的平台。独立式窑
洞的形制很灵活，既保留了窑洞的优点又摆脱了地形的限制，而且可以组建成合院，形
成很大的规模。为了弥补窑洞春秋潮湿的缺点，人们还经常将独立式窑洞与普通房屋搭
配到一起，形成了混合式的四合院，这样冬夏住窑洞，春秋住房屋。独立式窑洞建的最
好的区域在山西省平遥县，那里的窑洞大多为砖砌成，不仅高大坚固，而且还与普通房
屋形成较严谨的四合院形式，特色鲜明。这种人工建造的窑洞加上顶部的四合院形式的
独立小楼，形成四合院与窑洞的有机结合（图 7-6）。

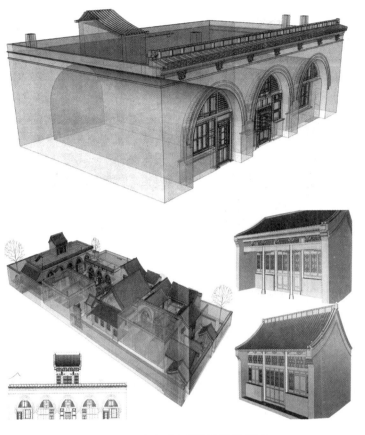

图 7-6　独立式窑洞四合院透视图

3. 地面下的村落——下沉式窑洞

在黄土高原地势比较平坦的地区，还有一种横竖穴综合的窑洞形式，这种窑洞也是三种窑洞形式中最富有特色的。有民谣很形象地概括了这种特殊的窑洞形式："进村不见村，树冠露三分，麦垛星罗布，户户窑洞沉。"这就是下沉式窑洞。下沉式窑洞又称地坑院、天井院等，就是在平地上向下挖掘出一个深坑，人工创造出"崖壁"，再在四壁上开掘出窑洞的合院形式。在河南、陕西、甘肃等地都有分布。下沉式窑洞通常是一户一院，较富裕的人家则可以一户几院，即由几个院落共同组成一座多进的合院形式，而且各院布局相当灵活，不必局限于轴线式或对称模式。还有一种同姓氏的多户人家共住一个大院的形式，规模更大，在一个天井院中以围墙分割出许多单独的小院落，大家共用一个通道和出入口。

人们在长期的使用和实践中不断完善下沉式窑洞的建制，逐渐形成了比较固定和规范的模式。一户一院的形式是最基本的，也是最常见的形式，其平面有方形、长方形、三角形及"T"字形等多种形状，但大都采用了方形和长方形。下沉式窑洞的深度约为 10 米多一些，这样既保证了窑顶有足够厚的土层，又使得出入方便，同时也避免开挖的土方量过大。窑洞平面最常用的有两种尺寸，9米乘9米的方形、9米乘6米的长方形（图7-7）。

图 7-7　下沉式窑洞与出入口挖掘形式示意图

下沉式窑洞与北京四合院的布局差不多，以坐北朝南的窑为主窑，是长辈及祖堂的所在，两边的窑洞是晚辈的卧室，以及厨房和储藏室的所在。南面窑洞作为厕所和畜圈，还是窑洞的出口。方形平面的窑洞主窑开三口窑，也就是三开间的形式，而长方形平面则开两口窑，是两开间的形式。下沉式窑洞的顶部通常要比周围的地面略高一些，还建有一圈女儿墙，这样既避免地面上的人不小心跌落，也防止了地面上的雨水倒流入院内。而院内只承受顶部一方天上的雨水，家家院子中设有渗水井，平常上面盖着石板。由于渗水井中非常凉，因此平时是家里的天然冰箱，人们将食物放在篮子里吊入井中保存。而当下大雨的时候就掀开石板，水很快就流走了，黄土高原地区降雨量非常小，所以院中的排水不成问题（图7-8）。

图 7-8　下沉式窑洞空间布局

下沉式窑洞拥有窑洞建筑的所有优点，而且更加明显，同时也是我国窑洞建筑中最珍贵的一种形式。因为，全世界只有北非的突尼斯地区有少量的此类建筑存在，但大多作为展览而用。（突尼斯地区的窑洞早在古罗马时期就已经存在了，原来的居民柏柏尔人已经迁出。）而中国的下沉式窑洞不仅分布广，而且居住人口相当多。但是也应该看到，由于下沉式窑洞建造在地下，因此也存在一些明显的缺点，越是到了夏天室内就越潮湿。同所有窑洞建筑一样，人们居住的炕及电器等怕潮的东西都设在靠近门窗的一边。此外，为了建筑的稳固性，窑洞上方地面不能有任何植物，因此大片土地只能空着，作为晒场使用。这样一来，每户窑洞就要占据相当大的土地面积，浪费了资源。也正是这个原因，各地政府不准再开挖新的下沉式窑洞，越来越多的人迁居地上，许多窑洞被封死。因此，窑洞的数量也是在逐年下降。

　　总的来说，民居为了适应当地的地质条件，其建造的位置与形式也必须适中。中国有因地制宜的建筑观念，在民居形成的独特文化中始终都遵循着这一基本理论，不论是气温、湿度、地质都是决定民居聚落的布局形式。这也告诉设计者，在任何时候，创作本身要适应当地的基本自然条件之后，才能在此之上进行变革与创新。不能一味的拿来主义，将不属于本地的建造手法和装饰元素不假思索地进行堆砌，这么做必然导致当地特色的混乱，也会在时间的验证之下被适者生存的理论所淘汰。

二、黄土高原地域文化概况

（一）历史文化
历史文化主要体现在古代风水理论、儒家的宗法伦理和耕读文明三个方面。

1.风水文化
中国古代的风水理论深刻影响着古代人们宅邸的规划建设，窑居村落的建设也不例外。最早起源于我国古代选择宅基或坟址等内容的风水理论，以往人们多把它斥之为迷信而不屑一顾，但近些年来经过一些研究之后才发现，其中也有不少东西值得我们现代人进一步深入研究。城镇民居聚落周围大环境的好坏与否影响着每一个居住在此的人。故民居房屋在整体布局上，要依山傍水，山水环抱，土厚水深，山清水秀。依山，可以取得丰富的生活资源，防止水涝；傍水，有利于灌溉、洗涤、食用、船运、发电。现代科学研究证明：水含有负离子，可以调节小气候。故毗邻江、河、湖、海地势又较高的区域是好的大环境。堪舆风水的"四神兽"格局非常准确地描绘了一幅美好大环境的画面，即城镇居中，左青龙方要有水，右白虎方要有路，前朱雀方土地要广阔，后玄武方要有山作为屏障（图7-9）。

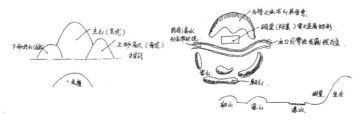

图7-9　"四神兽"格局

　　例如，西北地区的晋中祁县：它位于晋中盆地中部，汾河的东岸，太岳山北麓，其本身就印证了风水当中的"四神兽"格局。这里土地肥沃、水源充足、气候适宜、物产丰富。祁县古城南北长 700 米，东西长 850 米，为堪舆格局当中的子午短、酉卯长之横摆位，整个城区依山傍水是天然的栖息场所。而西南地区的丽江古镇（大研镇）也有着异曲同工之妙，大研镇傍依雄伟神奇的玉龙雪山，清澈的雪山圣水玉泉河分支穿城而过，构成了一幅家家流水、户户垂杨的独特画卷。这也就是所谓的"龙气"，玉龙雪山蜿蜒曲折的走势称为龙脉，汇集的玉泉河水穿插在古城之中称为水龙，是极好的风水福地。

　　当今强调人、建筑、环境三者之间应保持和谐的关系，而看风水从某种意义上讲，正是牵涉到对于环境的选择问题。人们总是要生活于某种环境之中，环境的好与坏就不免会对人的生活和行为产生积极或消极的影响。因此，人们就必须要对自然环境做出选择，古代盛行的风水学很可能就是为了满足这种要求应运而生的。风水学中指出了人与环境之间可以相互影响和作用的辩证关系是有一定理论依据的。风水观念中的尊重自然环境，与自然环境取得和谐的关系都是影响村落发展的因素，值得我们学习借鉴。

　　2. 儒家的宗法伦理

　　我国从周代就已经确立了宗法等级制度，历经儒家的不断调整完善并使之理论化，从而形成了封建的伦理道德观念，极其深刻地影响着人们生活的各个方面。中国的宗法礼制制度就结构形式讲具有以家庭为圆心，依次向外扩大同心圆式结构。就是这种宗法礼制结构，造成了我国居民分布的最大特点：以村落为单位，一村一姓，星座式的居民层次结构。以家庭为单位传统村落多半是自发形成的，灵活性较大，所以宗法礼制关系成为联系村镇聚落整体形态的潜在纽带。许多村落以宗祠等为核心形成节点状态的公共中心。例如，山西汾西县师家沟村就以中心广场"福地"向四周层层退台布局（图7-10）。

图 7-10　山西汾西县师家沟村

　　3. 耕读文明

　　历史上，黄土高原地区长期以农耕文明为主，以单纯的农耕和畜牧为主要升级方式，同时与尊儒重教相适应，在窑居聚落中，随处可体验到教化性场所精神。"耕以致富，读可荣身"这样的人文理想，在村落环境空间中充分得以表达：林立各处的褒赞忠贞孝悌、积善行德的石牌坊；建筑室内外琳琅满目的牌匾、对联、题额，多出自读书人之手；常以诗书礼乐为题材的石雕、砖雕、木雕更体现教化性的氛围，属于典型的耕读文明社会环境，具有长久地保护、研究和旅游价值。

（二）民俗文化

由于人们长期在窑洞内居住，所以生活习惯和民俗与窑洞有着紧密联系，在窑洞里产生并形成了特殊的窑洞民俗文化。窑洞民俗文化是以黄土高原为中心地带的地理区域、逐渐形成、衍化而成的。它具有渊深的文化积淀，是形成标准化行为经验的有效模式，体现了民间朴素的人文精神。黄土高原民风淳朴、豪放，威风锣鼓、扭秧歌、高跷、剪窗花，这些民间的娱乐方式表达了黄土高原地区人们对生活的热爱和向往（图 7-11）。

图 7-11 黄土高原民俗文化

窑居村落有着丰富的民俗文化。其中剪纸艺术是家家户户喜欢和最为普及的民间艺术。剪纸，又称窗花，历史悠久，代代相传。春节是妇女们显示技艺的最佳时节：窑洞的窗户上成了剪纸的展览室。新婚的媳妇还要给亲戚四邻送去自己的剪纸，以展示自己的心灵手巧。剪纸的内容多为吉祥如意、六畜兴旺、五谷丰登、避邪镇恶之类的题材，这些鲜艳的大红色的剪纸为荒凉贫瘠的土窑洞增添了色彩和盎然春意，充分显示了人们对生活的热爱和憧憬。

在黄土高原的风土民俗中，修建窑洞是一件关系到家庭兴衰、子孙繁衍的大事。在动土前，要相宅、择吉地、吉日，凡宅后有山梁大塬者，谓"靠山厚"，俗语称"背靠金山面朝南，祖祖辈辈出大官"；宅后临沟无依托者，谓之"背山空"，多忌之。这与现在的住宅用地选择原理相似。在窑洞破土动工之时，还要祭土地神，此风俗源于远古人类对土地的崇拜。最为隆重热闹的仪式为合龙口，窑洞建成之时，工匠在中间一孔窑洞的顶上留下仅容一砖或一石的空隙，用系了红布、五色线的砖或石砌齐，然后燃放爆竹，摆宴请客，共祝主人平安吉祥。迁入新居时亲朋好友还备礼祝贺，喝喜酒，为其"暖窑"。

（三）审美艺术

审美也是窑洞文化不可忽视的一端。窑洞审美包括生态审美、景观建筑审美和民俗审美等几个层面，它们共同以和谐、合宜、与自然融为一体为审美追求。

生态审美具有浑朴、生趣的自然美，增添人居之亮色的特征。进入窑居村落，往往首映眼帘的是那金色的玉米串、红色的辣椒串子和庭院中的绿树、窑顶上的麦集。这些自然的色彩在秋高气爽、蓝天白云的黄色大地上是那样的鲜艳夺目和协调统一，富有生活的韵味。另外，种植于崖畔、路边、院落入口的枣树，无论是在夏收 6 月、还是秋收 8 月，那悠远的清香与红艳艳的大红枣儿，都在装饰着黄土窑居村落。

建筑审美具有对称、中矩、别致，以及依山势布局的特征。黄土窑洞只有一个外露的门脸，俗称"窑脸"。这唯一的立面真实地反映出拱形结构的特征和门窗的装饰艺术。不管家中经济条件如何，人们都会将"窑脸"精心装饰一番。从最简朴的耙纹装饰、草泥抹面到砖石砌筑窑脸，再发展到木构架的檐廊装饰，历代工匠都将心血倾注在窑洞的这唯一立面上（图 7-12）。

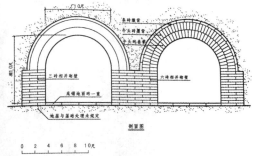

图 7-12　西北窑脸砌筑技术

护崖墙、女儿墙也是装饰的重要部位。窑洞的女儿墙是防止窑顶人畜跌落的维护构件，大多用土坯或砖砌成花墙。除满足功能要求外更注重美化与装饰，用砖则必砌成各式花墙，用土坯则在顶部的扣小青瓦中做装饰花形，于简朴中蕴涵灵秀之美。护崖檐是为了防止雨水冲刷窑面而在女儿墙下做的瓦檐，做法有一叠和数叠，在窑顶预埋木挑梁或石材挑梁，上铺小青瓦而成。有个别的窑洞在砖石拱窑前做檐廊，这属于高档次的窑洞建筑，数量较少。例如，张伯英府邸、巩义市民俗文化屯等。檐廊的出现，可以说是护檐功能的扩大，同时构成庭院与窑洞的过渡性空间（图7-13）。

图 7-13

墀头是指房屋两山墙或大门两侧悬挑在外、经过装饰的墙头。民居中墀头的装饰感和雕饰感非常强，在门楼当中是比较抢眼的装饰构件之一。墀头在建筑中有着不可忽视的结构功能——承重、传力。墀头用砖砌之，根据西北民居中的墀头形式，可以分为戗檐、盘头、上身、下碱四个部分。戗檐，微向前倾，挑砖叠出，表面上贴一块方砖，是墀头的重点装饰部分，上面雕饰的都是带有象征意味的图案，如狮子滚绣球、松鹿竹鹤、二福捧寿等。盘头下部继续做雕饰，宛如建造一个小房子，有滴水瓦当，四角上翘，叠层刻有莲花瓣、蔓草纹的图案。中部主体三面雕刻，装饰图案的内容多是寓意福禄祯祥、子孙兴旺、富贵不断的美好愿望，这种装饰技巧在西北的合院当中运用较多（7-14）。

图7-14 西北某民居墀头装饰

民俗审美具有写意、朴素及奔放的特征。在中国风水理论中，很强调门的安置，因为它关系到主人的吉凶祸福。按风俗观念讲："宅门"是煞气的必由之路。所以要用镇符镇住煞气，在民间流传最广且有感情色彩的镇符形式是贴门神、除夕夜放置桃木杠。贴门神的风俗后来演化为年画和楹联，意在图个吉利。门楼、入口一直是传统民居中重点装饰的部位。在传统民居建筑中，"宅门"可表现房主的财富和地位等。最简朴的宅门是就地挖洞；其次是土坯门柱搭草坡顶；进一步是青瓦顶；讲究点的是砖砌门拱，上卧青瓦顶；富有人家则是磨砖对缝，砖墙门楼。在下沉式窑洞中的坡道也是装饰的重要部位，同样有各种不同的做法。有的用青石平铺或青砖铺成踏步，还有用碎石装饰坡道两旁崖面，别具自然美（图7-15）。

图7-15

三、黄土高原传统聚落的概况

黄土高原沟壑地区的村落是人们为了适应当地的自然环境，与之协调发展而产生和不断发展、更新的。不同村落的形成和发展，取决于自然因素、社会因素和经济因素三个方面。由于各地区人民群众的历史传统、生活习惯、经济能力的不同和地形地貌、气候条件、土质性能等差异，黄土高原各地区的黄土窑洞各有千秋，形式也多种多样。在黄土台地的陡崖上或冲沟两侧的土壁上挖掘出来的靠山式窑洞，主要分布在黄土高原的坡地和冲沟两侧，如陇东地区西北部山区、陕北沟壑山区和山西的吕梁山区、太行山区及豫西山区。在地势比较平坦的地带直接利用自然地形挖窑洞比较困难，就先从地面挖一个坑，形成一个低于地面的下沉式院落，再从院落四周的黄土壁向内横向挖洞，形成独特的下沉式窑洞院落空间，主要分布在渭北旱原一带和山西南部运城地区以及河南西部洛阳周边地区，如陕西的永寿县、淳化县、乾县等地。此外，在陕北、山西一带，由于水土流失，沟谷切割，基石外露，采石比较方便，石砌、砖砌的独立式窑洞较多。

黄土高原地区由于特有的地形地貌及气候特点，以窑居建筑这种具有地方特色和生态适宜性的居住建筑形式为主要居住建筑类型。然而近年来由于社会的进步、经济的发展，外出打工的人数增多，加强了各地区之间的交流，村落原有的封闭性被打破，人们传统的生活观念发生转变，传统的生活方式发生了变化。传统的窑洞内通风不畅，采光不足、潮湿阴暗，缺乏给排水设备，不能满足现代人的居住要求，加之人们普遍认为生活在窑洞是贫穷的象征。随着传媒、交通的发达，以及外出人员带回的其他地区的建筑特点，出现了简单的模仿，人们纷纷在平地盖砖房、楼房，将原有的窑洞废弃，将窑洞所固有的优点（冬暖夏凉、经济适用等）也一起废弃，不仅造成了对土地利用极大的浪费，也削弱了该地区居住建筑的地域特色。

目前，城市化发展迅猛，城乡差别逐渐缩小，但村镇规划尤其是村落的规划建设和管理远远滞后于经济发展速度，缺乏管理和规划造成的村落布局散乱、土地分割混乱，缺乏有组织、有规划的道路网，交通混乱，不便利。政府对农村建房缺乏必要的监督和指导，导致农村自主性建房热潮持续不断，农民建房的自主性形成了农村聚落的无序发展，原有的独特自然景观和地域特色在逐渐消失。如何引导村庄的有序发展是我们要面对的重要问题。

村落基础设施落后，内部功能不能满足现代人的生活要求。环境混乱，卫生差；原有的窑居村落生活质量不高，如供电、通讯、上下水、厨卫、取暖、室内外环境、垃圾处理等得不到满足，安全感不足等；而新建的居住建筑造型单一、功能不合理现象更是随处可见；施工技术力量的不足又造成住宅的质量低劣。随着人们对于交通、卫生、服务等设施需求的增加，导致人们对于原有自然景观和生态环境进行破坏。这就要求我们积极探索符合当地特色的总体规划、村落布局和符合民居建筑建设特点的适宜技术。

第二节　黄土高原生态窑居度假村概述

目前旅游业依然是国家大力发展的产业之一。旅游的进行有赖于三个方面发展：居民收入达到一定的水平；休闲时间增多；旅游的需求不断增强。从世界范围来看，旅游是仅次于食品和住房的消费者优先选择的第三大消费项目。

正是在这样的国际旅游业发展趋势的大背景下，我国以旅游、娱乐、度假、休养为主要目的的度假休闲旅游已逐步兴起，相对于观光旅游来说，大有后来居上之势。旅游度假区（村）的建立是我国旅游业发展格局由观光型向度假型转变的重要举措，是我国旅游业发展的一项跨世纪的宏伟工程。使旅游业走持续、稳定、健康发展的道路，是各区域培养新的经济增长点以及大众适应社会生活方式的改变、社会走向现代化和进一步对外开放的必然选择。

旅游业的发展形势与发展前景以及生态旅游的兴起，成为黄土高原地区生态窑居旅游度假村产生的背景。黄土高原地区所特有的自然景观和人文景观为生态旅游的发展提供了理想的旅游目的地。这里拥有世界上独一无二的、黄土发育最为典型的自然景观，而这里的民风民俗、居住文化、饮食文化等人文景观资源也是独具特色。因此，当地政府和村民正是看准了生态度假旅游的发展潜力，人们对黄土高原这一地区独特的自然景观和原汁原味的乡土生活气息体验的需求，开始大力开发度假村旅游产品，作为当地经济发展的支柱产业。

一、黄土高原地区新农村特色化生态旅游现状

陕西作为西北地区主要以旅游经济为支柱产业的省份，从 2000 年起，加大对地方农村生态旅游的投入。现今，虽然提出了建设"以人为本"的人性化设计和打"本土化特色"的设计口号，但是根据实地调研显示，地方农村生态旅游建设还是存在着发展不平衡的现象。以陕西地区发展为例表现在以下几方面。

第一，陕西丰富的地方特色文化艺术资源没有得以有效、长远的保护和发展。目前大部分西北地方特色文化艺术的形式还处于自然存在的形态，没有系统的规划和管理。在功利性目标的驱动下，这种将地方特色文化艺术作为单纯的经济性产品资源加以开发利用的行为，所导致的结果是严重阻碍对于特色、隐性艺术的发展。同时，由于文化的同质相斥性，陕西各界人士对自己与生俱来的民间文化艺术兴趣和关注度不高。

第二，重要旅游线路沿线的农村生态旅游设施建设投资规模都较大，不仅硬件建设能达到一定档次，配套设施也较完善。但是整体设计感觉相近，特色化不明显。而对于偏远农村，特别是边远贫困地区或地势复杂的旅游景区，基础设施建设和使用指标均达不到标准。即使在同一县市内，各县之间甚至乡与乡之间，由于认识、经济、地缘、交通等因素的制约，建设差别也很大。

第三，在资源特质内源式推动、政策市场机遇性诱发以及"三农"问题式逼迫下的各地区民居农家乐形式，以及古镇院落的空间转型发展，还没有科学的指导依据。

二、陕西三原县柏社村下沉式窑洞的发展现状

柏社村位于新兴镇西北部，距三原县城 25 千米，该村下辖 15 个村民小组，是该县较大的一个行政村，保留有较为完整的窑洞、民居住宅。保存完好的地窑 134 院，经常有人居住的地窑 25 院，废弃地窑 52 院，共计 211 院，村落周边为典型的田园自然景色，果树繁茂，具有鲜明的风貌特色（图 7-16、图 7-17）。

图 7-16　地窑内景　　　　　　　　　图 7-17　地窑地上景观

　　三原县柏社村是我国现存地坑窑规模最大、分布最集中、保存最为完好，且具有悠久发展历史的古村落，凝聚了中国古代村镇人居的环境智慧。其地坑窑洞群蕴含丰厚历史信息和完整的人居环境发展序列。这种独特环境风貌与传统生土建筑形式的整体保护，对于保护与传承人类重要的人文基因，丰富我国乃至世界传统民居建筑形式保护具有重要的历史价值与理论学术研究意义。多彩的传统民俗文化积淀，使得地坑窑价值得到认同，知名度得以提升。但是由于客观的发展需求和主观的保护意识薄弱，导致现在古村落处于消极保护状态。表现在：一是特色明确但保护现状不容乐观。地坑窑整体生态环境、地下建筑破坏不可复建，古村落缺乏产业支撑，文化保护处于消极状态。加之广泛实行的土地复垦政策，已使得下沉式窑院这种蕴含古老人居文化基因的居住空间面临彻底消弭的尴尬境地。据 2010 年调查柏社行政村内保留窑洞共 780 院，其中残破仅 5%，正常居住占 25%，闲置保留基本形制完整而无损伤的窑洞占 70%。核心区域保存完好的地坑窑 134 院，经常有人居住的地坑窑 25 院，废弃的地坑窑 66 院，共计 225 院。由此可见，必须进行抢救式的维护、复原和保护（图 7-18，7-19）。

图 7-18　废弃地窑　　　　　　　　　图 7-19　残破地窑门脸

　　二是方向迷离，缺乏政策扶持。古村落经济落后，以农业为主，转型缺乏产业支撑，文化资源未发挥经济价值。柏社村旅游资源整体依托不足，多与咸阳、西安等人文旅游资源类似，属古遗址、帝王陵墓类等，明显不具竞争优势，目前三原县旅游发展尚不成熟，也缺乏给予柏社的足够支撑。

　　三是社会问题突出。农村地区日渐衰败、废弃，以及人群整体迁移，对乡村归属感和认同感极度迷失，乡村文化与价值被湮没在城市的洪流中。村民们外出务工造成古村落"空巢现象"，加速了其颓败，老年人和留守儿童等弱势群体成为热议话题。地坑窑被视作贫穷的代名词，空间的局限性无法满足现代生活方式，村民纷纷从地坑窑走向了地面平房、楼房。近年来，柏社村吸引了一定范围内的游客前来观赏。面对发展带来的利益分配问题，古村落内村民与政府之间的关系变得复杂。

针对柏社村这一仅存的仍基本保持完整格局且规模数量最大的以下沉式窑院为主要居住方式的古村落，进行抢救性保护，挖掘整理其蕴含的深刻人居文化基因，无疑具有重要的价值意义。通过注入活力因子带动经济发展，从"二维"到"三维"保护历史文化，传承人居智慧，探寻柏社古村落空间转型之路。古村落转型具有多重转型属性，但不意味着面面俱到，不是经济、社会、空间、文化都要转型，空间转型是核心，其源动力是经济转型，规划应"因时而异""因地制宜"，确定不同阶段的目标与策略。

第三节　黄土高原生态窑居度假村设计中的开发与保护

一、生态设计的理念

在生态环境较为脆弱的黄土高原开发窑居度假旅游，走生态旅游的发展模式，按照生态设计理念进行设计开发，不仅重要而且必需。21世纪生态建筑学将是建筑学历史发展进程中的新阶段。这个世纪，面临着环境恶化、资源短缺等挑战，越来越多的建筑师把生态环境保护、建筑的可持续发展作为必须具有的意识和准则。在建筑设计中引入生态学原理，进行生态设计是重要的发展趋势。生态设计是一种崭新的建筑设计方法，是"可持续发展"的思想在建筑设计中的具体体现。生态设计摆脱了人与自然相抵触的道路，重新寻求建筑与环境之间的和谐关系，逐渐形成了一种独特的、区别于普通流行的"国际式"建筑定式的建筑理念，如生态建筑、绿色建筑、可持续发展的建筑等。旅游度假村与生态环境具有的密切联系，将使之成为建筑师关注的焦点之一，并可能成为建筑艺术某一方面新的突破点。

在实践中的生态设计应当遵循以下原则。

1. 注意与自然环境的结合和协调，使人的行为与自然环境的发展取得同等的地位，这是生态设计的最基本内涵。

2. 善于因地制宜地利用一切可以运用的因素和高效的利用自然资源，减少各种资源和材料的消耗。

3. 减少人工层次，更加注意自然环境设计，加强自然环境的利用，使人工环境和自然环境有机交融。

4. 注重生态建筑的地方性。

二、生态窑居度假村建筑的设计内容

当前生态设计的内涵已大为拓展，从最初的自给自足、节能环保的自维持概念，发展到生态平衡、可持续发展的宏观角度的生态建筑。逐步从着眼于建筑技术的改进，拓展到包括建筑技术性与艺术性、自然性与社会性的整体建筑文化范畴。具体到旅游度假村建筑的生态设计，可涵盖技术生态、景观生态、文化生态三个方面。

（一）技术生态

技术生态指根据自然生态最优化原理，通过工程手段来设计和改造建筑系统内的结构，提高能量、物质利用效率，挖掘建筑系统的生态潜力，以提高系统的经济生态效益。其基本内容包括：共生结构的设计、能源结构的调整、物质循环与再生等。

旅游度假村建筑中可实施的技术大致分为三个层次：地域技术、中间技术和高新技术。地域技术是根据建筑所在地域的气候、环境条件而采取的自然、原始的生态技术，其特点是对自然规律巧妙运用，如诱导式的构造技术、被动式的太阳能利用技术、自然建筑材料运用等。中间技术是指投资不高且目前比较成熟的机械或人工技术，其范围比较广泛，包括太阳能热水技术、绿化技术、节水技术、生态建材技术等。高新技术是指以科学最新成就为基础的技术，包含使用尖端方法或仪器，它是人工智能与技术的高度集成，主要有高新材料技术、智能控制技术、太阳能发电技术等。

旅游度假村建筑生态设计技术选择的原则是：在一定的时间和地点前提下，用特定场所的生态环境、技术和经济状况以及当地的气候、文化传统等综合因素的合力来决定采用何种技术路线。首先，考虑选择造价低、没有附加设备的技术，如诱导式的构造技术、绿色技术、被动式的太阳能利用技术等；其次，选择高效成熟的技术，如太阳能热水技术、生态建材技术等；最后，选择复杂程度高拥有广阔发展前景的技术，如太阳能发电技术、智能控制技术等。这样，在生态技术的推广中才能循序渐进，走出一条切合实际的发展道路。

就窑洞度假村而言，窑洞度假村的建筑设计本身既具有传统窑洞朴素的生态因子，如冬暖夏凉、就地取材、少占耕地（靠崖式窑洞）的特性，施工过程与使用过程节能环保。窑居度假村应该以遵循继承传统窑洞的优秀生态因子、对传统窑洞进行适当的改造，以地域技术为主、中间技术为辅，作为其建设的基本原则。窑洞民居是由于黄土高原地区的特有气候、环境条件所产生的居住形式，在自然材料利用、地域适宜性方面具有得天独厚的优势。近几年，许多研究学者利用诱导式的构造技术、被动式的太阳能利用技术等中间技术，对传统窑洞进行了适当的改造，克服传统窑洞的缺陷，使之更加舒适，符合现代人的居住方式。

（二）景观生态

现代都市人对自然的渴望体现了人类返璞归真的一种心态，景观生态设计是满足这一心态的重要手段。

传统窑居聚落与黄土高原的自然环境和谐是传统窑居聚落与生俱来的优势和特点，与黄土高原的大地景观融为一体。因此，黄土高原地区窑居度假村的景观生态设计，应借鉴传统窑居聚落的这一优点，以传统窑居聚落的景观风貌为基础，加以继承、发扬和更新。

（三）文化生态

广义的生态概念不仅包括自然环境，也包括人工环境和人类的历史文化环境。建筑与地方历史文化的和谐一致，即文化生态，也是度假村生态设计的内容之一。文化生态涉及的是建筑与地方文化的关系，即对地方历史文化的尊重。具体到旅游度假村建筑的文化生态设计，可主要从以下三个物化层次入手，即地方文化民俗的保留发展、乡土技术与新技术手段的混合杂交以及建筑材料设备的地方多样性。

因此，黄土高原窑居度假村的设计也要充分地体现当地特有的民风民俗传统文化，在建筑设计、居住方式、室内外装饰以及环境设计等方面，都要充分体现地方特色。这样既增加了窑居度假村的吸引力，又继承和发展了传统的地域文化，符合了生态概念中对世界文化多样性的要求。

旅游度假村建筑生态设计十分重视地方技术手段的选择和利用。在长期的发展中，地方建筑对气候、环境做出了创造性的适应，很多传统技术对度假村生态设计仍有借鉴意义。

黄土高原窑居度假村建筑在地方技术手段的选择和利用方面，有着得天独厚的优势，传统窑洞由于相当厚度黄土层的覆盖，具有冬暖夏凉的特点，在节能方面具有积极的意义。近几年关于窑洞改造的研究，又为克服传统窑洞的固有缺陷提供了技术支持，为窑居度假村建筑的生态设计提供了良好的基础条件。

第四节　黄土高原生态窑居度假村对传统窑居聚落的影响

民居作为社会的文化财富具有将传统延续的作用，那些对当前仍有启发意义的传统民居形式更应充分研究。现代文明对生活的影响是任何力量所无法抗拒的，尽管传统窑居聚落具有其自身的许多优势和价值，但毕竟无法满足日益发展的窑居村民享受现代生活的需要，近年来传统窑居村落改建的速度非常快，弃窑建房现象十分严重。传统窑居聚落的复兴不仅必要，而且对传统窑居聚落更新改建，使之符合现代人的生活方式也成为必需。

20世纪工业革命给人类的生活带来了巨大的变化，在给人类提供更多便利与享受的生活条件的同时，它也带来了可能毁灭人类的恶果——生态环境的严重破坏。水、土壤、空气的污染，人口爆炸，耕地减少，土地沙漠化，自然资源耗竭等问题，成为20世纪留给21世纪的不得不面对并解决的棘手问题。

黄土高原沟壑区生态环境较为脆弱。经济的发展，城市化进程的加快使黄土高原沟壑区面临更大的生态压力，生态环境的保护应提上重要日程。传统窑居村落中凝结着重要的生态保护思想，如村落的选址近水向阳，村落形态顺应山势、因地制宜，选择冬暖夏凉、节能节地的窑洞建筑作为居住形式，有效的防洪排水体系、对土地珍惜的情怀及简朴的生活理念等。这些朴素的生态思想使黄土高原窑居传统村落与周边的自然环境形成了良好的和谐共生机制。

传统村落发展中对生态环境破坏的主要原因是黄土高原窑居聚落人类关于传统村落的生态记忆正在消失，对传统村落中所凝结的珍贵的生态营建思想逐渐忽视、遗弃。只有生态记忆的保护可以使人类重新认识它的优越性，使其长期存在于人的脑海中并且世代流传。在村落营建的过程中自发地运用生态思想，使黄土高原窑居聚落的生态保护不再只是政府和建筑师的工作。

黄土高原传统窑居聚落在经历了漫长岁月之后，构成了黄土高原窑居聚落人类文化及其创造性、丰富性和多样性的最确切、最生动的见证。它是人类关于该地区历史文化记忆的载体。它已经成为当地人类日常生活的一部分，向人们生动地展示了它所产生和经历过的时代的特征。

综上所述，传统窑居聚落的保护、更新与发展成为目前面临的主要问题，寻找传统窑居聚落保护、更新与发展的合理方式，已经迫在眉睫。

黄土高原部分地区自然生态环境的恶化，已经严重影响了这一地区人们的生活条件，甚至有可能影响这一地区的长期生存和发展的条件，对其可持续生存发展形成了威胁。生态旅游度假村的开发遵循可持续发展原则，自然资源即被看成是旅游资源，同时是旅游景点的保护对象，黄土高原窑居度假村的开发也不例外。

生态旅游窑居度假村项目的开发具有非常好的环境效益，加强了水土保持、荒山绿化、环境治理。创造优美的环境，不仅成为发展旅游的必须，而且旅游的发展也大力推动了环境治理工作。优美的自然环境是窑居旅游度假村发展的依托，同时旅游带来的经济利益为自然环境的合理利用和保护提供了支持，有效缓解了黄土高原地区自然生态环境恶化的压力。

一方面，窑居度假村的旅游产品开发者们对自然环境资源的利用趋于合理；另一方面，生态窑居旅游度假村的游客在享受休闲度假、体验不同风情的同时，也加深了对自然环境保护方面的意识，认识到保护生态环境的重要性、加强了保护自然环境的责任感。

一、窑居度假村对传统窑居的延续及改进

窑居度假村作为生态旅游的一种形式，是满足旅游者回归自然、体验与日常生活不同的人生经历的旅游。生态旅游资源是指以生态美吸引游客来进行生态旅游活动，并在保护的前提下，能够产生可持续的生态旅游综合效益的客体。生态旅游资源是吸引生态旅游者回归自然的客体，是旅游活动的物质基础，它具有吸引功能、效益功能、客体属性、保护需要四个基本点。在经济、社会、生态和自然等方面具有自己的特征（表7-1）。从资源特征分析看，生态旅游资源可以分为自然生态旅游资源和人文生态旅游资源两大类。

表7-1　生态旅游资源特征

特　征	内　容
生态特征	原生性、和谐性、整体性、系统性、脆弱性、保护性
自然特征	广泛性、地域性、季节性、时代性
社会特征	精神价值的无限性、民族性
经济特征	不可移动与可更新性、市场需求的多样性、旅游经营的垄断性

资料来源：《景观生态旅游规划》

　　传统窑居聚落作为生态旅游资源，窑居度假村的建设以传统窑居聚落为依托、继续延续传统窑居聚落的形式，是其必然的选择。因为，满足游客对黄土高原地区风情（包括居住、饮食、民俗文化等）的猎奇心理和体验需求，是窑居度假村旅游产品的开发主题和吸引游客的主要吸引点。

　　生态旅游产品应该是高质量、高品位的精品。生态旅游产品的精品性首先体现在"真"上，游客追求的是原汁原味的旅游真品。精品性也体现在质量上，游客追求的是货真价实高品位的产品。精品性还体现在其利用价值上，精品能经受时间的考验，不会因为时间的变迁而降低或丧失其价值。因此，在延续传统窑居聚落的同时，窑居度假村对传统窑居聚落也有改进的地方。

　　由于黄土高原地区处于干旱、半干旱气候区，年平均降雨量稀少，再加上地少人多，耕地过度开发，地表植被破坏严重，带来了一系列的环境生态问题，如水土流失、沙尘暴等。还有些地区由于对当地矿产资源不合理的开采，造成了地下水脉中断，更加剧了干旱缺水的问题。同时，许多黄土高原窑居聚落基础设施差，排水不便，卫生条件差，道路交通不成系统，所有这些问题均影响了窑居聚落的保护与发展。

　　对传统窑居聚落的改进包括对自然环境的整治，加强基础设施的建设，改进窑洞的室内外环境等几个方面。

　　第一，对窑居聚落自然环境的延续与改进。黄土高原地区特有的地形地貌是窑居聚落产生的自然基础，对其延续是必然的，对其进行改进则是必需的。具体措施包括加强绿化，实现退耕还林，保持水土等。节约用水也应是一项必要的措施，这种行为约束不仅适用于当地村民，也应适用于窑居度假村的游客，窑居度假村作为生态旅游度假村，不仅担负着保护生态旅游资源的责任，也担负着对游客生态意识进行教育的责任。而作为来窑居度假村度假旅游的生态旅游者来说，也要担负生态旅游地可持续发展的责任，回归自然、感悟自然、学习自然、从而自觉地保护大自然，不仅是生态旅游者应有的素质，也是他们的一项重要旅游内容。

　　第二，对窑居聚落基础设施建设的延续与改进。基础设施建设关乎度假村的发展，同时以发展度假村为契机，可以完善传统窑居聚落的基础设施。完善的道路系统、给排水、电力、通讯等基础设施是度假村发展的重要条件，基础设施的完善也为窑居聚落的更新发展提供了条件。对传统窑居聚落的基础设施进行完善的同时，应尽量尊重原有状况，如道路系统，这样既不会破坏原有村落的空间布局，又符合生态的原则。

第三，对窑洞室内外空间环境与装修的延续与改进。室内环境设计是 20 世纪 70 年代世界越来越重视环境保护的一个反映，是室内设计的一个重大变革。作为一门综合性学科，室内环境设计更重视人与自然的和谐，以及通过这种和谐在更高层次上满足人们生活需求、工作要求和精神需求。它的内容包括四个部分：空间环境形象设计；室内环境装修设计；室内物理环境设计；室内环境陈设艺术设计。窑洞对现代室内环境设计在理论上和实践上都有借鉴意义。传统的窑洞室内环境设计完全是一种自发行为，在空间环境形象设计上，它具有浓郁的乡土气息；在室内环境装修设计上，对空间界面——拱顶面、墙面、地面，以及空间的分隔、家具陈设等的处理，比较简单，空间单一，一孔窑内兼具做饭、会客和休息等多种功能，靠近出入口处做饭，依次设会客和休息的空间，内外空间用布帘做分隔；在室内物理环境设计上，窑洞的外壁材料——厚厚的土层拥有良好的保温隔热功能，因此窑洞内冬暖夏凉。但窑洞内也存在采光不好、通风不畅、夏季潮湿的问题。针对这些问题，许多专家学者已经做了行之有效的改造实验，形成了许多改进技术措施，而且简单易行、造价较低。在室内环境陈设艺术设计上，黄土高原的窑洞民居有着自己的鲜明特色，如窑洞内的火炕、灶台等家具摆设，具有浓郁的乡土气息，但随着社会的发展，也出现了许多现代城市文明的陈设。

传统窑洞的艺术处理是从黄土高原这一特定的环境氛围出发，把自然与人工、自然与居住完美结合在一起的艺术处理方式。整个外部形象敦厚质朴，作为重点装饰的窑脸和门窗也是简洁质朴，与周围环境融为一体。门窗常采用方格子式窗棂和实心木板门，把门板和窗格漆成本色或深褐色，在窗格之间糊以白纸，偶尔镶嵌两三块色彩鲜艳的色纸或窗花。再加上门口悬挂的雪白门帘，使之充满了质感与色彩的对比，非常朴素大方。这些内外装修处理方法，与黄土高原雄浑的自然风光、淳朴的劳动人民、鲜明的地方特色遥相呼应，完全是适应这种地方风貌的产物。窑居度假村延续了传统窑居独具特色的室外装修特点，以反映传统窑居聚落的地域特色。

综上所述，在保持窑居聚落传统特色的同时，窑居度假村对传统窑居聚落的改进不仅必要，而且还有很大的改进余地。

二、黄土高原窑居旅游度假村的问题

从目前黄土高原地区窑居度假村的调研情况来看，在对传统窑居聚落的保护与发展方面还存在着一些问题。

首先，对自然与人文资源的保护并没有真正做到由自发到自觉。对传统窑居聚落的自然与人文资源的保护，更多的是以旅游开发的必需性为出发点，而不是以自然环境的生态重要性和地域文化多样性保护为其旅游开发的初衷。经济利益的驱动是必要的，但不能以经济利益为一切行动的出发点，应在发展经济利益的同时，注意生态意识的加强。这种加强不仅针对窑居度假村的开发者，也包括当地居民和窑居度假村的游客，只有这样，窑居度假村才能良性的循环发展，传统窑居聚落才能真正得到保护与发展。窑居度假村的决策开发者和设计人员，不仅担负着保护传统窑居聚落的资源可持续发展的责任，也担负着对当地居民和度假村游客进行教育的责任。

其次，真正意义上的当地居民参与性还不够广泛。旅游地当地居民的参与性是生态旅游的一个主要特征，窑居度假村作为社区生态旅游目的地，与自然生态旅游目的地有很大的差别：首先，组成上有人居住的社区生态旅游目的地，是由自然生态系统、社会文化系统和经济系统三个部分组成的；其次，旅游者除了与自然生态系统有关系外，更为重要的是还与当地社区居民有关系，而这些社区居民经过千百年与其生存环境的融合，与当地自然已经融为一体了；最后，基本权益变了，其基本权益除了对社区的自然生态环境负责外，还要对社区的经济增长、社区的传统文化传承负责，而且，自然生态环境的保护又与社区的经济和文化有着千丝万缕的联系。因此，社区参与是实现对社区生态旅游目的地负责的最佳途径。

从目前调研的情况来看，真正的当地居民参与还没有实现，窑居度假村的开发大多仍然是少数开发商的商业行为，维护的是开发商的经济利益，与当地居民的关系不大。

最后，从生态的角度对窑洞的利用改造还不全面深入。窑居度假村的建设更多的是利用传统窑洞的地域形式作为吸引游客的特色，而主要并不是从生态可持续的角度进行开发。窑居度假村从策划到设计都没有对窑洞的生态设计作为出发点，因此，对传统窑洞的生态意义没有进行深层次的发掘，对传统窑洞缺陷的改进技术应用的少甚至没有。比如，现在已经比较成熟的窑洞防水技术、通风除湿技术，没有在窑居度假村的建筑中体现出来。

三、窑居度假村对传统窑居聚落复兴的意义

20世纪80年代以前，我国至少有3亿人居住在黄土高原的150个县的窑洞住宅中，这里是"见烟不见房，闻声不见人"的景象。80年代以后，由于人们经济状况的好转，观念意识的变化，弃窑建房的现象普遍，居住窑洞的人数显著下降，而且越来越偏向老龄化。尽管窑洞具有不通风、采光不好、空气潮湿、遇山洪暴雨有坍塌的危险等一些缺陷，但窑洞民居也有许多原生态的优点：易开挖、造价低、就地取材、冬暖夏凉、节能节地、防辐射、产生负离子条件好，能使人长寿。正是基于这些优点，在黄土高原地区，仍有4 000万左右的人居住在窑洞里。

在全球语境下保护地域文化的潮流中，以传统窑居聚落为土壤形成了黄土高原地区特有的地域文化风情。作为世界多元文化的一员，如果窑居聚落衰亡消失，这是我们不愿意看到的现象。

近些年，针对窑洞主要缺点进行改进的研究成果不断涌现，而且技术相对成熟，造价相对较低，传统窑居聚落的保护与发展有了希望。但是这些对窑洞的改进成果普及起来仍然存在困难，黄土高原窑居聚落的保护与发展工作仍然任重道远。

根据调研分析其主要原因有以下几种：第一，窑居聚落的大部分村民对这些改造成

果了解较少，对传统窑洞的改造缺乏专业的指导。这些技术成果主要应用于一些试点地区，对于广大的黄土高原地区，其普及面还不够广。第二，一些村民对新事物的接受比较慢，参与的积极性不高。毕竟只靠少数建筑师或只靠政府，这项工作也无法顺利地开展，当地村民们的积极参与起着至关重要的作用。影响村民积极参与的原因，除了心理因素外，也包括经济因素、是否有专业的指导等方面的因素。第三，传统窑居的一些弊病长期无法得到改善，使窑洞逐渐与社会发展不协调，当地村民对窑洞产生了抵触心理。当经济条件得到改善之后，他们宁愿选择"机会成本"更低的地上砖房，尽管就单方造价和室内环境而言，窑洞比目前大量建造的地上砖房优越。如何改变他们的观念、增强他们对窑洞改造的信心，成为传统窑居聚落保护问题的关键。第四，对于一些经济相对落后的村落，缺乏足够的经济支持也是阻碍窑洞改进发展的主要原因之一。

针对以上原因，窑居旅游度假村的发展无疑能够解决一些问题，发挥一定的作用。下面就生态窑居度假村对传统窑居聚落的保护复兴所具有的意义，总结出以下几点。

首先，生态窑居度假村的发展为传统窑居聚落的保护、更新和发展提供了动力。在经济利益的带动下，改进传统窑洞作为度假村，并对周围生态环境进行保护，不仅成为村民的需要，而且成为发展生态旅游的必要条件。同时，旅游业带来的经济发展，又为传统窑居聚落的保护和发展提供了足够的经济支持。

当黄土高原窑居聚落成为一种生态旅游资源的时候，为了体现其旅游产品所具有的"真品"与"精品"的品质，对传统窑居聚落的传承、更新和保护成为其追求目标。生态窑居度假村对传统窑居聚落的传承，体现了黄土高原地区传统窑居聚落的地域特色，是生态窑居度假村在"真品"方面的体现；生态窑居度假村在"精品"方面的体现主要在对黄土高原传统窑居聚落自然生态环境的治理和保护、对传统窑洞的更新改造和旅游服务设施的完善上。

开发生态窑居度假村，提高了当地村民的经济收入，为窑居聚落的保护提供了经济动力和支持；而传统窑居聚落的保护为生态旅游度假村的发展提供了资源基础，有助于生态窑居度假村的发展。两者形成了一种相互促进的良性循环方式。

其次，生态窑居度假村的发展改变了黄土高原传统窑居聚落村民的观念意识，增加了其对传统窑洞进行改造的信心。在缺乏成熟的窑居改造实例的情况下，对传统窑洞进行改造，增加了无形的机会成本，如果改造失败，反而更不经济，因此村民往往选择机会成本较低的地上砖房。生态窑居度假村的建设，在不失传统窑洞的优点并对其缺点进行改造后，将城市居民的生活方式引入窑居度假村内。在室内空间布局和生活方式等方面的改进，应更加符合现代人的生活方式，对传统窑居方式的更新发展起到了应有的示范作用。

生态窑居度假村所起的是一种现身说法式的示范作用，其利好性也更直观，这种方式可能比专家学者一厢情愿的说理更容易让村民们接受和理解。

再次，生态窑居度假村按照生态旅游的模式进行开发，有利于传统窑居聚落的保护与发展。当地居民参与的生态旅游开发模式，也更加有利于当地居民得到经济实惠，增加他们的收入，提高他们的生活水平。

　　生态旅游的可持续性理论和责任性理论，对于传统窑居聚落的保护和发展十分有利。生态旅游的可持续性理论强调了旅游资源的可持续发展利用，这样有利于充分挖掘传统窑居聚落节能节地等方面的优秀生态基因，使其得到充分的发挥，从而得到应有的保护和传承。生态旅游的责任性原则，强调了旅游者对旅游资源地的责任，包括尊重旅游资源地自然生态环境基本权益的责任和尊重当地居民基本权益的责任。

　　生态窑居度假村的开发在生态旅游"保护性"和"责任性"两大理论的支持下，对于黄土高原传统窑居聚落的保护和可持续发展具有积极的意义。

第八章 少数民族文化——藏族、傈僳族民俗生态旅游设计

随着全球化的不断发展，少数民族文化的现代化成为民族文化发展的必然趋势。如何正确看待文化发展，以及如何面对少数民族的文化传承，是当前值得关注和思考的主要问题之一。生态旅游的开发和保护就显得尤为重要。

第一节 平武白马藏寨乡村生态旅游规划——以亚者造祖村为例

古语有云："百里不同风，千里不同俗""一方水土养一方人"。可见，地域文化是指一定区域内具有某种特色风格，特定文化现象及其空间排列构成特征，其发展基础是人类赖以生存的地理环境的空间场所。一种具有强烈地域特征的整体空间形态、城市整体布局、建筑形态等，具有浓郁的地方色彩。地域是一个宽泛的名字界定，有一定的范畴，但没有明确的衡量标准。地域可以为一个国家、一个城镇、一个村庄、一个民族、一个区域、一个聚落，如悠然惬意的大理白族双廊旅游区、人间天堂般的九寨沟藏羌文化风景区，以及清静雅致的丽江古城、轻柔婉约的乌镇等。

白马藏族传统文化的具体表现：

自然环境和人文环境都是地域文化所涵盖的内容。自然环境是指一定所属区域内的自然地理景观，包括地形地貌、气象气候、山水河流、动植物等。地域的人文特征反映了一定区域范围内的人文精神的缩影，它不是单一的具象事物，主要体现在多个具象的事物上共同涵盖的一丝丝人文关怀，主要包括：民风民俗，传统服饰、传统建筑、传统艺术、宗教信仰、传统文化、传统文字及语言等。白马藏族文化生态是目前保护状态最完好、民族特征最典型、民族风情最浓郁的地域特色民族文化，白马民族是古代氐人的后裔，有着悠久的历史。其社会结构体制中保留了明显的原始公社制的痕迹，从白马服饰、宗教信仰、语言文化到建筑形式、生活习俗与其他民族都有着显著区别，沿袭了古代氐人的文化传统，并将其传统文化合理运用，该民族被称为"民族活化石"。同时，白马藏人又是非常弱小的一支少数民族，目前总人口只有14 000多人，分布在四川东北部、甘肃西南部两省的三个县乡之中（图8-1）。

图8-1　四川省绵阳市白马藏寨乡村

　　白马藏寨乡村生态旅游，位于四川省绵阳市平武县，地处龙门山地震带，为岷山山脉的腹心地区，地势东南高西北低，平武县西北边陲九寨环线东段，夺补河流经全境。它北与九寨沟县勿角乡、马家乡、"童话世界"九寨沟接壤，南与平武县木座藏族乡、黄羊关藏族乡毗邻，东与甘肃省文县铁楼乡交界。白马藏寨乡村生态旅游位于全球生物多样性的核心地区，地质结构复杂，有多个断裂分布，且境内山坡陡峻，岭谷高深，是地震和崩滑流频发的地段，也是我国地理形态中一、二级阶梯的过渡带。在西部文化格局中，白马地区位于汉、藏两大文化圈的连接处，是典型的边缘文化生态系统。

一、信仰崇拜

　　信仰即对某种宗教，或对某种主义极度信服和尊重，并以之为行动的准则。

（一）自然崇拜

　　白马藏族不信仰藏传佛教，而信仰自然崇拜和苯教，不修山神庙宇，不供佛像，崇拜日神、山神、火神、天神、土地神、年神、水神、庙神等自然神。

　　囊拉即天神，白马藏族先民认为，天空的本色为蓝色。因此，将天神尊称为囊恩布。白马人认为天是神秘又伟大的，风云莫测，因此对天神的崇拜胜过对一切的崇拜，如遇地震、冰雹、暴雨、瘟疫等自然灾害，都理解成是天神龙颜震怒后对人类的惩戒。在自然灾害来临前或来临时，一般以村为单位，男女老少都在村东头的一片旷野上设祭台拜天神，在巫师的主持下跪地叩头，焚香烧纸，面朝天乞求天神保佑。

　　萨拉贡玛即土地神，白马藏区是较为典型的农业区，人们认为是莎拉介吾给了人生存的根基，使得生命才可以延续至今。

　　尼拉即日神，白马藏族将月亮和太阳视为兄妹，认为月亮是哥哥，太阳是妹妹。白马藏人的观念中太阳是阴性，把太阳的图案体现在妇女身上是合适的，白马藏人妇女用象征太阳的图案装饰衣服，表示了对太阳神的崇拜。

　　康达更波即树林神，每个寨子后不远处都留有一片千年万代不能砍伐的松树木或灌木丛，全体村民自觉保护，互相监督，人们将这片树林看成是全体村民团结和睦的标志，村寨兴盛富裕的象征。一般在冬闲时择吉日集体祭祀树林神，地点一般在该树林前或树林中。

热啦即山神，每一个寨子或几个寨子都有崇拜的山神，平武县的山神为"也世莱买"，汉语称"白马老爷"，每三年大祭一次，每年农历四月十八日、七月十五日、十月十五日分三次祭此山神。

年神，是一种在山岭沟谷中游荡，在石缝、森林中安家的神，年神所附身的多是人世间的死物，也很容易为人类所触犯，从而降下灾难，白马藏族经常将年神、山神互相混淆，认为年神一般都附在山上，所以年神与山神就有了较密切的关系。

涅拉即火神、灶神，白马藏区每家都有火塘。

拉水神，在白马藏区，只要有河流、湖泊或泉水的地方必定有水神。

插柴神，白马藏区高山林立，人们相互往来总免不了要翻山越岭，无论是盛夏，还是寒冷的冬季，都阻隔不了人们的交往。每当人们翻山越岭之时，拿根棍子到山顶垭口处插下，久而久之，人走得越多，垭口处的棍子也就越多。据称，这种长年在垭口处的神叫插柴神或泼财神，如果你将木棍插在那儿，你就会财运亨通、沿途也非常顺利，否则就会破财，甚至路上受阻。

祖先崇拜，在白马藏区，各家各户都有家谱，此家谱以神像为主，这些家谱都先画在白布上，而后着色，其色彩、画法都趋同于唐卡画，有的画像画男不画女，且个个面目狰狞，到农历腊月三十至正月二十日，在房屋正中墙壁上挂展家谱，平时也是神龛。

庙神，庙子也叫山神庙，建在村后，庙里陈设简陋，没有塑像，设有一神龛，神龛中央立一木牌，木牌上写着所供神的名字，木牌周围均用红布包扎，红布叫作"红"，是施主献的，把木牌叫作"老爷"。

（二）苯教信仰

1.苯波

苯教最初在今西藏阿里地区南部古代象雄等地发展起来，苯教的创始人叫东巴。辛饶米沃，意为最高的巫师。苯教崇拜天、地、日、月、星、雷、雹、山、石、水及万物。"苯"意指瓶，属早期巫师施行法术时所依助的宗教法器，遂称巫师为苯。苯教有"三界观"，即把世界分为三个部分：天、地、地下。苯教崇尚"十三"这个数字，"卐"即苯教雍仲图案和太阳光芒的一种变体。

2.道拜

汉语称"端公"，笔者认为，这很可能是藏语原始宗教中的"笃苯"。笃苯是一种神鬼附体的巫术。

沙巴、沙巴尼，汉人称其为阴阳先生，阴阳即道教太极图，先生即人。

3.朝格神信仰

白马藏族山寨大都有木刻面具，白马藏人称为"朝格"，意为变幻男相。朝格包括朝姆，意为变化女相，还有"哲"，意指猴子、小丑，白马藏寨几乎大部分人家都有面具，一年四季挂在门的左右侧，每到正月初六才被聚到一起，用于驱邪逐鬼的跳神，朝格神属于寨神范畴，其地位略高于祖先神（图8-2）。

图 8-2　白马藏寨乡村木刻面具

二、饮食习惯

　　白马藏区地广人稀，每平方千米仅 3.7 人，森林面积几乎占全县林地的一半。海拔在 1 000 m—4 800 m 之间，气温低，平均温度为 8.6℃，全年无霜期为 80 天左右，土地贫瘠，亩产量低，农业生态恶劣，粮食几乎不能自给自足。高寒低温的气候特点和独特的地理位置形成了白马藏族独有的生活饮食习惯。其饮食多以高热量、高蛋白、高脂肪为主，其保持了与众不同的原生态习俗，使得白马藏族文化成为华夏民族民俗文化中的"瑰宝"。由于地理位置、自然环境和经济条件的制约，白马藏族以从事农作生产为主，但由于耕地少且耕作粗放，粮食产量低下，须以畜牧、养蜂和采猎为辅，农作物主要有小麦、青稞、燕麦、洋芋、荞、花椒、玉米等；畜牧业有圈养猪、羊、马、牛、鸡、鸭等，副业有养蜂、打猎、采药、伐木等，食品以米、青稞酒、干肉、腊肉、土豆等为主，干肉是白马藏民对肉类的一种储存方式，一般在入冬后杀牛宰羊，食用后将余下的肉切成条块状，挂在通风处，使其风干，冬季制作风干肉可防腐且易保存，低温环境可以使血在肉中凝固，保持肉的鲜味。白马藏族的饮食文化以腊肉文化（别称猪膘文化）和酒文化最具特色，腊肉文化就是说腊肉在腌制、储存和食用过程中的特色和方法，白马人喜欢吃腌制的牛肉，猪肉，用以食用、祭祀、送礼、作为商品销售等，腊肉普遍的象征性代表财富、能力、荣誉等。

　　白马藏族是一个喜酒的民族，白马藏族的酒文化历史悠久，在漫长的岁月中，酒文化贯穿于整个民族的民风民俗、祭祀、庆典、婚嫁、节日中。"以酒交友"是白马族人接待贵客接待亲朋的基本礼数。传统"咂酒"为高原青稞发酵而成，盛于瓦罐之中，用细竹竿轮流转圈吸饮，蜂蜜酒为酒类的最佳之物。据白马老者讲，可以用于药用，有治疗风湿的效果。

三、民族节日

　　白马藏族的传统节日颇多，多与农业有关且不少具有宗教祭祀含义。其中最为隆重的要属春节，每年的正月初一至初十六结束，几乎每天都有特定的礼仪活动。

　　菜花节，每年二月初一，开春破土前，请巫师念经，杀羊祭扫山神，祈福。"鬼节"，每年七月十五，杀猪宰鸡羊敬奉神灵和白马土祖，寨民欢乐对歌跳"圆圆舞"。十月十五，庄家脱粒储藏完毕，一年农事告终，杀牛祭神，请巫师念经，跳"圈圈舞"。

四、婚姻与丧葬

（一）婚姻

在婚姻上，白马藏人一般都实行父母包办，提亲由男方家人以酒和肉为聘礼上门提亲，定亲年龄为 3 ~ 10 岁之间，实行姑表婚优先制，白马人的基本婚姻形式为一夫一妻制的个体小家庭制，婚后讲贞操且一般不得离婚，特别是女方几乎不可能提离婚。也有个别一妻多夫制家庭。古时候白马藏族不与外族通婚，如有违规必受舆论谴责。在对待婚姻问题上，有很多强制性的伦理制度和民族认同感。由此发展而来礼仪化、仪式化的宗教生活和行为对社会群体人际关系的规范、伦理道德、社会习俗起了制约和诱导作用。据《龙安府志》记载："白马藏人嫁娶，男方请媒前往女方家提亲，女方家如若同意该男方的说媒，则要接受男方家送上的聘礼，主要为布肉，男方则请巫师占卜吉日迎娶新娘并摆设酒宴请客，女方的父母和兄弟携新娘一同前往，男方家再煮备好酒宴迎接女方及其家人，把酒畅饮一两天，随后女方便随父母回去。两三年后办婚宴，女方入住男方家，有身孕便要解开细长的辫子盘头，退却衣饰，改口称为妇人，生男孩则教他学习射击，生女则教她织布染麻。"

20 世纪 80 年代末期，随着旅游开发、交通环境的改革、经济的发展以及外来文化的融合，有关伦理制约下的族界标志也随之而浅，白马藏人有了入赘的习俗，即"抱儿子"。此习俗不仅适用于白马同族群，也在 20 世纪初出现汉人入赘的现象。部分青年男女与外族人通婚，跨族的结婚与文化接触。入赘婚和跨族通婚促进了民族融合，是实现民族多元化认同的重要方式。华夏 56 个民族之间相互吸收各民族文化，各民族在文化上、血缘上相互融合、相互吸收，形成了中华民族"你中有我、我中有你"的多元化一体格局。

（二）丧葬

白马人丧葬分三种，分别为土葬、火葬、水葬。土葬多在夏秋季节，埋葬在寨子外缘。火葬限于冬春季节，骨灰就地掩埋。水葬只限未满周岁的婴儿，因白族人认为未成年的儿童不能与一般鬼魂为伍。整个丧葬的全程由巫师住持并参与监督，守灵时有唱丧歌的习俗。

五、舞蹈与歌曲

（一）舞蹈

白马藏人的歌舞以艺术表达形式再现了白马藏族历史文化，其歌舞带有极其古朴的原始风貌和神秘的原始宗教色彩。歌舞与传统民俗文化相结合，形成别具一格又极具民族性和娱乐性的舞蹈。白马藏人能歌善舞，在歌舞浓烈的民族氛围中形成了能唱能跳的个性。白马的歌舞种类繁多，有矫健欢快的圆圆舞、古朴自然粗犷大气的锅庄舞、极具娱乐性乐感欢快的猫猫舞、欢快愉悦的十二相舞、庄严凝重极具宗教色彩的曹盖舞，无不显示出白马藏族厚重的民族历史文化底蕴。

白马藏寨由于地理位置条件的偏僻，交通闭塞以及浓厚的历史积淀，白马藏人的歌舞保留着古朴自然的原始风貌。例如，"跳曹盖"便是原始社会傩祭仪式的产物，舞者带着木制作的面具，面具上包括龙、老虎、狮子、豹、狼、牛、马、羊等十二种动物，强劲有力的鼓乐乐曲伴奏下，舞者上演一幕幕追杀、驱赶、欢乐、喜庆、嬉戏等内容，以其粗犷有力、威武霸气的舞蹈来镇鬼驱魔、祈福。

"跳曹盖"即戴着面具跳舞。在"跳曹盖"中，舞者会戴着各种代表不同动物的面具，着特制服装，扮演不同扮相闻歌起舞。白马藏寨的傩祭舞蹈是研究古代氏族历史和宗教文化的"活化石"，对探寻白马氏族的族源和发展轨迹有重要的探寻价值，是一曲活着的氏族古文化（图8-3）。

图8-3 白马藏寨人"跳曹盖"

（二）歌曲

白马藏寨民歌特性的显现与白马藏寨的其他文化因素有着不容忽视的整体联系性。白马藏寨乐器尤为稀少。除了祭祀性乐舞中使用的鼓、铃、锣、钵及号角等非旋律性的乐器外，还有一种用竹或铁制作而成的单簧口弦，因此白马的乐曲多也与祭祀有关，主要是由于风俗习惯即特定的文化思想与社会价值观直接体现在歌曲中，是民俗制度体系赖以形成的直接基础。民歌是风俗习惯形成的重要基础，它是非物质文化遗产随时间的推移，历史文化的积淀以及民族文化认同的外在表现和传播沟通的途径。

白马藏人在"拥炉聚饮"的场合随口随心随性歌唱。白马藏人的歌曲按其功能可以分为敬酒歌、酒歌、盘歌、答谢歌。白马民歌的特征为歌曲节奏呈现"短长型"，歌词多为七音节整齐句式，押满韵，白马民歌的特征节拍为奇数复拍子。

六、服饰与建筑

（一）服饰

白马藏人生活于被历史学家称之为"民族走廊"的汉、彝、藏、羌交界处，其服饰文化犹如"深山瑰宝"，具有独特的审美价值和实用功能。

白马藏人的服饰十分奇特，不论男女，头上均戴有一顶盘形、圆顶、荷叶边的由羊毛压模后制成的白色帽毡，并在帽顶侧面插上一只或几只白色雄鸡的尾羽做装饰物。白马服饰以其独特的剪裁结构、色彩穿插、款式以及寓意深厚的民族服饰图案，形成了别具一格且意义深远的白马藏族服饰文化。特别是白马女性服装、层次复杂、类型多样，白马藏族服装主要体现了抽象性与具象性的巧妙结合。对整体视觉感官而言，抽象性是整个服装的高度概括和表现形式，抽象的符号主要以"米"字为基本雏形，以"点""线""面"的几何阵列排列方式穿插搭配，产生丰富的变化、节奏感、乐律感。通过这些抽象无极符号的有效组合，产生丰富优美的形式感，且涵盖浓厚的民俗宗教文化和厚重的历史底蕴（图8-4）。

图8-4　白马藏寨人服饰图案

白马人崇尚青、白、红三色，这三种颜色贯穿于整个白马藏族的服饰色彩搭配中。白马藏人的传统服饰"百褶衣"主要由"青""白""红"三种颜色构成，一般用青色、红色为底，用白色描绘花纹纹样，配有极具视觉张力的黄、蓝、绿等颜色并列排列。在色彩搭配上，红与绿、橙与青、黄与紫等互补色的运用，形成了强烈的视觉冲击力。故白马藏人服饰呈现出沉着而不失明亮，热情而不失冷静，艳丽而不失素雅的复合美感（图8-5）。

图8-5　白马藏寨人服饰色彩

（二）建筑

白马藏族是古代氐人的后裔，他们居住在西南高山偏僻的地区，一般选择住在该地区靠山近水的坡地上，或者是河谷中的旷野上。独特的地理环境和特殊的民俗造就了白马藏寨独特的民族建筑风格。白马藏寨的传统建筑就是史籍记载的"板屋土墙"，即《南齐书》载"于平地而起，立二三层为房屋，有果园有仓库，没有贫富贵贱之分，皆为板屋土墙。"据清末的《龙安府志·土司志》记载，"番民（此处指白马藏族）所住房屋，四周筑土墙，高三丈，上述小珠，覆以松木板"。所谓的"板屋土墙杉板房"已成为历史遗迹，它是千百年来一脉相承的、成熟的、标准的建筑形式。目前在白马藏寨尚存遗迹零星可数。

　　传统白马藏寨"杉板房"干栏式建筑，房屋下部架空，用支柱托起上部建筑，俗称"吊脚楼"，半干栏式建筑为木质结构，依山势地形而建，不受地形影响。白马藏寨杉板房的室内结构布局以火房（炉）为中心。住宅建筑一般分为三层：底层以牲畜棚和储藏空间为主；第二层是白马藏人居住最主要的空间。开户门开在第二层，该空间主要功能分区有火房、卧室。火房是全家人的活动中心，室内生活都在火房，如吃饭、娱乐、看电视、休息、敬神都围绕火房展开。火房里摆了橱柜，橱柜除了用来放置锅碗瓢盆外主要还放置神龛；通风较好、较为干爽的第三层阁楼一般作为储藏空间，堆放杂物和粮食（图 8-6）。

图 8-6　白马藏寨人建筑形式

　　随着改革开放和民族的融合，新式住宅以堂屋为中心，室内功能结构布局划分细致，以砖混木质结构为主，也是三层功能，划分与原来一致。随着旅游业的发展，有些寨民会将圈养牲畜和厕所与主体建筑分开修建，位于主体建筑的一侧，有利于清洁。无论什么结构的房屋，火房依然存在于空间功能结构中，只是功能的重要性大不如前，仅作为冬天烤火和小型聚会的场所。火房的地位由堂屋取而代之，成为吃饭、喝酒、待客和敬神的空间。另外还有厨房和卧室，根据室内功能结构的布局划分，陈设物品和家居必备品逐渐增多。

第二节　整体发展环境的 SWOT 分析

　　根据 SWOT 分析方法，以对项目区块的环境条件进行分解，通过对规划区环境认知内部优势劣势状况、辨识外部机会威胁来综合考虑规划区块的发展环境条件与战略（表 8-1、表 8-2）。

表8-1　平武白马藏寨乡村生态旅游规划示范点发展环境SWOT分析表

优　势	劣　势
其独具特色的自然景观资源越来越成为当今旅游业关注的焦点。平武白马藏寨自然景观优美，山顶奇峰罗列，林木葱翠，景致宜人；登山顶，举目四望，群山环绕，云海苍莽；山峦中，听松涛阵阵，赏奇花异草，聆百鸟鸣铃 山水相依，规划区内夺补河奔流不息，贯穿全境，溪水或深邃，或清幽，形态丰富多变，曲折蜿蜒。"山得水而活，水得山而媚"；具有鲜明个性的地方文化、民族风光和地域风情 富有人文色彩的民间传说 离王朗国家自然保护区、九寨沟国家风景区、黄龙国家风景区较近，为九寨黄龙的后花园；地方政府的高度重视和相关政策的支持	目前景区资源开发相对单一，不利于游客间的互动景区基础设施建设不足，相关硬件软件严重缺失，不能形成良好的游客接待能力 景区类没有统一安放的停车场，停车呈现混乱 沿街道建筑各异其趣，欠缺统一性，效果相差甚远，应对建筑进行风貌整治；目前游客以进入景区白马藏寨农家乐消费的散客为主 景区的开发缺乏文化特质，景区的开发未能完全与体现当地文化、民间传说相结合，民间传说挖掘力不够，景点缺乏包装，文化的外在呈现表达较弱，缺少民俗文化对旅游氛围的营造 民俗文化发掘不够深入，主题活动设置过少，缺乏展示民族风情、科普教育和旅游商品交易的舞台和场地，严重缺乏可参与性娱乐项目；观念相对落后，市场开发意识欠缺，宣传力度不够，各级政府扶助和资金投入上相对有限，制约其发展
机　遇	挑　战
是绵阳市的新型旅游品牌 九黄环线的投资建设，将对平武王朗白马藏寨旅游业的发展起到极大的推动作用，对白马藏寨景区扩大声誉、走向全国提供了很好的硬件条件支撑，改变了制约白马藏寨景区交通的瓶颈 市委、市政府及白马乡当地政府对旅游发展的决心和支持力 乡村旅游热	过度的旅游热，造成景区超负荷的营运状况，对景区的可持续发展构成极大威胁 白马藏寨主要为休闲度假式自然风景民俗景区。目前，国内主打自然生态景观的景区较多，竞争较为激烈 白马藏寨景区主要为"两山夹一河"式狭长型景观带，夺补河两边可建设用地有限，景观景点容易出现重复、再现

表8-2　白马藏寨乡村生态旅游发展战略分析表

SWOT 战略分析框架	分析结论与具体对策
S—O 分析	以"白马民俗文化走廊"、"王朗自然生态走廊"为目标，建成绵阳市平武县第一个乡村生态旅游民俗示范点力
顺势而上，借势发挥	成为九黄生态环线游憩带，乡村生态民俗旅游的亮点
S+T 分析	发挥"白马藏寨"的民俗文化优势、"王朗国家自然保护区"的自然生态资源环境优势，打造绵阳市第一个乡村旅游示范点，平武县第一个民俗文化生态旅游示范区
抢占机遇，扬长避短	抢占市场制高点，创新乡村生态旅游特色

续　表

W+T 分析	依靠周边九寨沟风景区、黄龙风景区、王朗自然保护的地理位置优势，集中力量择优去弊，避免多样化无重点开发，重点放在白马藏寨民族特色文化建设、特色建筑修建、特色民俗氛围营造
择优去弊，同中取异	突出其典型性、差异性
W—O 分析	趁新农村建设、乡村旅游热，结合国家政府对乡村旅游示范点的扶持建设，四川省对九黄环线的修建，改善道路交通状况，整合现有资源，充分挖掘潜力，提升乡村旅游景观和设施建设水平
寻机补短，发掘潜力	建成真正示范性的乡村生态旅游区

综上所述，尽管规划设计的项目区所在地交通条件不完善，但在自然资源以及民族特色文化、地理区位等方面占据一定的优越性。通过九黄环线交通道路的修建，以及政府扶持建设，扬长避短，发挥白马藏寨的特色地域民俗文化和王朗国家自然保护区的自然资源优势，整合内部特色资源，有条件建设成为乡村生态民俗文化风情村的典范。

第三节　总体布局与功能分区

不同的地形构成元素被利用来塑造不同的景观空间格局，不同的景观空间格局又具备不同的使用功能，在平武白马藏寨乡村生态旅游的规划设计中；将民俗特色文化景观确立为构建主线，在此基础上，就该规划区的地形地貌地质现状进行分析。

因地形地貌等自然环境的不同，且当地居民空间概念的不同，在选择地形时有不同的偏爱。根据中国传统聚落的空间构成可知，聚落是居住者根据自己的空间概念而创造的空间。聚落本身具有自我明示性，居住者的空间概念也通过聚落的组成关系表现出来，可见，决定聚落形态的存在因素不仅只是风土环境，还有对聚落空间格局形成更具影响力的，且这种影响力的结构相对稳定，其根源便是居住者的空间概念以及对地形的不同选择的偏爱。对景区选址，建筑空间布局以及旅游区整体空间营造时都应考虑要依山势而建，顺水就势的布局原则，才能使建筑、景观与自然环境完美融合在一起，以表现出自然与人造景观的和谐共生，相互依存，你中有我，我中有你的天人合一景象，做到因地制宜，减少对自然的破坏。

一、总体布局

（一）总体规划布局

由平武白马藏寨的用地环境也可看出，乡村生态总体布局上，延续了我国传统聚落"田＋林＋庄"的空间形态，且在尊重和保护白马藏族土著居民原始选择居住聚落空间形态的基础上，采用合理的布局理念，将规划区的建设用地，通过农田、河流、绿地等景观构成元素的隔离，这种"化整为零"三级空间，渐入佳境的组团布局方式既保护了规划区内的生态环境，提高了环境质量，又丰富了景观内容和层次，提升规划区内景观价值。

（二）布局结构

本次规划形成"一轴线、三脉、五组团"的总体空间布局格局。一轴：由白马藏族民俗文化和丰厚自然资源构成的曲径通幽的生态轴。

三脉：由岷山山脉、涪江流域水脉、文脉。

五组团：白马藏寨入口服务区、观山听水游览区、策马奔腾畅游区、白马藏寨文化走廊体验区、亚者造祖村村落聚集区，五个相对独立的功能区组团，也是规划区旅游发展的爆发点。

空间结构采用三级空间，渐入佳境的进阶方式，且引入禅宗三大境界。

第一境"落叶满山空，何处寻芳迹"，比喻在苍莽伟岸的大自然中，四处寻访禅宗，映入眼帘的无不是客观存在的事物，而非禅宗。

第二境"空山无人，水流花开"，虽然在苍莽的山野之中尚未寻到（也寻不到）白马老爷的踪迹，但"水流花开"则喻示了破除小乘佛法痛苦的根源一切有形和无形事物的执着，放下自我的骄傲、自满、贪婪，"水流花开"，是一无欲非人的声色之境，水正在悄然流淌、花正开得娇艳欲滴，如若心不能静则无法感受其中的真谛，游者只有放下我执、法执便能在此山中找到一丝慰藉。

第三境"万古长空，一朝风月"，喻示着时空被勘破，修行者于刹那间顿悟。隐指佛法和天地共存，消除偶像崇拜，以走向自然亲近自然取代那个高悬俯视的"他者"，仿佛是在寻求解脱的必由之路，自然资源作为色相、境界、被赋予了不可或缺的"唯心"主义观点，是个体超脱的最直截了当的见证。

二、功能分区

本次规划从民俗文化体验乡村旅游的角度出发，根据用地功能、风貌特征，以及居住者自主意识空间聚落形态，共划分了五个区：白马藏寨入口服务区、观山听水游览区、策马奔腾畅游区、白马藏寨文化走廊体验区、亚者造祖村村落聚集区。

平武白马藏寨乡村生态旅游（图8-7）以亚者造祖村为例，亚者造祖村是白马藏寨十八个寨子中开展旅游接待的两个行政区之一，另一个行政区是厄里村。

亚者造祖村的规划主题构思是通过对该规划区内的自然元素、民俗元素、地域元素进行分析的基础上确立的。规划区范围内集中了"山、林、田、水、寨"等众多自然要素，规划中可以将这些自然要素与传统乡村聚落生长形态相结合，形成"山中有田，田中有林，林中有寨"的优美村落景观。此外，白马藏族还有丰富的民俗文化和浓厚的传统历史文化元素，白马藏族是能歌善舞、喜酒的民族。白马藏族节日颇多，较为隆重的节日有"春节""菜花节""鬼节"等，其中"鬼节"白马藏人会跳"曹盖舞"，这些极具观赏价值的歌舞表演构成了白马藏寨的多元化。

图 8-7

　　综上所述，在亚者造祖村的规划设计中，紧扣"白马民俗文化"这一历史文化资源为主线，仅围绕亚者造祖村的山水格局、传统藏寨、古街道、山间田野小径、乡土民俗文化、民间传统手工工艺、乡村曲艺等给物质文化遗产等方面，全面打造人文白马，从白马藏族民俗文化出发，提取各种设计元素，并融入农耕文化和"氐人"文化，结合白马藏族刚烈热情的民族特性，以白马藏族民俗文化为主题，以民俗文化活动展示开发为重点，利用丰厚的自然生态资源，合理利用山体、植被、水系等自然生物为基础，紧抓乡土风情、乡土特色、地域特点是亚者造祖村藏寨生命力和竞争力的根本存在，力求打造一个极具特色的民俗风情浓厚的特色藏寨，尽可能避免城市化、同质化。

　　选址布局：在确立以白马藏族民俗文化为主线背景的文化景观基础上，就风景区的现状地貌分析对选址布局做出了相应的方案。

　　从地理区位上分析，平武白马藏寨乡村生态旅游位于平绵阳北部，位于四川盆地西北部，青藏高原向四川盆地过度的东缘地带，长江二级支流涪江流经全域，东与青川县相邻，南与北川县相连，北靠近甘肃省文县铁楼乡，东南与江油接壤，西北倚靠九寨。

　　本规划设计区亚者造祖村位于白马藏乡的最北段，是九寨沟的后花园，背倚九寨沟自然风景区、黄龙风景区、王朗自然保护区，是进王朗自然保护区的必经之路，是白马藏乡 18 个寨子离王朗自然保护区最近的一个开发旅游接待的行政村寨。

　　规划区用地"两面背山一面临河"，且该河流由西北侧流向东南，在本规划中贯穿了生态设计的主线，因此在充分尊重白马藏人本土居住者的空间意识形态上，结合景观生态设计原则，保存了白马藏人传统人居空间结构布局。

（一）亚者造祖村主要景观营造

　　在亚者造祖村的规划设计中，景观节点是构成景区的基本单位。每一个景观节点的设计都融合了白马藏族民俗文化特色的精髓，从而具有极高的观赏和教育意义。一个旅游风景村寨一般有若干个功能景观区组建而成，每个功能景观区又由若干个景观节点构成。阶梯式的景区结构体系是风景区中各个功能区及景点分工明确，各司其职，构成井然有序、层次感强又极具特色的空间层次。

　　旅游风情村寨对于游客而言是一个流动性极强的活动空间，是一个大的聚落空间，流动性主要表现在自然风景与人造环境的空间转换，以及游客漫游在其中步移景异的奇特心理感受。自然景观资源构成中的不同景观界面将整个空间格局细化为若干个不同的空间类型，各个空间类型又链接组合成一个完整连续动态的景观空间格局。在整个空间结构中张弛有度、有起有落、起伏跌宕、层次丰富，曲径通幽，引人入胜。

　　贯穿亚者造祖村的规划设计中的主线是"白马民俗文化走廊，王朗自然生态走廊"，将白马藏族地域文化和民俗文化与王朗自然保护区丰厚的自然景观融入景观设计中，不仅能够提高旅游景点的观赏性，还能提高趣味性和文化性。根据第二章对白马藏族传统文化的解读，将亚者造祖村规划设计区内的主题景观景点设计为：摊舞、图腾广场、文化广场、信仰朝拜、观山听水、白马风情街（图8-8）。

图8-8　亚者造祖村白马风情街示意图

（二）建筑意象

建筑的含义比较宽泛，可以理解为营造活动、营造活动的科学、营造活动的结果（构筑物）。建筑以触手可及的实体物质属性和共生的自然环境共同构成了人类赖以生存的物质活动空间；建筑还承载着社会文化内涵等非物质文化精髓，成为人类文明的重要组成部分和社会文化的物质表现形式。在人类社会源远流长的发展史中，建筑始终担任着社会人与自然环境沟通传播交流的媒介，而人与自然环境沟通主要体现在物质和精神两个层面上。可见，建筑不仅只具有居住的实用功能，还具有"精神"；"建筑"不仅只是"建筑"，还是"景观建筑"，是缥缈的精神文化通过实体的方式来反映社会文化进程。在园林中，既具有使用功能，又能与环境组成景色，供观赏游览的各类箭镞舞或构筑物都可统称为"园林建筑"。换而言之，园林建筑就是园林绿地中的景观建筑。

园林景观建筑不同于一般民用建筑，其二者的区别在于景观建筑既是观景的设施又是被观赏的对象，具有"观"和"被观"的双重属性。故此在创造设计景观建筑时以"观景"与"造景"为出发点，营造一种自然清新和闲适舒畅的游憩环境。建筑是景观建筑设计中景观的主要构成要素之一，其中绝大多景观建筑地处于自然或半自然的生态环境之中，含有亲近自然的能力与倾向。从自然生态资源环境出发，山水树木田园等自然环境要素均成为景观建筑的创造源泉，在设计中追求与景观环境的和谐，融入大自然中，并强化景观环境固有的肌理与特征，通过打破、重组来构建景观建筑与环境之间和谐的新秩序，是创造景观建筑原则的根基。因此，在亚者造祖村规划设计中的景观建筑追求与环境互动、因地制宜的理念，具有适应性和独特性。在亚者造祖村景观建筑设计中，充分考虑建筑本体与周边环境、大自然的参与、互补、融合，不论其建筑形体大小，使用的木材都为自然材料，力求建筑与自然的和谐，因势随形构建亚者造祖村景观建筑，且建筑还都应具备多个功能分区空间，这样不仅能增加空间层次感，还能丰富建筑视觉效果和流动观赏性。

在保存亚者造祖村自由式的空间聚落形态中，对原始建筑进行了修葺和还原，在建筑形式上采用传统"n"型和"凹"字形的建筑空间格局，并结合地形地貌特色，依山势而建，傍水而生，使整个建筑空间结构富有节奏感、韵律感。亚者造祖村新的景观建筑不仅强化了建筑与建筑空间的性格、意境和气氛，并且使得建筑及建筑外部空间更具有性格特征、情感及艺术感染力（图8-9）。

图 8-9　建筑意象

（三）植物配置与园林小品

平武白马藏寨亚者造祖村地势西北高东南低，山地缓坡跌宕起伏，地景构架十分优美，有着"山川浑厚，河水娟秀"的意境，植物配置在景观规划设计中起到画龙点睛的作用，植物的分布根据气候、季节、土壤、地形、水文等诸多自然因素呈现不同的特征，与地域有着密切的联系，基于景观生态规划的设计理念，保护好天然地貌与天然植被，再进一步引入地方特色风景树种，因地制宜，做到"山得树而好，树因山而茂"，对亚者造祖村内的道路绿化、水体绿化、公共绿地绿化进行了合理规划。使其不仅具有地域特色、民族特色，还出现层次丰富、功能明确的绿地景观。

绿化设计原则：

（1）树种宜选择具有明显地域特征的乡土树种及适宜本地生长的观赏树种。在节约经济支出的同时，保证植物存活率，彰显地域特色。

（2）植物品种追求丰富自然，每段区域自形成风格变化（图8-10）。

图8-10

（3）注重树形和色彩搭配。景观构筑小品是在景观设计中，出于对地形改造、场地设计、安全防护、空间围合等需要而进行的建设，是构成环境景观的重要元素。在环境设计中，景观小品不仅具有本身自带的使用功能，还兼具观赏和教育价值，成为构成景观建筑中不可或缺的一部分。因而，在景观构筑小品的设计中，我们通常采用在景观小品的构筑中融入当地地域文化特色和民俗文化特色，提高规划区整体的地域特色和观赏性，使其更具有趣味性，空间层次、空间构成、空间韵律更生动丰富。例如，在平武白马藏寨亚者造祖村的规划设计中，利用白马藏人对火塘的崇拜和尊重，在街巷内设置火塘形的能代表地方习俗的雕塑小品；抑或尊崇白马藏人对白雄鸡的崇拜，在林天中摆设白雄鸡形象雕塑。又如，在文化广场设入"跳曹盖"的白马藏人塑像，既能增加景观构筑小品的趣味性，又能体现白马藏寨的特色民俗文化。

平武白马藏寨亚者造祖村内的道路铺装遵循原生态、自然、环保、绿色、多样的设计原则。在规划设计中对道路铺装材质的选择尤为重要，着重选择采用与自然相融合的天然石材，入口广场处主要采用花岗岩、广场砖；主要游园路采用青石板、植草砖；休闲白马商业风情街主要采用花岗岩、混凝土砖；庭院休憩区采用当地的砖材、鹅卵石、仿木块、花岗岩镶草，质朴的材质体现亲切感。局部采用原生态素土路或碎石铺地，植草铺地以体现生态性和原始地域特色。

第四节　傈僳族民俗文化中的旅游开发与保护
——以丽江黎明村为例

黎明傈僳族民俗文化旅游村位于丽江市玉龙县黎明傈僳族乡西北部，老君山国家地质公园黎明景区内。早在 1988 年，老君山就作为"三江并流"区域的重要组成部分，被国务院列入国家级风景名胜区名录，2003 年时联合国教科文组织将"三江并流"这一奇观列入世界自然遗产名录，2005 年老君山被列入国家地质公园名录。作为老君山国家地质公园的重要组成部分黎明景区，自 2002 年起开始进行旅游开发，2009 年世博集团进驻使得黎明景区的旅游开发更进一步，民族民俗文化作为旅游地的灵魂，自然也得到了相应的开发，于是拥有着浓郁傈僳族文化风情的黎明傈僳族民俗文化旅游村也应运而生。

一、历史文化背景及自然环境

黎明傈僳族民俗文化旅游村的自然环境和社会历史背景与当地的民俗文化旅游村的开发有着多重关系。民俗文化旅游村的自然环境和社会历史背景本身是民俗文化的生态部分，是旅游村被选择为开发对象的原因之一，是作为旅游村的环境组成部分和吸引力所在，也是城市化等现代化因素干扰的部分。从中，我们可以比较清晰地看出民俗文化旅游村被选择和被重视的依据。

黎明傈僳族民俗文化旅游村隶属于黎明傈僳族乡，位于黎明傈僳族乡西北部，距黎明乡政府所在地 24 千米，距县城 117 千米，地处老君山国家地质公园丹霞地貌黎明景区内。黎明傈僳族乡是玉龙县唯一的傈僳族乡，居住着以傈僳族为主的纳西族、汉族、彝族、白族、普米族、藏族等民族，其中傈僳族人口有 7 422 人，占总人口的 48%。黎明傈僳族民俗文化旅游村内也以少数民族人口占多数，各个居民点大多是少数民族独居或与汉族杂居，语言种类有纳西语、白语、普米族语、彝语、傈僳语等。居民文化层次参差不齐，多数人口受教育程度低。各民族宗教信仰各不同，傈僳族信仰基督教，纳西族信仰东巴教，普米族信仰藏传佛教，彝族信仰原始宗教——毕摩教，而白族信仰本祖。黎明村的各个少数民族，在长期的历史发展演变中，都形成了各民族的历史文化特色和社会风俗习惯，创造了丰富的物质文化和非物质文化。这也是罕见的多民族、多语言、多文字、多种宗教信仰、多种生产生活方式和多种风俗习惯并存的汇聚区，各民族交错杂居，千百年来相互吸收融合，不但创造了自己独特的文化，而且各民族与自然环境和生物多样性相互依存（图 8-11）。

图 8-11

　　自 2009 年黎明景区旅游大开发以来，黎明村就因其独具优势的地理位置，也进行了相应的旅游开发，并在开发之初的定位中就决定主打傈僳族民俗文化旅游村的品牌，黎明小组、芦笙村小组及黎光小组共同整合成为黎明傈僳族民俗文化旅游村。

　　自然地理状况：

　　黎明傈僳族民俗文化旅游村位于老君山国家地质公园黎明片区内。老君山山脉位于丽江市西部，地理纬度在北纬 26°38'~27°15、东经 99°70 ~ 100° 00 之间。东西长 33 千米、南北宽 35 千米，总面积 715 千米。云岭主脉经过维西、丽江、兰坪、剑川 4 县境内的山体被称为老君山。山脉主体在丽江市境内，由北而南经鲁甸、巨甸、黎明、石鼓、石头、仁和等乡镇，直抵九河乡的南缘。老君山处于青藏高原东南边缘横断山脉向云贵高原过渡的衔接地带。由于受金沙江、澜沧江及其支流的强烈侵蚀作用，形成高山峡谷，高差大。山峰主峰金丝厂山海拔为 4 402.1 米（图 8-12）。

图 8-12

　　老君山山脉山体庞大，绵延盘亘数百里，清乾隆《丽江府志略》称其为"滇省众山之祖"。老君山内分布有大量天然冰蚀湖群，当地居民称其为龙潭。老君山国家地质公园面积约 715 平方千米，景观约分为 6 个片区：老君山片区、金丝厂片区、利苴金丝猴保护区、白崖寺片区、新主片区和黎明片区（表 8-3）。

表8-3　君山国家地质公园六大景观片区

片区	海拔高度	主要特色
老君山片区	4 000 米	马蹄形的凹谷内分布着近20个冰蚀湖组成的湖群，大者近百亩，小者十余亩。湖水清澈如镜，犹如镶嵌于山路中的珍珠、翡翠，民间称其为"九十九龙潭"
金丝厂片区	4 000 米	金丝厂系黎明河的发源地，传说古时丽江木氏土司在此开采金矿而得名，奇峰、神水、丽雪、日出为金丝厂四大景观
利苴金丝猴保护区	2 400～3 400 米	该保护区位于石头乡利苴境内，面积约50平方千米，区内植被丰富，保存有较原始的生物种群，最为著名的是滇金丝猴。据考察，该地繁衍生息的滇金丝猴群体至少有2个，近百只
白崖寺片区	3 200 米	该片区位于石头乡政府驻地以北群山之中，在白色崖石下建有佛教寺院而得名
新主片区	2 500～3 500 米	该片区位于鲁甸乡新主行政村，面积约5平方千米。由于其特殊的自然环境，分布有种子植物74科，240余种，其中不乏珍稀的高危物种，被专家们誉为"天然高山植物园"
黎明片区	2 400～2 700 米	黎明景观资源以高山丹霞地貌为主要特色，主要分布在黎明、美乐、黎光3个行政村境内，总面积约240平方千米。丹霞地貌境内溪流纵横，植被丰茂，构成具有极高观赏价值的自然景观。傈僳族居民依山搭屋、民风淳朴、勤劳善良，又有其独特的服饰、饮食、节日、歌舞、婚嫁等民俗，民族风情浓郁

地貌类型多样：

老君山山脉为山原峡谷地貌，地处高山峡谷上源，角峰鳍脊、冰峰、幽谷等冰川作用遗迹甚多，冰蚀、冰石溃湖盆、草场、溪涧等星罗棋布。

黎明傈僳族民俗文化旅游村自然景区内的地质结构主要为红色砾岩、砂岩和泥岩组成，构成色泽从绛红、紫红到浅红的不同层次，其山石"色若沃丹，灿若丹霞"。红色岩体经造山运动和风化剥蚀而形成了千姿百态的悬崖、险峰、溶洞和奇形怪状的石峰。

黎明丹霞地貌群具有顶平、身陡、麓缓的特点。其中最为奇特的是千龟山，其龟裂的山体从规模、景观质量等方面在国内最具代表性。在平缓的山顶上，大自然把红色砂岩表层雕琢成特殊形态，看起来就像是一只只乌龟在向着东方的太阳前行。

气候宜人：

老君山的气候属寒温带，受印度洋西南季风、太平洋东南季风和青藏高原气团的交错影响，加之山脉走向的复杂性和立体地形，气候的水平分布和垂直分布明显，具有典型的立体气候特点，主要表现为冬季严寒，春夏温凉。

黎明傈僳族民俗文化旅游村因地处老君山国家地质公园境内，其气温总体特点也是"有冬无夏、春秋相连"，年温差并不大，但是昼夜气温变化却比较大。最热月平均气温在10℃~20℃之间，最冷月气温在零下6℃~5℃之间。

动植物资源种类丰富：

由于地形和气候的复杂多样，老君山植物、动物种类丰富，保留了多种珍稀植物、动物种群。老君山国家地质公园是天然的植物资源宝库。独特的森林植被绚丽的高山花卉、珍贵的药材和绿茵的高山草甸构成了多彩的自然景观。公园内生长着六大典型的生态系统：高山草甸、高山湿地、寒温性针叶林、针阔混交林、常绿阔叶林和硬叶常绿阔叶林。这里生长的植物涵盖了中国植物种数的20%左右，目前已发现的植物种类超过2100种，其中相当一部分具有很高的药用价值。

老君山国家地质公园的动物资源也极具多样性。在老君山国家地质公园黎明景区内，动物资源也极具多样性，现已发现43种兽类，30种爬行动物，24种两栖类动物以及194种鸟类，这些丰富的动物资源对公园以及全人类都有极高的价值。在景区内，滇金丝猴是最受欢迎的动物明星，黑熊、金雕、黑颈长尾雉等各种鸟类、兽类和蝶类也生活其中。以鸟类为例，公园内仅国家重点保护的种类就有27种，占种数的14%。

二、黎明傈僳族的民俗文化概述

民俗文化旅游村要求具备独特民俗传承特色，因为这些特色能满足现代人对于奇异、怀旧或传统的追求。黎明乡虽为傈僳族乡，但除了主体民族傈僳族外，还居住着汉族、纳西族、白族、普米族、藏族、彝族等多个民族，在各个民族长期相邻交往中，民族文化也相互融合。傈僳族作为世居黎明的土著民族，有着悠久的历史文化传统，虽然也受了一些其他民族的文化影响，但其民族内部许多特征仍然固守不变，现今仍保持着鲜明的民族文化特色。

下文中关于黎明傈僳族的民俗文化概述，其关注点是旅游开发主体选择开发的和令旅游者感兴趣的民俗传统背景，主要是对黎明村的傈僳族民俗文化旅游资源进行从显到隐、从主到次的顺序描述，以突出民俗文化旅游村的主体面貌。

（一）丽江傈僳族的源流

傈僳族是中国少数民族之一，也是分布在中国、缅甸、印度和泰国的一个跨境民族。我国傈僳族主要分布在云南、四川两省。云南境内的傈僳族又主要分布在怒江傈僳族自治州和迪庆州维西傈僳族自治县。此外，丽江、保山、德宏、楚雄、大理、思茅、临沧等地州也有分布。云南省傈僳族总人口有61万多，分别分布在滇西50多个县，其中丽江有近12万多的人口。傈僳族大都居住在三江并流区域（即金沙江、澜沧江、怒江流域）海拔1 500～3 000米的河谷区、山区和高寒山区，多数以家庭氏族为单位居住，结成5~50余户的小村落。根据文献记载，远在8世纪以前，傈僳族便居住在四川雅砻江及川滇交界的金沙江两岸的广大地区，此后又逐渐向云南西北部的澜沧江和怒江迁徙。因此，傈僳族人民自豪地说他们是金沙江、澜沧江和怒江"三江的主人"。

（二）黎明傈僳族民俗文化及传承特征

傈僳族和中国其他的各少数民族一样，是一个具有悠久历史文化的民族，在与自然和社会进行不屈不挠的抗争中，创造并积淀下了自己的存在方式和古老的文明以及灿烂的文化，并形成了普遍的行为规范和族人共同遵循的习俗。丽江作为傈僳族在云南最早的定居地，所保留和传承的傈僳族民俗文化也比较完整和丰富。为了便于叙述，下面按照当地比较吸引游客的民俗旅游资源的几个方面做概述，不对当地所有的民俗进行全面的描述，主要有傈僳族的歌舞、民间乐器、民族服饰、木愣房及石砌房民居、酒文化、民俗信仰、节日等几个方面分别描述。

1. 黎明傈僳族民间乐舞（图 8-13）

图 8-13　傈僳族乐舞

在傈僳族的各项习俗中，唱歌的民俗最盛行，因而傈僳族被誉为"歌的民族"。傈僳族有句谚语："盐巴不吃不行，歌不唱不得。"而曾经有到过黎明的人非常有感触地说：黎明是歌舞的海洋。黎明的傈僳族非常善于歌舞，他们有一句话这样说道："哭着来到世界上，笑着离开人世间"。节日、庆典、结婚、丧事、起房盖屋、下地收获，他们都要尽情地唱与跳。他们说："太阳出来我就唱，月亮出来我就跳，三天不唱心就慌，两天不跳脚发痒。"唱歌跳舞已经成了傈僳族不可缺少的生活内容。在日常生活中产生一个民间歌手，则成了本民族的聪明与智慧的象征。比如，《放牧调》《节时歌》《狩猎歌》《父子调》《打麦歌》《情歌》等。

在傈僳族民间舞蹈中，有载歌载舞的，也有只用乐器伴奏而不唱歌的，其内容有祭祀舞，有反映劳动、生产的音乐舞，有表现生活、喜庆等的集体舞蹈，也有部分表演性的舞蹈，在黎明的傈僳族中，比较流行的舞蹈有鸟兽舞、锅庄舞等。

鸟兽舞是一个表现鸟、兽、鱼、虫嬉戏的舞蹈，是傈僳族狩猎生活的反映，是游牧打猎或养畜业的写照。它的舞蹈和音乐，是一种早期发展阶段的民族文化遗产，在长期的历史发展进程中，不断得到发展和提高，具有天真、质朴而独特的艺术风格。鸟兽舞大多是独舞形式，跳舞的人怀抱琵琶（即四弦琴，又名启本），自弹自唱。鸟兽舞的丰富和生动，充分显示出了人们对生活所怀有的热情与肯定，并交织着人们对生活的美好希望。

2. 黎明傈僳族传统乐器（图 8-14）

图 8-14　傈僳族传统乐器

虽然现在在给游客进行舞蹈表演时，伴奏大多选用现代的录音机和磁带，但有一些曲目还是用傈僳族传统乐器现场进行伴奏或表演，如葫芦笙、琵琶（即四弦琴，又名启本）、口弦、短笛等。

葫芦笙又名芦笙，是黎明傈僳族十分喜爱的乐器，它采用傈僳族自种的一种葫芦瓜制成。摘收后的葫芦瓜去瓤，然后留好管调，砍来山间的竹做管，将蜂蜡把竹管和葫芦紧紧地结合起来，便做成了葫芦笙。

琵琶是傈僳族对四弦琴的汉语别称，傈僳名为"启本"。它是傈僳族使用普遍而韵味独特的一种弹拨乐器，样子像琵琶，但只有琵琶的三分之一大，音似琵琶，但"启本"更具有浓郁的民族特色，音质粗犷，音响厚实，音色明亮。

3. 黎明傈僳族的女子服饰（图 8-15）

图 8-15　傈僳族女子服饰

中国少数民族服饰内容丰富，绚丽多姿，是各民族优秀历史文化的重要积淀，是各少数民族在特定的地理环境中，基于对不同生产、生活方式的理解和适应，以及在对精神世界（真、善、美）的追求中逐步形成的。每一个民族的服饰都体现出族群面貌和形象标志。同时，随着民族的迁徙、聚居和繁衍，服饰又是区别于外族及民族自我认同的标志。尤其是女子服饰，因其繁杂独特的工艺、多彩的装饰、鲜明的民族特色而备受瞩目。

4.黎明傈僳族的建筑形式（图8-16）

图8-16　傈僳族的建筑形式

　　傈僳族的民间文艺丰富多彩，建筑形式也因地域不同而多种多样。在黎明傈僳族民俗文化旅游村中，有一座木楞房的四合院，是丽江市级民族文化传承人王永刚与他人合资共同建造的，其建造目的是在此建立一个私人葫芦笙收藏博物馆。木楞房傈僳语名为"字黑"，是生活在丽江的傈僳族建造房屋的一种形式，这种住房通常用直径20厘米左右的青松圆木横架垒墙，呈"人"字屋顶，形成井干式，房顶一般用木板覆盖，再加压石块。因用圆木垒成，故称为"木楞房"。这种房子的特点是暖和、通气，比干栏式的竹篾楼房坚固，具有防震的特点。平面为方形、长方形，房矮、槛高、楣低。普遍为一层平房，分正房、仓库、草房，畜厩虽相连但独立成间。但现在黎明居住在木楞房中的傈僳人家已经越来越少，因为世居的木楞房多数已难修缮，而现在木楞房的造价比较高。据说王永刚在建造木楞房四合院时所用的价钱可以建造石砌房两院。而一直有心想要办傈僳族特色农家乐的民间艺人熊志全，也正在筹备建造两所木楞房作为接待游客的客栈用，他认为，木楞房是最能体现傈僳族传统民俗特色的建筑形式，却因造价高及原料难的问题一直未完工。在黎明还有另一种较为常见的住房形式——石砌房，这种住房需要先下好石脚，基石，然后立起木架，盖上木板或瓦片，再就地取材，用石砌墙。这种住房较为坚固，经久耐用。因为黎明的石材多为红色，所以游客还未进入黎明景区，就能看到路旁的房屋墙壁均为红色岩石。青山绿水间座座隐约可见的红色石屋，也构成了黎明一道独特的美丽风景。

5. 黎明傈僳族的酒文化

火塘是每个傈僳人家都会有的，并且常年不熄灭，它不仅是一个家庭中的核心地带，也是传承传统民族文化的重要场域。在现代传媒不发达的过去，每到晚上一项重要的活动便是家人朋友围坐在火塘边，听老人讲述民族古老的故事与传说，抑或年轻人学习小调等民间文艺，傈僳人都喜欢围着火塘或篝火唱歌跳舞。

傈僳族著名的酒文化也围绕着火塘进行，黎明的转转酒便是其中的典型，大家围在火塘周围坐成一圈，倒一大碗酒，我喝一口递给你，你喝一口递给他，然后大家一起唱唱歌，彼此之间亲密无间。在旅游开发中，代表民族传统的火塘文化与代表"洋文化"的酒吧发生了碰撞也，红石街上有傈僳族酒吧，其中就有火塘。来自不同地方的游客听着傈僳族小调，在火红的火塘映照下，觥筹交错间来自五湖四海的旅游者纷纷结交为好友。

除了酒吧，不论是到诺玛底文化展示中心观看诺玛底歌舞晚会，还是到王永刚的木愣房四合院感受傈僳族风情，抑或是在民间艺人熊志全家中吹拉弹唱，有一样东西必不可少，那便是傈僳族的酒。傈僳族可以用任何一种粮食或水果酿酒，可以把所有的日子都酿成芳醇四溢的酒，有自己喝的，也就有客人喝的。踏入傈僳家的房门，一碗水酒，就是对客人热情如火的待遇。

6. 民俗信仰

民俗信仰是旅游资源中的隐性因素，但也因其具有一定的神圣性和隐秘性，更使得吸引力大大增强。很多民族地区在进行旅游开发时，民俗信仰会以各种隐性的方式表达出来，黎明景区中也不例外，如千龟山上的"情人柱"，芦笙文化走廊里的"照妖镜"，甚至路边的基督教堂也使得旅游者对黎明傈僳族信仰产生了极大的兴趣。

老君山地区傈僳族与其他地区的傈僳族一样，原始宗教的发展只是万物有灵观念产生的原始阶段水平。他们的神灵观念里尚未形成一个完整如世界四大宗教般的最高神在内的神族，只有一个模糊的"上苍"的说法，然后山有山神、水有水神、树有树神、路有路神、家有家神、灶有灶神等众神众仙与祖先神灵一道永远存在于另一个与现实社会对应的世界里，还有与"善"的神灵、仙界对立的鬼怪魔妖也存在于那个世界。

7. 黎明傈僳族的节庆民俗

岁时节庆民俗文化活动，是民间各类民俗文化现象的集大成者，它们不仅起到了调节生产生活的作用，还是传统民俗文化传承发展的集中动力，而遵循岁时节庆民俗文化活动的规律所开发的旅游活动，也深受旅游者的喜爱。

黎明的傈僳族除了过春节、元旦、火把节等全民性节日，也有属于自己的几个盛大的节庆，如丽江傈僳族传统节日"刯朵节""蜂花会"、傈僳族年节"阔时节"、政府主办的"五月丹霞文化节"等。这些节日，无不蕴藏着无限深厚的民族民俗文化内涵和底蕴，并且也具有极大的旅游吸引力，现在正在陆续成为老君山黎明景区及黎明村的民俗文化旅游资源开发的重点。

第五节　黎明傈僳族民俗文化旅游的开发现状

黎明傈僳族民俗文化旅游村的开发与老君山国家地质公园黎明景区的旅游发展息息相关。黎明景区是老君山国家地质公园旅游开发的起步区，其自然旅游资源具有极高的资源价值，这里的丹霞地貌景观是亚洲面积最大、发育最完整、色彩最绚丽的高山丹霞。在 2003 年 7 月 2 日第 27 届联合国遗产年会上，国际自然联盟（IUCN）具有极高国际威望的吉姆·桑赛尔博士在关于中国"三江并流"的陈述报告中特别提到："三江并流中有中国第一的丹霞地貌区——丽江黎明，无疑它也是世界一流的"。自 2009 年规模化开发以来，至今景区仍在建设当中。

黎明傈僳族民俗文化旅游村以红石街为其核心区域，涵括了黎明、黎光、芦笙村三个村民小组，并且随着黎明景区的旅游开发，其作为一个旅游村的概念，不仅将在地域上逐渐扩大，文化空间上更是将地质公园内黎明景区里的傈僳族聚居区及其他社区居民都涵盖进来。

1991 年，由孙尚清主持出版的《中国旅游经济发展战略研究报告》提出了"食、住、行、游、娱、购"的旅游六要素概念，在今天的旅游业界仍是一个应用得非常普遍的概念。在文章中，笔者将以这六个旅游中的基本构件为标准，对黎明村民俗文化旅游开发现状做一个基本描述。

一、传统饮食的开发

饮食是人类生活方式的一个重要组成部分，是人类生存和改造身体素质的首要物质基础。不同的生态地理环境，为人类提供了不同的自然饮食资源，并积久发展成为不同的饮食民俗文化制度，体现着不同的社会和文化特点，在旅游业蓬勃发展的今天，饮食民俗也成为重要的旅游资源，在旅游中饮食强调文化性与实用性。文化性是指旅游饮食能体现地方民俗饮食文化特色，进而展示地域物产、民风、技艺等多方面的文化内容；实用性指旅游饮食必须符合旅游需求的原则，强调市场性与科学性。

黎明村的民族构成以傈僳族为主，进行旅游开发时，自然也以傈僳族传统饮食为主，其中比较有特色的有：主食方面有苦荞粑粑蘸蜂蜜、苞谷饭和籼米粑粑，苦荞是黎明傈僳族普遍种植的一种农作物，其面粉略苦性凉，具有十分丰富的营养，黎明的傈僳族又特别擅长养蜂及采集野蜂蜂蜜，所以苦荞粑粑蘸蜂蜜，是当地人经常食用和用来招待客人的食品；"阔耍葩狼"是傈僳语苞谷米饭的意思，黎明的苞谷饭有干蒸也有稀饭；籼米是黎明傈僳族山寨普遍种植的一种小米，籼米粑粑是傈僳人过年的主食，也是祭祀的主品，每当祭祀完成之后，籼米粑粑又成了射弩比赛的奖品。荤菜方面，由于傈僳族擅长狩猎以及捕鱼，并且烧烤肉食品是傈僳人传统的吃法，所以猪、牛、鸡、鱼都以烧烤为主，这种吃法味道鲜美香脆，也体现了傈僳族长期以狩猎、采掘为生形成的饮食特点。

在黎明河中每年 6-9 月份会有一种竹节鱼，味道十分鲜美。在此期间，景区内的各个饭店也都会供应竹节鱼给游客。素菜方面，由于傈僳族惯用的烹饪方法是饭菜合煮，所以通常佐以主食一起食用。黎明由于地处高山，且老君山上的植物资源异常丰富，所以到黎明来游览观光，食用当地的山茅野菜、野生菌类和以中药材为食材的菜肴也是游客的首选。

黎明村的红石街上现有饭店多家，景区的游客接待服务中心有一个餐厅，村内的居民也能为到家中的游客提供简单的膳食接待服务。

二、特色住宿接待设施的开发

住宿是最能体现旅游地硬件设施建设的元素。在民俗文化旅游中，提供住宿的建筑也是最能直观体现当地传统民俗文化的因素之一，民俗旅游建筑在旅游中的作用常常是双重甚至多重的：作为民俗文化的有机组成部分，综合反映特定时代、地域、民族的多方面文化特征和背景，本身具有旅游观赏价值，在有些景区甚至是旅游的主体吸引物；它更主要的是作为其他民俗旅游活动的载体，提供功能设施方面的保障。

黎明村的民俗旅游建筑在为旅游者提供住宿保障功能的同时，也发挥了宣传民俗文化的作用。村内的民居均采用傈僳族传统民居建筑形式，有一些客栈在内部装修上还很注重其他傈僳族民俗文化元素的应用。

红石街因街道路面均采用当地特有的红岩铺设而得名，是黎明景区的游客集散地，也是黎明村的核心区域。其总长约 1 千米，自景区大门开始到红石街结束。街道两旁的客栈共有 18 家，建筑风格也多为黎明当地红岩石砌房。除了由公司投资兴建的黎明国际青年旅舍、诺玛底客栈和诺玛底假日酒店 3 家外，其余 15 家均为当地社区居民自办或将房屋出租给外地人兴办的。红石街上最早的客栈是红石林客栈，已有七八年的历史。18 家客栈游客接待量大概为每晚 350 人高、中、低档均有，能满足游客的不同需求。

除了红石街上的客栈外，黎明村内部还有一些开办农家乐的村民家中也有相应的接待设施，如民间艺人熊志全家将本来放置杂物的二楼重新整修为客房，共有三间，每晚可一次接待六人。2012 年旅游投资公司开发黎明河谷生态走廊及修建千龟山索道，征用了熊志全家的土地。在拿到征地款后，熊志全萌生了扩大自家农家乐的想法，主要是增加住宿接待能力，并且为了建成黎明最具特色的傈僳风情农家乐，他在兴建住宿接待设施时，表示一定要以傈僳族古老的民居建筑形式——木楞房为主，现已修建好一所，共有三间客房，另一所仍在修建中。

黎明景区的兴起吸引了外界的投资，因位于景区内这个得天独厚的地理位置，一些私人的投资项目也使得黎明村住宿等方面的接待能力进一步提升，如红石街上还在不断兴起的由外地人兴办的客栈，以及一位来自昆明的朱姓商人在黎光村民小组地界内黎明河边兴建的一家五星级标准的民族特色酒店，该酒店已于 2014 年完工，黎明村的旅游接待能力又更上一个台阶，其多样性也更加丰富。

三、综合旅游交通的开发

美国民俗学家萨姆纳认为，民俗建构的动力是人类需要，民俗是为了一时一地的所有生活需要而设立。马林诺夫斯基也认为，人为了要生活，必须永远改变他的四周，在所有和外界重要接触的点上，他创造器具，构成一个人工的环境，如开辟道路，使用交通工具，以满足自己的需要。旅游六要素中的"行"正是体现了旅游者在旅游过程中实现位移的需要，以及旅游地和相关旅游投资商为了满足旅游者的这种需要所做的工作。

黎明村是老君山国家地质公园黎明景区的核心部分，距黎明乡政府所在地24千米，距玉龙县城117千米。从县城到达红石街的路程均为二级公路，交通通达条件良好，但从红石街辐射到各个旅游景点的路程，除了河谷生态走廊及芦笙文化走廊外，其他地方还未建成柏油马路，还只是一般的乡村土路，且越深入景区森林内部道路越是难行。

在黎明村内有千龟山、安七尼及其他一些小景点，旅游投资公司在这些景点内铺设了可供游客步行的栈道。千龟山早在2003年时就由老君山管委会兴修了一条栈道，2009—2010年旅游投资公司又投资1 000多万元，实施了全长1 610米的千龟山游览栈道改扩建工程；2009年以来，公司还投资1 608万元建设完成了安七尼旅游栈道，投资390万元建设了红石街至芦笙村旅游公路。

调研中，景区的邓志丹副总经理曾向笔者介绍，"景区下一步计划修一条到达芦笙村内和老君石像景点的公路，其他路段不考虑，因为老君山作为国家地质公园，有着丰富的森林资源，若公司将景区内所有景点之间全修成公路，会助长一些偷伐木材的犯罪行为。而且现在公司主打的是户外旅游，通达条件太好会破坏了品牌营造。现在景区在到达位于格拉丹草原的户外旅游营地虽为土路，但景区配备了专业的ATV（全地形四轮越野机车）。游客若要去格拉丹，可将自己的车停放在景区停车场，再乘坐ATV前往。ATV虽是一种交通工具，但对于喜爱户外旅游的游客来说也具有很大吸引力。

除了景区提供的专业越野车外，游客在黎明村游览景点时，还可以选择骑马。骑马服务所需的马匹由黎明行政村的马队提供，马队的队员主要也是由黎明行政村的村民组成，并不包括芦笙村和黎光村民小组的村民。

在民俗文化旅游村中，旅游者游览的主要是开发者在开发过程中所选取的既能体现当地民族风俗又符合消费者喜好的民俗标志物。

黎明村是一个新兴的民俗文化旅游村，并且由于它的特殊地理位置，在游览方面现在主要是自然景观上的，有一些体现民俗的文化旅游产品，但是还不够完善。

老君山国家地质公园是我国迄今为止发现的面积最大、海拔最高的一片神奇丹霞地貌区。黎明景区景观资源以高山丹霞地貌为主要特色，主要分布在黎明、美乐、黎光3个行政村境内，总面积约240平方千米。其山石"色若沃丹，灿若丹霞"，其地质结构主要为红色砾岩、砂岩和泥岩组成，构成色泽从绛红、紫红到浅红的不同层次。红色岩体经造山运动和风化剥蚀而形成了千姿百态的悬崖、险峰、溶洞和奇形怪状的石峰。黎明丹霞地貌群具有顶平、身陡、麓缓的特点。其中最为奇特的是千龟山，起龟裂的山体从规模、景观质量等方面在国内最具代表性。丹霞地貌境内溪流纵横，植被丰茂，构成具有极高观赏价值的自然景观。

在人文景观方面，黎明村现有的最能体现傈僳族民俗文化的旅游产品主要是：傈僳族传统民居建筑及当地居民的生活。不论是景区内的客栈、村民自办的农家乐，还是私人自建的未来的芦笙博物馆，抑或是未进行旅游开发的村民家中，都采用的是黎明傈僳族的传统民居建筑形式木楞房和红岩石砌房。旅游者到了黎明村，不仅能参观到这些与当地自然环境融为一体的建筑，更可以入户与当地居民进行交流。这里的傈僳人淳朴、热情，他们一直秉承着朴素的世界观，与大自然和谐共处。傈僳人的好客在杂居的几个少数民族中也出了名，每每有对傈僳族风情感兴趣的游客到傈僳人家时，都会受到真诚而又热情的款待。

表演节目的开发也在不断推陈出新。民间文化娱乐活动广泛存在于社会生活中的方方面面，这些活动大多是我们祖先创造并传承下来的，它既可以娱神，也可以娱人。随着社会的进步，也有一些活动是因现代社会的发展而有所创新的，但不论是传承下来的还是创新的，其所包含的讲、唱、演、嬉、赛等活动，无不是人们所喜闻乐见的。在民俗文化旅游开发中，这些民间文化娱乐活动具有很高的旅游价值，是旅游者最喜爱的民俗活动之一，也是旅游地开展旅游宣传的主要素材。

特色旅游商品的开发带动了当地经济的繁荣。旅游者在旅游过程中，通常都会购买一些具有当地特色的旅游商品，这些旅游商品五花八门、多种多样，民俗文化旅游村的旅游商品更应体现当地民俗文化特色在其中，但黎明村由于处于开发初期，在购物方面还不是特别完善。现在黎明村中提供的旅游商品主要还是当地土特产品，如一些山珍、名贵中草药材等.在红石街上有一家诺玛底土特产专卖店，在景区游客服务中心设有一个分店，这是黎明村中唯一一家购物店，是由公司投资兴建，主要出售的产品有：名贵中草药材，如虫草、天麻、红参、雪莲花、雪茶、红花等，山珍如羊肚菌、牛肝菌、松茸、鸡枞等，其他还有一些，如当地特有的野生岩蜂蜜，民间药方如和氏东巴彝炎药等。除了这样的专卖店外，也有村民自己摆摊卖的小购物点，熊占宝老人在千龟山上就有一个这样的小摊点，主要卖一些中草药材。另外，在各个客栈也会有一些零星的售卖点。

第六节　旅游开发对黎明村傈僳族民俗文化的影响

傈僳族的文化，因为靠代际"口耳相传"，注定了它的脆弱性，容易流逝和变异，而且一旦火塘边"父传子""母传女"的环境不复存在，就会出现传承的断层，外来强势文化的不断冲击，会使得原本脆弱的民俗文化更加岌岌可危。

一、增加了民俗文化的丰富度

民俗文化旅游村除了村落本身的建筑、环境、村落周围的丹霞地貌自然景观等可以开发成旅游资源，负载传统文化信息的村民，他们的服饰、语言、生产方式、生活方式和思想观念、人生态度等都是民俗文化旅游资源。当然，民俗文化旅游村的文化要素并不都是可以转化为旅游资源的，其中一部分可以直接转化，另一部分需要经过加工改造，还有的被开发者忽略和废弃。在当地现有的民俗资源不足时，还需要从历史上复活或向其他地方借用。因为在旅游开发中，要尽量挖掘民族和地方文化中有价值、有特色的东西，那么在此过程中，新旧文化因子会同时叠加，不同历史时期的文化积淀，甚至同一民族不同地域，同一地域不同民族的文化也会同时呈现。在民俗文化旅游村中，常常可以发现，内与外、古与今各种文化相互交杂，传统民族服饰与现代新潮着装、本地自酿的水酒与酒吧里售卖的城里人喜欢的可乐和啤酒、晴天扬尘雨天泥泞的乡间土路与景区柏油马路、休闲栈道等各种不同时空的文化因子同时映入眼帘。结合黎明傈僳族民俗文化旅游村的旅游资源开发情况，其资源类型主要有自然呈现的地方民俗、复兴后的民俗传统和移植进来的特色民俗，通过多样的加工手段，也体现出了民俗文化旅游的文化多样性。

（一）延续了自然形态的民俗生活

在民俗文化旅游村中，村民现实生活的状态及现实生活中民俗传承的状态，在进行民俗文化旅游开发初期，是未经过包装或改造的一种展示方式。这种民俗未开发的形态被看作是民俗文化旅游的最高境界，也是追求真实性的游客所希望及喜欢看到的。有学者提出："民俗旅游是以比较接近生活中自然形态的民间风俗、民间信仰、民间娱乐、民间节日、民间文艺等民间文化为主要观赏对象的旅游活动"。而民俗文化旅游村也并不同于世博园等主题公园，人工雕琢的痕迹应较少，但是，进行旅游开发必然就会对自然村落进行或多或少的改造与加工。在这里所说的自然形态，也只是相对而言，主要指的是村民现实生活的自然状态和留存至今的部分物质民俗的历史遗迹。

黎明傈僳族民俗文化旅游村处于旅游开发的初级阶段，不论是政企结合对其进行开发抑或是当地民众主动参与到旅游开发中来，由于开发时间、程度及地域等的客观限制，并不是所有的村民都参与到了旅游这个行业中来。而参与到当地旅游开发的村民不论是歌舞队成员还是马队队员等，除了在景区内从事其他服务业的，如景区司机、客栈服务员、保洁员等村民，其余人员均不是专职人员。他们利用自己的空余、农闲等时间从事一些旅游服务工作，本身所从事的农业并未受到较大的影响。所以，游客到了黎明傈僳族民俗文化旅游村，仍然可以感受到村民们世世代代延续的传统社会生活，而且由于民俗文化旅游村尚处于开发初期，旅游开发所带来的城市化及不良影响尚未形成和更多地体现出来，民风等还很淳朴，村民对游客的态度也较好，没有造作的表现，游客所看到的基本都是自然呈现。

在我国，对于尚处于开发初期的民俗文化旅游村，开发者最常用的修饰手段便是在原生地举办传统节日，这样游客可以自然地被接纳到当地人的现实生活中去，他们参与节日活动，感受节日的欢快气氛和浓郁的民俗风情，了解节日的深层文化内涵。黎明傈僳族民俗文化旅游村的核心区域红石街在黎明乡与金庄乡撤并之前便已是乡内各种节日、文艺活动的举办中心，虽然后来黎明乡政府搬离了红石街，但是在这里举办这种活动的传统却延续了下来，并且由于它还是黎明景区的核心区，受重视的程度更胜一筹，并未因乡政府所在地的变迁而受到太大影响。黎明乡政府因黎明景区的开发，与旅游开发商一起举办了各种各样的节日活动，其中不乏在全国都有一定影响力的活动，不仅使景区得到了大力宣传，也使得民族传统文化得到了传承和发扬。

（二）借用了他者的民俗

借用，是指对非本民族、非本地区的民俗传统的挪移和模仿。借用的民俗原本在民间具有根源，不是当地人的新创造，可以分为两类：一类是对本民族中，其他地域流传的民俗的借用，一类是对他民族中有特色的民俗的借用，以增加和丰富民族文化和地方文化。虽然在旅游文化生产中，非本民族或非本地区的文化因素可能会通过不断的内化，最后稳定地称为自我的有机组成部分，但是，在对他民族的特色民俗进行借用时，有时也会产生伪民俗的问题。

借用他者文化的两类情形在黎明村都有一定的体现。首先是挪移本民族的民俗，在旅游中，对其他地方本民族民俗的借用，一般都会选择具有代表性的文化要素，从而使不同源流的文化资源重新得到整合。这在黎明村中体现得最明显的便是阔时节。"阔时节"是傈僳族的旧历新年，时间在每年公历十二月二十日。黎明的傈僳族在以前并不过这个节日，而丽江东部永胜、华坪和怒江州一带的傈僳族非常重视阔时节。在发展旅游以后，黎明乡政府结合全乡的重大活动，开始组织阔时节的有关活动，每两年举行一次阔时节傈僳族民族文艺演出活动。在黎明景区进行旅游开发后，阔时节的活动也越来越盛大，2012年12月在黎明景区举办了第五届阔时节。阔时节是傈僳族的代表性节日，黎明举办阔时节便是将其他地方本民族的民俗进行借用，将文化资源进行了整合，不仅使本地本民族的民俗更加丰富，也使旅游开发中的元素更加多彩。

其次是对他民族中有特色的民俗的借用，黎明村所处的黎明乡虽为傈僳族乡，但还杂居着多个少数民族，并且黎明景区是丽江这个旅游热点城市的西线，丽江早已名声在外，纳西族、摩梭人等也为世人所知，黎明村在进行旅游开发时就借用了这些民族的特色民俗，但由于在借用时有不太恰当的地方，出现了一些伪民俗的问题。在笔者调研期间，一位杨姓景区导游向笔者介绍傈僳族一些关于宗教祭司、家庭习俗时便说道："纳西族的祭司叫作东巴，我们傈僳族的祭司也叫东巴（傈僳族的祭司其实叫作尼帕），虽然我们傈僳族的信仰是自然崇拜，我们这里还有人信仰基督教，但我们的大祭司也叫东巴。傈僳族表面上是父系社会，但实际上不是，反而是母系社会，在我们傈僳族家庭中，一切都是由女人来做主的，这个又和摩梭人是一样的。"虽然仅凭一位导游的讲解并不能说明这就是伪民俗，但是导游是游客在游览景区中接触得最早且时间最长的人，导游的讲解是游客了解一个地方的重要方式，先入为主的观念很容易就会在游客心中留下深刻且难以改变的印象，虽然借用其他民族中有特色的民俗进行宣传会增加本地区本民族的知名度，但是还得选择借用哪些民俗，并且在借用过程中不能完全照搬，要防止伪民俗的出现。

二、提高了社区居民对民俗文化的认识

在传统模式中，民俗是自我享用的文化，其价值往往被忽略，而在现代旅游产业所带来的市场经济中，民俗被资本化运作，民俗文化可以用金钱来衡量，标价出售。在旅游市场中，让民俗成为可供游客消费的符号，也使当地民族的民俗文化被重新看待。民俗文化旅游村在建设中，面对各种外来的因素和力量，会对照自己的文化，反观自己的文化，从而认识本民族传统文化的价值。通过旅游开发，民俗文化旅游村村民的民族主体角色价值也在旅游中得到体现和提升，得到实现和转化。黎明傈僳族民俗文化旅游村，民俗底蕴深厚，经济生产不发达，对于当地尚处于贫困或温饱阶段的农民来说，兴起旅游业，很容易将外来游客欣赏的民俗加以光大。而在黎明村所处的旅游开发启动期，经济价值是当地政企部门和社区居民最主要的价值内涵之一。

民俗是一个民族或特定人群生活方式的文化，在内部具有特殊的维护内部秩序和自我生存的作用。对于自身来说，是有特殊价值的，但是没有市场经济的价值。所以，对于使用和具有这些文化的主体来说，习焉不察，没有特别的关注和思考是很普遍的现象，旅游开发所带来的社会、经济价值让这些主体重新认识、了解甚至更加认同自己的民族文化。

在黎明傈僳族民俗文化旅游村的旅游开发中，当地的特色文化和传统民俗文化成为稀有文化资源，被市场所需求，成为可被开发、能够带来市场价值的资源，进入资本化的运作过程，并实现了经济价值的转化，这就使得当地主体民族——傈僳族重新发现和认识到了本民族传统文化的价值，进而开始极力挖掘和展现其有价值的部分。

在黎明村，虽然白天要做农活、为游客牵马服务、在景区上班等工作让大家都非常疲惫，但是到了晚上，很多人依旧会到歌舞队学习傈僳族民间音乐、舞蹈及民族乐器。旅游投资公司每晚补助给歌舞队100元，虽然分摊到个人头上也不过几块钱，但是大家依旧乐此不疲，他们认为"晚上在家除了看电视什么都做不了，不如做点自己喜欢的事情，围坐在火塘边学学唱歌，学学跳舞，大家在一起开开心心。像我们这个年纪的，遗忘得比较多，跟老一辈多学一些，还能增加自己的知识。"这种心理上潜移默化的变化，使得黎明村的傈僳人更加珍惜和愿意去保护自己的传统文化。

三、其他民族对傈僳族民俗文化的感知度提高

黎明傈僳族民俗文化旅游村在进行旅游开发的初期，很多游客都并不知道这里是傈僳族民俗文化旅游村，以为还是纳西族村子。在近两年与景区共同开发后，突出傈僳族民俗文化建设，游客到了黎明村后能深切地体会到傈僳族丰富多彩的民俗文化。随着旅游开发的越来越深入，黎明村当地其他民族也对傈僳族的民俗文化有了一个全新的感知。

民俗文化旅游是一个重新诠释文化的过程，也是一个地方文化和民族文化被重新建构的过程。民俗文化旅游发展使得黎明傈僳族民俗文化的地位发生了改变的同时，也让当地获得了很多的社会资源和经济资本，这些资源跟当地居民所有的文化资源和自然资

源相结合，更加促进了民俗文化旅游村的建设。

傈僳族民俗文化旅游开发所带来的经济发展，也让当地其他民族认识到了民俗文化中的经济价值。通过旅游市场，民俗文化的价值被重新看待、重新定位。从当地人的角度来看，游客的付费行为说明傈僳族民俗文化在他人眼里的价值，当地人把这种游客赋予的价值力量内化为自己价值的一部分。

四、旅游开发导致社区居民社会形态变化

旅游开发使黎明村的经济得到了发展，民俗文化也找到了新的发展孔遇，环境也得到了很大的改善，但是黎明村的社会形态在旅游发展中也有一些消极方面慢慢地体现出来，主要表现在两个方面：一是社区传统经济形式的变化；二是社会文化形态变化。

旅游开发作为民俗文化旅游村的一种外来力量，是政府和企业协商澡作的产物，政企双方的政治和经济意图也强化了民俗文化旅游村的文化冲击。在这个冲击的过程口，既有积极的层面，也有消极的效果，这就需要各级政府部门、村委会等在其中除了协调之外，更重要的是要有一个良好的引导。

第九章　特色民族文化——湘西民俗文化开发与保护

　　民族文化是各民族在其历史发展过程中创造和发展起来的具有本民族特点的文化。包括物质文化和精神文化。饮食、衣着、住宅、生产工具属于物质文化的内容；语言、文字、文学、科学、艺术、哲学、宗教、风俗、节日和传统等属于精神文化的内容。民族文化反映该民族历史发展的水平。下面以湘西民俗文化为例，来研究民俗文化的开发与保护。

第一节　湘西民俗旅游资源的现状

　　湘西的旅游资源非常丰富，主要包括：吉首、凤凰省级风景区；永顺猛洞河风景区；张家界风景区。

一、吉首、凤凰旅游区

　　德夯是一个典型的苗族村寨。德夯的苗语为"美丽的峡谷"。村寨四周高山耸立，林木郁郁葱葱。十几处瀑布悬挂在危岩断崖之上，曲溪、茂林、峭壁，构成险峻的峡谷风光。在峡谷深处居住着近百户苗族人家，清一色的灰瓦木屋，清一色的石板路、石板坪、石板桥连接户与户，构成了可观、可游、可居的特色村寨。在这苗族山寨里有古朴的拦门礼、迎客酒、迎宾鼓舞，入夜还有村民的山歌对唱、篝火晚会。民俗旅游活动的展开已使村民们走上了小康富裕之路（图9-1）。

图9-1　德夯

　　德夯的民俗旅游立足于本乡本土，展现苗族风情的本来面目。游人在浓郁的苗族文化氛围中感受苗族风情。在浓厚的乡土气息中，从苗家人的日常生活、服饰、居住场所中感悟苗族的文化沉淀。德夯自然地展现了苗族文化的风貌，原汁原味、原版的民俗风情激发起游人的极大兴致，游人陶醉其中，好评如潮。

凤凰的黄丝桥古城位于凤凰城西25千米处，古城原系土城，始建成于唐朝垂拱三年（687年），清乾隆十八年（1753年）改为石城。嘉庆年间，皇帝为缓解边起战争，扩建明代万历年间修筑的"苗础边墙"。沿"苗疆边墙"修筑汛堡、屯堡、碉楼、哨卡等军事设施。黄丝桥为汛堡，当时是高级将领驻扎的城堡，也是"苗疆边墙"的第一大城堡。其占地29 000平方米，呈长方形，周长686米，墙高3米，墙顶宽2.4米。沿墙顶建有300个箭垛。依地势设有三个城门，分别是：东门"和育门"、西门"实城门"、北门"日光门"。这些城墙、城门依然保存下来，黄丝桥古城（图9-2）是我国目前保存最完整的古石城。

图9-2 黄丝桥古城

在黄丝桥古城内居住着几十户苗族人家。他们有的在自家的家门口办起工艺店，出售女主人亲手制作的刺绣、花带、苗族绣花衣裳，还展示自家流传下来的银饰。有的开起小饮食店，用苗家的特色菜肴酸肉、酸鱼等款待远方来的游人。黄丝桥的民俗文化旅游业尚处于自发阶段，民俗很少受到外来习俗的冲击，展示出古朴的民俗氛围，对游人有很大的吸引力。

二、猛洞河风景区

据《永顺县志》记载：王村是历代土司居住的地方，故名王村，是古代湘西北一带的政治、文化的中心。后来土司王迁都老司城，王村才失去它的中心地位，但王村酉水之便舟楫往来始终胜于老司城，所以一直是土司辖区的重镇，历有"楚蜀通津"之称。王村的自然景色与古老街市融为一体。用青石板嵌成的五里长街，从码头一直延伸至山坡。街道两旁的临街店铺、依山而建的土家吊脚古色古香，临街作坊里土家姑娘用古老的织机编织着"西兰卡普"，编织机的声响似乎在诉说着王村小镇的古老历史。

王村镇（图9-3）南临酉水，北依群山，北面有奇特的石林，东侧是王村瀑布，瀑布高60多米，宽40多米，发出巨大的轰鸣声。瀑布的东面有一小山，山顶建有一亭，亭中竖有国家重点保护文物"溪州铜柱"（原来设在会溪坪酉水的西岸，因修凤滩水库，移到此处）。在王村码头的上方有湘西民俗风光馆，馆内的展品述说着土家族人信仰、婚俗、狩猎等古朴的民俗。同时，还有摆手舞、哭嫁、咚咚喹、土家打溜子、土家情歌对唱等民俗节目表演。

图 9-3 王村镇周边环境

王村镇的民俗景观丰富多样。融观光型、娱乐型、参与型于一体。民俗景观与其他自然景观、历史文化景观组合在一起，丰富了民俗旅游的文化意蕴。将民族文化与特定的历史文化背景、地域交通背景联系在一起，使游人无论在观赏土家民居吊脚楼、品尝风味小吃米豆腐、欣赏民族歌舞表演，还是在参与西兰卡普的制作都能感受到土家文化的蕴含。

三、张家界风景区

秀华山馆张家界市的秀华山是将散落在民间的反映民族文化的民俗文物搜集起来所创办的土家人家庭博物馆。以明、清时代的典雅古朴的家具为主，配存土家服饰、民间绣品、民工间工艺品、明清时代的木雕等，采用家庭式样布局。馆内还不时穿插土家风情表演。

在秀华山馆用凝聚的方式，借助于是静态的民俗物品展现土家民俗。同时对将湮没失传的古代的民俗旅游资源，挖掘加以恢复、再现。向游人展现土家的传统民俗，满足他们认知、感受异域风情的愿望。

张家界土家风情园于 2000 年建成，投资 7 500 万元，占地 5.3 余万平方米，由土家建筑群落、民风民俗展示、文艺演出、客房及餐饮功能区构成。土家建筑群落中有土司城堡、摆手堂、土家山寨等。有民族服饰、蜡染、织锦的展示，土家风俗表演，银匠、石匠等民间匠人的现场演示，还有表现土家原始劳作与生活的茅古斯、挖手姊、打溜子等民间歌舞表演。

土家风情园花费巨资修建，对民俗文化旅游资源进行移动和仿造，让游人在有限的时间内领略土家人的习俗，举措可谓用心良苦。但在仿造过程中有悖于原汁原味，真实、自然地反映民间生活的原则。例如，土家吊脚楼通常二层，三层极少见。而土家风情园中的卫天楼，九重十二层，楼高 48 米；盾王宫采用土家祠堂的建筑形式修建的三星级的宾馆，有床位 250 个，客房百余间，屋王宫与其他功能区仅仅用封火墙分隔。如此庞大的建筑群，不是一堵墙分隔得了的。在现实的土家山寨旁怎么会有富丽堂皇的建筑群？

土家风情园民俗旅游项目过于程式化、艺术化、舞台化。风情园内的"村民"服装艳丽的色彩、做作的神情都在无言地告诉游人：这里是演舞台剧，而不是日常生活。

民俗一旦失去了它生长、滋润的环境，就会成为无土之木、无源之水，失去魅力。

民俗文化的深刻内涵脱离了原有的氛围，就难以得到恰如其分的表现。因此，游人在土家风情园内难以真实地感知、体验土家文化的意蕴。

四、开发中存在的问题

（一）开发投入不足，开发层次较浅

湘西的民俗旅游开发多数没有事先规划，多由村里、个人自发开发，其项目的设置不免带些盲目性，能否如期得到回报，心中无底。因而，无法正确投资或不敢过多投资，导致开发层次不深。

（二）民俗文化旅游活动单调

当代旅游者对旅游活动的参与性要求普遍加强，对民俗文化旅游不再满足于观赏民族建筑、民族服饰等具象的事物，不再满足于听导游讲述各种民间传说，而更期盼着能亲身接触，体验当地的民俗风情，参与民俗活动。但目前湘西多数民俗旅游区尚停留在观光阶段，由导游解说，向客人介绍当地民风民俗，缺乏参与性和情趣。

（三）民族歌舞乱演乱唱

一些餐厅为了吸引游人就餐，不注意演出质量，随意表演一些民族歌舞。在张家界森林公园内，曾有部分未成年小孩，尾追游人，边唱山歌讨要小费。

（四）民俗风情乱编乱造

自然风景区出租的民族服装多是经营者据自己的喜好编造出来的、粗制滥造的奇装异服，如土家族的女装原本色彩淡雅，以深蓝色为主色调，而出租的服饰却是大红大绿；男装甚至还炮制出了一顶楂子，帽子上钉上了艳丽的野鸡毛，完全失去了土家民族服装的特色。

民俗婚礼表演以参与为名，让游人与穿着民族服装的女性从业人员举行"婚礼"任何一位男性游人都可以扮成"新郎"，与职业"新娘"进行一系列的婚礼活动。在预先不告知的情况下，要付出 49 元的礼金给"岳父岳母"（实际上是经营者），给新娘付 50 元的小费。若有过多的亲昵动作和言语，还得给新娘付"翻脸钱"。这些给游人带来非常不好的印象，《人民日报》曾经以《新娘温柔一刀，新郎叫苦不迭》为标题撰文予以披露，对此虽有整改，但力度和效果欠佳。

要解决这些存在的问题，就要加强管理，提高民俗文化旅游业的整体素质，清理、整顿、规范民俗文化旅游的开发项目，打击欺诈游人的行为，挖掘民俗文化旅游的精品，塑造良好的形象。

第二节　湘西民俗文化旅游的特色

湘西位于崇山峻岭之中，交通不便，开发时间较晚，因此与外界交往不多，形成相对封闭的地理环境。生活在这里的土家族、苗族人民，千百年来和睦相处，用自己勤劳

和智慧耕耘着这片土地，共同创造了当地的历史文化，土家族、苗族的人们，以他们独有的特质，创造出湘西大地特有的奇异民俗，给这里的风俗民情蒙上了一层神秘的面纱，令人遐思、令人神往。

湘西不仅民俗奇特，而且自然山水分外秀丽，民族风俗与自然风光互为点缀、有机触合，形成人与自然和谐、"天人合一"的状况，给人以刚柔相济、自然纯朴的感受和意境，如德夯苗寨、土家古镇王村。

德夯苗寨位于湘西土家族苗族自治州首府吉首市西郊 24 千米处，是一个纯苗区，在那里居住着近百户苗族人家。他们相互之间讲苗语，身穿苗族的无领绣花衣，喜戴各种银饰。男人爱结绑腿，吹木叶。年轻人对歌寻觅心上人，以歌为媒，自由恋爱。村民们种桑养蚕，纺纱织布，蜡染绣花，缝制衣服。他们用古老的方法榨油、造纸、碾米。用水车提水灌田。小溪边吱吱呀呀转动的水车述说着苗家纯朴典雅的奇风异俗、古老悠久的历史文化。

"德夯"在苗语中意为美丽的峡谷。村寨的周围有六七条巨大的峡谷，高数百米。由于山势跌宕，绝壁高耸，峰林重叠，形成了许多断崖石壁。峰林周围瀑布飞泻，其中流纱瀑布高达 200 多米，群峰竞秀，500 多米高的天险盘古峰的峰顶有一片面积约为 3 公顷的原始次生林，盘古峰下的山坳处有一大片野生的腊梅林，树形丰韵。

自然景色与人文景观在这里融为一体。德夯的苗家做客拦门对歌、苗家鼓舞，及四月八、三月三、赶秋、椎牛等传统庆典吸引着无数游人。来到德夯既可体验古老的民俗风情，又可以观赏大自然的美景。

王村古镇是猛洞河风景区的门户。猛洞河漂流被誉为天下第一漂。它的上程漂流段：两岸绿树葱茏，悬崖对峙，飞瀑流泉与溶岩峰林相映生辉。一叶扁舟，顺流而下，出没浪端谷底，途经"三角岩""捏土瀑布""阎王溥""落水坑""梦思峡"等数十处景点。游人一边搏浪闯滩、戏水嬉闹，一边欣赏两岸美景；下程平湖游：一路水波不兴，宛如明镜，衬出蓝天、青峰的空灵，两岸山边有 190 多种珍禽异兽出没其间，500 多种植物茂密繁衍。

两岸石壁罗列着星罗棋布的洞穴，洞内错落有致的钟乳石述说着大地的神奇。

漂流的终点便是王村古镇，那里有独特的民俗风情和文化遗存。人们的劳作、生活、歌哭，无不充满着神秘、诡异、浪漫的气息。

第三节　发展湘西民俗文化旅游的开发与对策

一、民间歌舞的开发

民间歌舞是民俗文化的表现形式之一。土家族、苗族的人们在漫长的历史长河中，用歌赞美劳动，用歌舞表现生活。湘西的少数民族能歌善舞.民间有丰富的民族歌舞供开发利用。民族歌舞强烈的节奏感、欢快的氛围，很适合游人的审美要求，如打溜子，在当地广为流传。逢年过节、婚嫁喜庆日子少不了，并且已从业余走向专业、从民间走向舞台、从土家山寨走向中国和世界的乐坛。土家人自编的打溜子的曲目《锦鸡出山》在美国演出时，在场的国际音乐大师无不惊叹："这种玩意竟有如此多种的打法！"

打溜子（图9-4）对表演场地无要求，四五个乐手即可表演。打出的乐曲变化莫测，极富表现力，有很强的韵律感，很容易让人陶醉于其中。

图9-4　打溜子

苗族的硬气功与土家族的硬气功有异曲同工之妙。表演内容大致相似，其中的钉、刀床破石让人拍手叫绝。地下铺着二三厘米大小的碎玻璃碴儿，表演者赤身仰卧其上，身上放一块钉满密密麻麻尖锐铁钉的木板。钉板上再一位表演者赤身仰卧其上，身上放一木架，架上横搁两把削铁如泥的大刀，又一位表演者横卧于锋利的刀コ之上。四个彪形大汉扛来一二百公斤重十厘米厚的青石板放在最上层的表演者身上，一个大汉抡起大锤奋力敲击石板，直至石板破裂落地。卧于碎玻璃碴儿、钉板、钢刀之上的勇士安然无恙，毫发无损。游人观后惊奇不已，深感不可思议。硬气功的神秘和薄大精深通过这样的表演得到展示，游人通过观看开阔眼界，增长知识。

苗族的"上刀梯"表演者在插有三十六把锋利钢刀的木柱前，赤足踏刃，攀沿而上，直截了当至柱顶。顶上竖立一柄锋利的钢叉，表演者在牛角、唢呐、长号的乐曲声中，腹卧钢叉，凌空旋转。它融体育、舞蹈、杂技为一体的表演节目，极大地激发游人的兴趣。

民俗在乡间一如既往地传承着，是普通百姓日常生活的一部分。土家山寨、苗族山寨与城市相比，处于相对封闭、自给自足的状态，独特的民俗风情较为完整无缺地保留着。因而村寨内鼓励和提倡人们着民族服装，表演民间歌舞，即可为游人创造一种异地异族的文化氛围，展示土家族的民俗历史文化。

在自然风景区内表演游人喜闻乐见的山歌对唱、简单的歌舞，让游人在欣赏大自然真山水的同时，接触到当地的民族风俗，体验少数民族的文化氛围，看到湘西的另一道诱人的风景——民俗风情。

组织文艺工作者从散发着悠悠泥土味的民间歌舞中，挖掘、策划、组织了一台民间歌舞晚会，定点定时演出。不换剧目，只换观众。将丰富多彩的民间动态文化集中展示给游人，增加他们的旅游兴趣，丰富旅游生活，特别是夜间生活，改变"白天看山，晚上睡觉"旅游生活单调的状况。还可以组织游人参与到摆手舞、茅古斯的演出中去，与当地民众一起起舞，共享欢乐。

二、民间工艺品的开发

游人外出旅游，除欣赏、游玩之外，还希望在游览之余购买旅游纪念品，用于馈赠亲友或自己留作纪念。这些纪念品最好是既有民族特色、地方特色，又有艺术性，再带点实用价值。

湘西民间有土家织锦、苗族刺绣、打花带、蜡染、银饰、竹编工艺、木雕、根敢等富有深沉的文化艺术价值和独特的艺术思维的手工艺品。这些传统的手工艺品及其生存环境，在现代工业社会发展下在逐渐消失，为保留少数民族本土文化的延续性及促进湘西旅游纪念品的生产，在对现有的民间手工艺品挖掘整理的基础上，开发生产出唯湘西独有的旅游纪念品。

苗族的银饰非常有特色（图9-5）。盛装的苗族妇女，佩戴银饰，款款而行，有一种难以言表的妩媚。在张家界市一家经营银饰的商店——"银世界"，专为游人打造银首饰。盛装的苗族少女在这里充当营业员。"银世界"吸引着很多游人。有的即使不购物，也要来此体会这里购物的氛围。其实在此基础上，还可以进一步开发。例如，将工匠请到此，现场制作。将出售与制作有机组合在一起，让游人一边观看制作，一边顺理成章地购买旅游纪念品。

土家织锦、苗族蜡染、刺绣等虽已被开发为纪念品，但没有形成生产规模，产品的档次也不高。民间工艺品需要进一步开发，提高技术含量，生产出民族化、个性化，具有浓郁民族特色的多品种、多档次的手工艺品及旅游纪念品，满足各个层次游人的需求。将生产旅游纪念品的手工作坊开前店后厂的模式，让游人亲自制作，提高参与性。使纪念性贯穿始终。

图9-5　苗族银饰

三、开发民间特色饮食

饮食是一种文化，是人类对饮食本能的高度理性的发展。由于生活方式和自然条件不同，民族间的饮食习惯各有特色，就是同在湘西的苗族（图9-6）、土家族，其饮食习惯也不尽相同。

利用土家族的干菜、腊菜、酸菜、辣菜，做足湘西菜肴的口味，重点推出石耳炖鸡鸭、泥鳅钻豆腐、合菜等特色菜肴。让游人在"蒸甑子饭、切砣子肉，斟大碗酒"的氛围中，品尝土家风味系列，体味土家先民的豪爽遗风。

还可以开发"酸鱼、酸肉、酸汤、桃花虫"等苗家风味系列及"香椿芽、蕨菜、小竹笋、枞菌、山菇"等山野菜系列，将这些有浓厚民族特色的食品集中开发形成风味餐饮街，让游人在餐饮街品尝美味，会平添不少乐趣。

旅游是由食、住、行、游、购、娱六个环节构成，食摆位道出了旅游过程中有重饮食的倾向，我国一向崇尚"民以食为天，食以味为先"的生活哲理。游人外出旅游，奂换口味，品尝当地风味的特色饮食，将另有一番情趣。

图9-6　苗家饭

四、开发吊脚楼文化

土家族、苗族都在依山傍水处建吊脚楼。这种体现古朴、原始观念的建筑，不仅具有浓郁的民族风情，而且这种"干栏式"建筑适应于湘西"开门见山"山区的地形，避免潮湿，又通风散热，依势而建，节省材料。吊脚楼的形式因地形而异，有半截吊、半边吊、两翼吊、临水吊、跨峡过涧吊，体现了以天然为本，人与自然协调的"天人合一"的特征。

吊脚楼的雕梁画栋，楼台高悬，檐角高翘，有一种腾高而立的峻秀之美。宾馆房舍可仿吊脚楼的建筑外观设计，建成有地方特色和民族风采的外形，现代生活设施及当地传统的竹木家具为内饰。通过这样的居住组合，显示出湘西的地方特色。游人来到湘西身处异地，在整洁舒适的前提下，选择有当地特色的居住环境，包含着对湘西民俗文化的欣赏和对少数民族风情的猎奇。利用吊脚楼的外在特征与周围环境融为一体的湘西特色建筑，营造湘西格调的居住环境，让这种特色的吊脚楼建筑成为旅游区的一种景观建筑，让游人住进特色化、地方化的居住组合中，超越住的范畴，体验湘西一方的风情。这样传统的民居旅馆变为既有旅游资源属性，又有旅游设施色彩的独特吸引物。

由于吊姆楼建筑占地多，不宜建造过多，更不能强行推广，在适宜的地方建几处吊脚楼群（图9-7），使之成为旅游区新的景观，乃至标志性建筑。

图 9-7　吊脚楼群

五、节日民俗旅游的开发

湘西的民间节日很多：土家族的赶年及正月的摆手节、四月八牛王节、六月六祭祖节、七月十五吃新节；苗族的三月三歌舞节、四月八的游乐节，还有七月七、赶秋、樱桃会等。每逢盛大的节日，众人如痴如醉，参与其中，十分热闹。

当地的人们如痴如狂地参与和投入的节日，像一块巨大的磁铁一样吸引着各方的游人。他们渴望经历这些特殊的欢庆活动，从中获得某种认同，身临其境地感受人们欢乐的心境，与众多陶醉在节庆中的人群融为一体，体验当地人的生活乐趣。

利用这些节日活动，把当地的历史文化、风俗民情等加以整体包装，开发成富有特色的旅游活动。

六、确定民俗文化旅游的战略重点

湘西民俗文化旅游发展的战略重点应是特色民俗文化旅游产品的开发，民俗文化旅游不仅湘西有，云南、贵州、广西也都有，而且那些地方的民俗文化旅游开发比湘西早，在游人心中已形成了先入为主的形象。要同这些地方竞争，就得拿出具有湘西特色的旅游产品，而且发展有特色的湘西民俗文化旅游，也是确保基于可持续发展的民俗文化旅游的关键。

在开发民俗文化旅游资源时，要把少数民族的文化差异与地域差异的认识结合起来，准确地把握少数民族在价值观上的特色，而且在这种特色上做足文章，形成"人无我有，人有我优"的特色产品。例如，在婚姻习俗上，虽然每个民族都有自己独到的一面，但喜庆是其主要的基调。唯有土家族的婚礼习俗十分独特，用哭声来庆贺欢乐的出嫁。哭嫁十分质朴，而又饱含着深邃的情趣，洋溢着民族的性格特征。在土家山寨哭嫁不但成为一种特殊的习俗，同时也成为一种歌的艺术。哭嫁时哭有曲调，抑扬顿挫；词即兴而作，随意发挥。因人因事因时而哭，哭的内容像山泉一样年年岁岁流淌不尽。有的节奏明快，丰富多彩；有的生动感人，幽静风趣。当哭到劝说时，歌声委婉动听，如行云流水，情意绵绵。当哭道离别时，歌声悲悲切切，令人凄然泪下。

哭嫁是土家先民千百年来的创造艺术，古朴生动，是一枝民间艺术的奇葩，将此开发出民俗文化旅游产品，将是世界唯一的、独具土家特色的产品。

七、提高认识，加强对民俗文化旅游开发的领导

文化是现代旅游的内涵。游人旅游时实质上是购买文化、消费文化、享受文化。要增加湘西民俗文化旅游对游人的吸引力，就必须注入更多的旅游文化的内涵，提升湘西旅游文化品位。因此，必须提高对民俗文化旅游开发的认识。湘西的民俗不是一朝一夕形成的，而是历经数千年历史与传统持续沉淀的。因而，在它的文化品格及现实功能上都存在着较为复杂的情况，开发时要对现有的民俗事象进行筛选。由于民俗反映先民的早期生活，所以不可避免地带有那个时代的痕迹，其中部分内容明显违背科学规律或对人们的意识和社会发展起阻碍作用。这些有封建迷信色彩及对现实生活有害的部分要从民俗文化旅游开发的清单上剔除。从民俗文化旅游活动的观赏性、情趣性、参与性考虑，选择一些可游、可玩、可参与的民俗事象加以开发，去掉过于一般化及缺乏欣赏性、呆板生硬的民俗仪式，精心挑选出反映湘西人精神风貌及文化特征的民俗，精心设计，注重其文化内涵、注重民俗事象过程的文化性，将动态文化与静态文化有机结合、高雅文化与民间文化有机结合，开发出有水准、有文化内涵的民俗文化旅游的精品。通过开发，使濒临消失的民俗得到恢复和延续，优质的民族文化得到发扬光大。通过统一规划，对民俗文化旅游资源进行合理的开发和有效的保护，实现经济效益和社会效益的有机统一。

八、妥善解决民俗传承与创新

民俗是民族文化的遗存，是当代人应珍惜的遗产，虽然民俗形成后按其内在的规律运行，外界条件不变，其内涵不改，社会在发展，民族也需要发展，永远保持传统是不可能的。儿子重复父亲，子孙重复先辈，亘古不变的历史应该成为过去。湘西虽然地域较为封闭，但人们每天接触电视、广播、报刊，特别是当代信息社会及因特网造就的"地球村"的观念下，外来文化对人们有较大的影响，当地的文化传统、风俗习惯正悄悄地发生变化。游人的涌入更推动了这种变化进程，游人与当地人的接触过程，是一个互动的过程，在这个过程中，双方或多或少有所变化，而异地文化，对湘西民族文化冲击

影响更大，当地的民俗风情逐渐被改变乃至被同化，保护和抢救民俗文化旅游资源十分必要。

民俗的传承受到当代信息社会的挑战，但广泛开展的旅游是民俗传承的一大机遇，民俗要传承，更要创造，传承与创造是一个互动的关系，传承是创造的基础，创造是为了更好地传承，只有创新，才能克制民俗中粗俗的部分，提升民俗的文化品位。

九、塑造旅游地的主题形象

旅游地的主题形象是一个地区的旅游特色在游人心中的感知。湘西不仅有世界一流的自然风光，还有充满神奇色彩、浪漫情调的民俗风情，武陵源以其奇特的自然景观成为世界自然遗产，为世人所向往。但要在今后的竞争中获得更加辉煌，需要注入优秀民俗文化，所以湘西的主题形象的策划既要根据旅游产品的特色、资源的潜力、自然地理环境、历史文化渊源、旅游发展趋势等诸多因素加以综合考虑，又要利用自然风光在游人心中现有影响来整体策划确定湘西的民族性、神秘性、传统性、特殊性、艺术性的主题形象。民族性是利用土家族、苗族聚集地的区域文化差异，挖掘出当地的民族文化的个性，为游人营造异地、异族的民俗风情的文化氛围。神秘性是湘西以前与外界交往较少，形成相对封存闭的小环境，不为人们所知，养在深山人未识，披了一层神秘的面纱。传统性是指民俗文化的传承是历史文化价值的体现。特殊性是自然景观的独特构造，如张家界的石英砂岩峰林地貌是世界上唯一的。旅游地的生命力在于其特色，世界上唯一的地貌景观是湘西旅游地的主题形象中的重中之重。艺术性指湘西的自然录景是大自然鬼斧神工的杰作。利用各种传媒大力宣传，让具有"秀丽的景色，浪漫的风情"的湘西旅游区深入地潜入游人心中，占据某处心灵的位置。使湘西在他们的心里形成生动如画、鲜明强烈的感知形象。如果他们旅游出行选择目的地时，自然而然地想到湘西，从而使湘西从众多旅游地中凸现出来，增加其吸引力和竞争力，促使民俗文化旅游向规范化系列化方向发展。

目前在湘西的各旅游景区民俗文化旅游得到一些零星的开发，如民族服饰的出租、婚嫁民俗的娱乐表演、民族村寨的开发等，没有形成系列产品，而开发这些活动的经营方有的受利益驱动，存在着民族风情乱编乱造、民族服饰乱制乱穿的倾向。为使民俗文化旅游业得到健康的发展，就要规范整顿现有民俗旅游的活动项目，提高从业人员素质，培养出一批懂管理、善经营的人才，从事民俗文化旅游业的管理。景区中民俗风情、民族歌舞表演人员直接从土家族、苗族聚集的山寨中聘请，向游人展示原汁原味民俗文化的风采。

为了更好地、全面地展示湘西的民俗，将少数民族的实际生活与表演项目有机结合，加上一年四季中布置好的重点节日庆典形成时空交叉，安排有序的民俗文化旅游的内容，将相关的民俗文化因素优化组合，把游人能接触到的吃的、住的、看的、听的、玩的民俗坊品与民俗事象整合成一个有机的整体，让游人在湘西玩得好、留得住、过得舒心。将同属某一类型的旅游项目或内容串联起来，增加其文化内涵，使旅游者通过比较、体验得到更大的享受，如将婚礼习俗作为主题，把土家族、苗族、汉族的婚典进行系列观赏，在比较中了解不同民族的民俗特点。又如，以一个民族的人们在生命历程中的各个重要时期的各种礼仪习惯为主题，系统地展现出来，让游人对这个民族的这一方面的习俗有一个全方位的认识。

参考文献

[1] 李洋洋. 地域文化在罗山县灵丰观光农业生态园规划设计中的应用研究 [D]. 郑州：河南农业大学，2016.

[2] 张树楠. 地域文化在城市主题公园中表达研究——以邯郸赵王城遗址公园为例 [D]. 保定: 农业大学，2011.

[3] 许霏. 非物质文化遗产传播与马嵬驿民俗文化村空间环境设计研究 [D]. 西安：西安建筑科技大学，2016.

[4] 别金花，梁保尔. 中国非物质文化遗产保护利用研究综述 [J]. 旅游论坛，2008（3）.

[5] 钟敬文. 民俗学概论 [M]. 上海：上海文艺出版社，2009.

[6] 支怡恬. 基于地域文化保护与传承的乡村景观规划设计研究 [D]. 西安：西安建筑科技大学，2016.

[7] 耿欣. "八景"文化的景象表现与比较 [D]. 北京：北京林业大学，2006.

[8] 刘凯红. 基于地域特色的乡村景观规划研究 [D]. 保定：河北农业大学，2010.

[9] 谢敬颖. 地域文化在景观设计中传承与发展研究 [D]. 西安：西安建筑科技大学，2010.

[10] 余秀娟. 旅游开发对民俗文化的影响研究以丽江黎明傈僳族民俗文化旅游村为例 [D]. 北京：中央民族大学，2013.

[11] 吴必虎，余青. 中国民族文化旅游开发研究综述 [J]. 民族研究，2000（4）.

[12] 白庚胜. 民间文化保护诸问题 [J]. 民间文化论坛，2004（4）.

[13] 冯靖晶. 平武白马藏塞乡村生态旅游规划与建筑景观设计——以亚者造祖村为例 [D]. 绵阳：绵阳师范学院，2015.

[14] 吴楚材，吴章文，郑群明等. 生态旅游概念的研究 [J]. 旅游学刊，2007,22（1）：67-71.

[15] 郭焕成. 中国旅游发展笔谈——如何发展中国特色的乡村旅游（一）：发展乡村旅游业，支援新农村建设 [J]. 旅游学刊,2016（3）：6-7.

[16] 王军健. 生态窑居度假村对黄土高原地区传统聚落复兴意义初探 [D]. 西安：西安建筑科技大学，2006.

[17] 于德珍. 湘西民俗文化旅游开发的研究 [D]. 株洲：中南林学院，2002.

[18] 张建春. 生态环境保护与旅游资源开发 [M]. 杭州：浙江大学出版社，2010.

[19] 王德刚. 乡村生态旅游开发与管理 [M]. 济南：山东大学出版社，2010.

[20]　吴昊.陕北窑洞民居［M］.北京：中国建筑工业出版社，2008：6-7.

[21]　王其钧，谢燕.中国文化之旅民居建筑［M］.北京：中国旅游出版社，2006：32.

[22]　孙景浩，孙德元.中国民居风水［M］.上海：上海三联书店，2005：57.

结　语

　　生态旅游是一个国家未来发展战略上的支撑点，若是在村庄规划中不能够很好地展开，乡村旅游必定得不到好的开发，应该以保护当地生态为前提，根据当地乡村生态旅游的特点，制订可行的方案。在生态资源的开发中，要做到将自然景观及人文景观协调地融合在一起，有机地结合，充分在乡村生态旅游中体现出来，达到生态和自然环境相融合，体现出最佳的生态资源的开发效果。同时，乡村旅游是一种集趣味性和文化性为一体的旅游产业，乡村旅游只有在内容和形式上充分体现出与城市不同的文化特色、文化内涵，并将之融合在优美的自然环境中，才能最大限度地满足游客的需求，从而促进经济的发展。

　　传统村落是在长期的农耕文明传承过程中逐步形成的，凝结着历史的记忆，反映着文明的进步，被誉为传统文化的明珠。但在建设过程中，由于地方保护意识薄弱，制度欠缺，过度开发等问题导致传统村落的历史文化风貌被破坏，因此关注生态旅游建设中的开发与保护显得尤为重要。古村落发展保护的实质在于维持古村落文化的原生性与整体性。其转型应立足自身特色，避免发展的趋同性。古村落的转型有别于城市的转型，具有多重性，规划中应该因时而异、因地而异。要从动态可持续的视角出发，制定各个阶段的转型目标，参与主体，转型策略。在转型初期主要是挖掘整理可利用的资源优势，"乡村保护＋政府投资"的过程。植入新的经济主体，选取个案进行尝试转型，但不是以经济创收为目的。首先是村落大格局的保护和价值建筑的保护；其次是乡村的环境整治，延续古村落的特色，强化其独特性；最后是政府主体要进行宣传，融入城市发展战略，吸引周边客源。在物质空间改善和社会知名度提升的基础上，吸取示范点经验，市场化操作，强化经济转型。扩大古村落的接待能力，配套一定规模和质量的游客服务设施，延长旅游的产业链，将观光与休闲相结合，这样可以解决村民的生产生活问题，带动经济发展。同时，解决转型期中利益分配与管治问题，以利于转型的实施。转型后期，加大在全国的知名度，使外来游客成为稳定流，将古村落的内涵与外延得到统一发展。

　　我国农耕文化历史悠久，传统村落遍布全国各地。传统村落不仅具有历史文化传承等方面的功能，而且对于推进农业现代化进程、推进生态文明建设等具有重要价值。近年来随着乡村旅游的兴起，越来越多的传统村落为人知晓，以深厚的历史，独特的地域文化为独树一帜的传统村落旅游持续升温，如本文中的丽江村、黄土窑居、湘西民俗文化村等。这对研究典型传统村落的保护与旅游发展具有重要的理论和实践意义。同时，这是一项持久的运动，需要我们从身边做起，从点滴做起，共同为新农村生态旅游发展贡献自己的力量。

后 记

　　本书的撰写过程经历了多个年头，其间得到了咸阳师范学院、西安美术学院、云南艺术学院、西安建筑科技大学等学校领导的重视与鼓励，也得到了西南、西北各县市领导和人民的帮助，特别是辽宁大学出版社的悉心指导，使出版工作顺利完成，在此一一表示衷心的感谢！

　　通过对西南、西北典型新农民村生态旅游的案例研究，让人们深刻地感受到民居建筑的形式与文化，与现代主义、后现代主义建筑关系的对话，是我们立足传统，融汇现代、诗性思维设计中华特色建筑的绝佳范例，我们要好好地加以利用与传承！

　　在本书的写作过程中，本人也得到了家人的大力支持与理解，在此表示衷心的感谢！

陈　蕊

2018 年 3 月